prometeo
l i b r o s

prometeo
libros

EL DISCURSO POLÍTICO
LAS MÁSCARAS DEL PODER

Patrick Charaudeau

El discurso político
Las máscaras del poder

Traducción de Juan Manuel Spinelli

Charaudeau, Patrick

El discurso político : Las máscaras del poder / Patrick Charaudeau. - 1a ed. - Ciudad Autónoma de Buenos Aires : Prometeo Libros, 2021.

344 p. ; 23 x 16 cm. - (Discurso y sociedad)

Traducción de: Juan Manuel Spinelli.

1. Lingüística. 2. Política. 3. Análisis del Discurso. I. Spinelli, Juan Manuel, trad. II. Título.

CDD 401.41

Colección Discurso y sociedad
Directora: Ana Soledad Montero

Traducción: Juan Manuel Spinelli
Corrección: Emilia Carabajal
Diagramación: Eleonora Silva
Diseño de tapa: María Sol Lavagnino

© De esta edición, Prometeo Libros, 2021
Pringles 521 (C1183AEI), Buenos Aires, Argentina
Tel: (54-11) 4862-6794 / Fax: (54-11) 4864-3297
distribuidora@prometeoeditorial.com
www. prometeoeditorial.com

Índice

PARTE II
Las condiciones del discurso político
Contratos y estrategias

PARTE III
Imágenes de los actores políticos

A mis hijos

Prólogo

La máscara no es, necesariamente, lo que oculta la realidad. Es cierto que, en nuestro mundo occidental, se convirtió –en las representaciones– en un signo de disimulación, e incluso de engaño: a veces, oculta; otras, simula. Oculta cuando nos impide ver lo que permitiría identificar a la persona enmascarada (la máscara del Zorro). Simula cuando nos deja ver un rostro distinto del que es ocultado, una apariencia que deberíamos tener por verdadera (la máscara de la Virtud). En otras palabras, un juego de ser y parecer por el que, supuestamente, nadie se deja engañar –ya que reconocer la máscara sería denunciar la falsa apariencia.

Pero la máscara también es, en otras tradiciones, lo que define el ser en su perennidad, en su esencia inmutable. Es símbolo de identificación, al punto de que en ella se confunden el ser y el parecer, la persona y el personaje, como en el teatro griego. Aquí ya no hay oposición entre lo verdadero y lo falso, lo auténtico y el artificio, lo vivido y lo actuado. Ya no hay más que un solo ser congelado en un momento de verdad haciendo que converjan la contigencia de este mundo y la inmutabilidad de una naturaleza.

Es posible conjugar estas dos tradiciones en una de las hipótesis que nos ofrecen las ciencias del lenguaje: como el sentido que nace de todo acto de lenguaje es el resultado del encuentro entre un sujeto que enuncia y un sujeto que interpreta, cada uno en función de lo que imagina del otro, es posible afirmar que la identidad de estos sujetos nunca es otra cosa que la imagen coconstruida que resulta de este encuentro. Así, cada uno de ellos es para el otro sólo una imagen. No una imagen falsa, una imagen de apariencia engañosa, sino una imagen que es el ser mismo en su verdad del intercambio. Por consiguiente, la máscara sería nuestro *ser-ahí*; no disimularía, nos representaría como si fuese nuestra identidad frente al otro.

Sin embargo, varias máscaras son posibles; y, por lo tanto, varias identidades son posibles: cambiemos la situación de intercambio y cambiamos las máscaras. Así que, al saberlo, podemos jugar con las máscaras; y el otro, que también lo sabe, entrará en el juego. Quitemos la máscara, y ¿qué es lo que se encuentra detrás...? Otra máscara, y luego otra, y otra más. La máscara es lo que constituye nuestra identidad con respecto al otro. En otras palabras, en lo que es dicho siempre está lo que es dicho y lo que no es dicho, un no-dicho que, sin embargo, también se dice.

El discurso político es ese lugar por excelencia de un juego de máscaras. Toda palabra pronunciada en el campo político debe ser tomada a la vez por lo que dice y por lo que no dice. Nunca debe ser tomada al pie de la letra, con ingenua transparencia, sino como resultado de una estrategia no siempre controlada por su enunciador.

Este libro se propone mostrar cómo se instaura este juego de máscaras en el discurso político, cuál es el marco de intercambio que lo sobredetermina («Las condiciones del discurso político») y cuáles son los medios discursivos de los cuales dispone el sujeto político para tratar de persuadir y seducir a sus interlocutores («Imágenes de los actores políticos», «Los imaginarios de verdad»).

Este estudio no se ocupa, entonces, de tal o cual discurso particular (de derecha, de izquierda, fascista, totalitario, democrático, extremista, etc.) para tratar de definir su especificidad. Por el contrario, se trata –a semejanza de nuestro estudio precedente sobre el discurso de los medios informativos[1]– de definir el ámbito de práctica social en el cual se mueve el discurso político, de poner en evidencia lo que son sus condiciones generales de emergencia y las estrategias que se le ofrecen a todo actor político, cualesquiera que fuesen las ideas y posiciones que defiende. Descubrimos, entonces, que una misma estrategia puede ser empleada en diferentes lugares del tablero político. Virtud de la generalización –que no ignora, sin embargo, otros estudios más específicos; y que nos permitió, entre otras cosas, terminar («Balance») con una

---

[1] *Le Discours d'information médiatique. La construction du miroir social*, Nathan-Ina, París, 1997 (agotado). Corregido y reescrito con agregado de inéditos bajo el título *Les Médias et l'information. L'impossible transparence du discours*, De Boeck-Ina, 2005.

reflexión crítica acerca de nuestra época: ¿hay verdaderamente –como pretenden algunos– una degradación del discurso político, o debemos pensar una nueva ética de lo político?

PARTE I
¿Qué es el discurso político?

*Todo gobierno actual [...] es, por una parte, un gobierno de
la palabra y la imagen.*

Marc Augé, *Pour une anthropologie des mondes
contemporains*, Flammarion, París, 1994

La palabra política en el espacio social

¿Qué hay que entender por *discurso político*? La cuestión merece ser planteada de entrada para evitar malentendidos y confusiones de las perspectivas. ¿Se trata de los discursos producidos en el campo de la política? ¿De la política en tanto que es discurso? Pero entonces, ¿la política sólo sería discurso? Y ¿la acción política sería secundaria con respecto al discurso; o constituiría, por el contrario, la base de lo político a la cual vendría a acoplarse el discurso? Las respuestas no son evidentes y no pueden, en todo caso, emerger fuera de un punto de vista particular. Varias disciplinas, en efecto, analizan el fenómeno político sin que ninguna pueda agotar su objeto: la filosofía, la sociología, la psicología social, la antropología social, las ciencias políticas y las ciencias del lenguaje se interesan, todas ellas, en este fenómeno, y lo construyen como un objeto de estudio que les es propio. Esto explica la tendencia natural de cada una de ellas a convertir su objeto en un absoluto (filosófico, antropológico, sociológico, lingüístico, etc.) del fenómeno.

Para un lingüista del discurso que no puede ignorar que el lenguaje sólo crea sentido en la medida en que éste es considerado en un cierto contexto psicológico y social, y que por consiguiente deben incorporarse a sus procedimientos de análisis conceptos y categorías pertenecientes a otras disciplinas humanas y sociales, es conveniente tratar de definir la problemática general en la cual será construido y estudiado su objeto. Aquí se tratará, especialmente, de tomar posición acerca de las relaciones entre *lenguaje, acción, poder* y *verdad*, para determinar la problemática particular en la cual será estudiado el discurso político. Pero antes, es necesario preguntarse por la naturaleza y el funcionamiento de lo que llamaremos por el momento *palabra política* en tanto que se inscribe en una práctica social, circula por cierto espacio público y tiene algo que ver con las relaciones de poder que se instauran en éste.

1. La palabra política y la cuestión del poder

La cuestión del poder y la legitimidad política ha sido largamente discutida desde Platón, pasando por Kant, hasta –más recientemente– Weber, Arendt, Foucault, Bourdieu y Habermas. Retomaremos diversas propuestas de estos autores para tratar de determinar qué es el campo de lo político. Sin anticipar demasiado la complejidad de las relaciones de fuerza que se instauran en este campo, parecería que pudiésemos determinarlo cuando son tratadas simultáneamente, y en interacción, las cuestiones de la *acción política*, su finalidad y su organización, de las *instancias* que participan en esta acción y de los *valores* en cuyo nombre esta acción es llevada a cabo.

Lenguaje y acción

Lenguaje y acción son dos componentes del intercambio social que tienen autonomía propia y que, al mismo tiempo, se encuentran en una relación de interdependencia recíproca y no simétrica.

Todo acto de lenguaje emana de un sujeto que sólo puede definirse en su relación con el otro, según un *principio de alteridad* (sin la existencia del otro, no hay consciencia de sí); en esta relación con el otro, no deja de reducir este otro a él, según un *principio de influencia*, para que ese otro piense, diga o haga según su intención; sin embargo, como ese otro puede tener su propio proyecto de influencia, ambos se ven obligados a administrar su relación, según un *principio de regulación*. Principios de alteridad, de influencia y de regulación son principios fundantes del acto de lenguaje que lo inscriben en un marco accional, en una praxeología de actuar sobre el otro.

Pero actuar sobre el otro no puede limitarse a una simple intención de mandar a hacer, hacer decir o hacer pensar. La intención va acompañada de una exigencia, la de ver el propósito seguido de efecto. Esta exigencia completa la intención comunicacional mediante un objetivo de acción que consiste en poner al otro en una posición obligatoria de obedecer, es decir, en una relación de sumisión a la posición del sujeto que habla. Podemos, entonces, plantearnos la cuestión de saber qué puede obligar al sujeto aludido a obedecer. Se dirá que es la existencia de una amenaza o una posible gratificación. La amenaza o la gratificación constituyen una sanción, y es esa posibilidad de sanción lo que le confiere al sujeto hablante una autoridad. Tan pronto como ésta es reconocida por la contraparte del intercambio, el proyecto de influencia adquiere cierta fuerza de acción; por la misma razón, el sujeto meta es puesto en posición de dominado, el sujeto de autoridad en posición de dominante, y ambos en una relación de poder. Así, puede decirse que todo acto de lenguaje está ligado a la acción a través de las relaciones de fuerza que mantienen los sujetos –relaciones de fuerza que construyen, al mismo tiempo, el lazo social.

La acción política

Es, idealmente, lo que determina la vida social organizándola con miras a la obtención de un bien común; y, al mismo tiempo, es lo que le permite a una comunidad que tome decisiones colectivas por el hecho de que a ésta la movería un «querer vivir juntos». (H. Arendt). Aquí, la noción de decisión colectiva debe ser examinada. Toda acción está orientada en función de un objetivo y se estructura en un espacio cerrado irreversible; lo que hace que el responsable de esa acción, el agente, sea un decididor que debe proporcionarse los medios para tener éxito. Decididor significa que el agente no sólo elaboró un proyecto en el cual está inscripto el objetivo por alcanzar, sino que además tomó la decisión de comprometerse en la realización de esa acción cuya total responsabilidad, por lo tanto, deberá asumir. Proporcionarse los medios para tener éxito significa que es ese mismo agente el que planifica en el mejor de los casos la sucesión de sus actos preocupándose sólo por la eficacia (no se planifica para fracasar), pero evaluando al mismo tiempo las ventajas y los inconvenientes de la elección de tal o cual medio (origen de una posible reflexión ética).

Pero si la decisión es colectiva, entonces las características de la acción resultan modificadas por ello. En efecto, para que la decisión sea colectiva es preciso, en primer lugar, que los diversos individuos que componen el colectivo se entiendan para que sea elaborado un proyecto común en función de un objetivo común, lo que supone la existencia de un espacio de discusión donde se elabore dicho proyecto. A continuación, es preciso que el compromiso en la acción, aunque permanezca bajo la responsabilidad del colectivo, sea ejecutado por un representante de éste. Finalmente, es preciso que los propios medios elegidos hayan sido objeto de una discusión tendiente a establecer aquellos que el representante deberá utilizar. Recíprocamente, el representante en cuestión está obligado a dar cuenta de sus actos ante la colectividad, y ésta debe tener previsto controlar los actos realizados por los representantes: «es conveniente estar atento a los abusos de lo político y velar por su control dividiéndolo contra sí mismo, aplicando contrapoderes contra el poder» –nos dice Ricœur[1]. De ello resulta una organización de la acción política que comprende un espacio de discusión sobre los objetivos por definir (en los partidos, sindicatos y otros grupos asociativos, así como en los medios), un *modo de acceso a la representación del poder* (elecciones) y *modalidades de control* (dentro de las diversas instituciones y fuera de ellas mediante movimientos de reivindicación diversos). Vemos que el lenguaje no está ausente del despliegue de la acción política, ya que este espacio de acción depende de un espacio de discusión[2].

Las instancias

Esto nos lleva a la cuestión de las instancias que están implicadas en la acción política: la *instancia política*, instancia delegada que está a cargo de la realización de la acción política; la *instancia ciudadana*, instancia que está en el origen de la elección de los representantes del poder. La instancia política, por su parte, se encuentra en una contradicción: accedió al poder mediante una voluntad ciudadana (y no autoritaria), pero como ésta no está a cargo de los asuntos de Estado no conoce sus reglas de funcionamiento e ignora las condiciones de realización de la acción política. La instancia política, en tanto que instancia de decisión, debe actuar, por lo tanto, en función de lo *posible* –mientras que la instancia ciudadana la ha elegido para realizar lo *deseable*. De ahí un ejercicio difícil del poder político, que consiste en dictar la ley y en sancionar aunque garantizándose el consentimiento de la instancia ciudadana. La

---

[1] Ricoeur (1991).

[2] Se dirá que una organización semejante sólo corresponde al caso del régimen democrático, pero un régimen monárquico o dictatorial trata con los mismos componentes organizacionales de lo político; lo que cambia son los medios para lograrla y la índole de las relaciones de fuerza. El espacio de discusión, por su parte, puede funcionar en esos regímenes, aunque fuese de manera reducida o manipulada –sirviendo, a fin de cuentas, de coartada.

teoría de la «dominación legítima», desarrollada por Max Weber[3], llega al punto de justificar la violencia legal como medio necesario para que «los hombres dominados se sometan a la autoridad». Como sabemos, Hannah Arendt[4] impugna esta necesidad de la violencia definiendo el poder político como el de los ciudadanos, principio de determinación de la comunidad que encuentra allí su propia justificación, su propio fin. No nos corresponde resolverlo sino observar, siguiendo a Habermas, que de todos modos la instancia política está atrapada entre «dos procesos contrarios: la producción comunicativa de un poder legítimo [...], y esa constitución de la legitimación por parte del sistema político con la cual el poder administrativo se torna reflexivo»[5]. Ahora bien, si el poder administrativo remite a las reglas de la acción política de las cuales acabamos de hablar, el poder comunicacional remite, por su parte, a esa búsqueda de la dominación legítima, que sin justificar necesariamente la violencia garantiza el acceso al poder de la instancia política o su mantenimiento en esa posición, ya que ésta se encuentra bajo la permanente amenaza de una sanción física (golpe de Estado), institucional (deposición del Gobierno) o simbólica (descrédito). Lo que hace que al espacio de discusión que determina los valores responda un *espacio de persuasión* en el cual la instancia política, jugando con argumentos racionales y pasionales, intenta hacer que la instancia ciudadana adhiera a su acción. Todos los grandes políticos han dicho, o dado a entender, que el arte de la política reside en una buena gestión de las pasiones colectivas, es decir, de un «sentir con los otros»[6] que, cabe agregar, nos ciega sobre sus propias opiniones y sus motivaciones personales. Esto bastaría, quizá, para justificar la expresión weberiana –terrible ante la mirada de la moral común– de «dominación legítima».

Los valores

Corresponden a las ideas que se defienden en ese espacio de discusión. Es posible suponer, como afirma H. Arendt, que lo que está en juego en la discusión sea el: *cómo hacer* para colmar el deseo de vivir en

[3] Weber (1963-2003).
[4] Arendt (1972).
[5] Habermas (1990).
[6] Maffesoli (1992).

comunidad en una idealidad que definiría a los seres en relaciones de intercambios recíprocos (dar-recibir) con el prójimo, de modo que se establezcan situaciones de igualdad entre los individuos. Así, al término de estos intercambios, se determinaría un conjunto de valores que desempeñaría el papel de principio de decisión, y cuya propiedad sería colectiva. Por consiguiente, la acción política sería una acción concertada, y su responsable se confundiría con esa misma colectividad. La propiedad colectiva de los valores tiene como efecto crear unas entidades abstractas (Estado, República, Nación) que garantizan los derechos y los deberes de los individuos; entidades que exceden a cada uno de los miembros del grupo y sobredeterminan a este último, de modo que se produce lo que Ricœur llama una «desapropiación de los individuos»[7]. Los valores se agrupan bajo la figura de un tercero, de un otro, como una idealidad de la cual todo el mundo es responsable y, a la vez, está privado: «Este desposeimiento es fundador y, en ese sentido, necesario; pero engendra, al mismo tiempo, las formas específicas del mal político. [...] Es por eso que debe permanecer bajo vigilancia»[8]. Se trata de cierta visión del poder político que se opone al poder totalitario, del cual H. Arendt nos dice que procede de un poder individual. Sin embargo, se puede hacer extensiva esta definición a todos los casos de poder político en la medida en que aquellos que se apropian del poder de manera individual (por ejemplo, en un golpe de Estado) lo hacen en nombre de una idealidad supuestamente compartida por cierto número –incluso si éste es minoritario– y necesitan, para mantenerse en el poder, una apariencia de aprobación popular que se sirve de la discusión, aunque fuese por simulacro: vemos ahí los fundamentos del populismo. Además, si esta propiedad colectiva de los valores es el punto final de una discusión, esto significa que, al principio, había opiniones diferentes e incluso opuestas sobre la definición de los objetivos y los medios. Una primera consecuencia de ello es que la colectividad debe contar con un medio para determinar a partir de qué momento puede considerar que se establece un acuerdo, un consenso, en el supuesto más probable de que no se alcance una unanimidad. Una segunda consecuencia de ello es que las diferentes opiniones iniciales no desapare-

[7] Ricœur (1991).

[8] *Ibid.*

cen, sin embargo, bajo el consenso; y que es preciso, por lo tanto, que veamos una sociedad como un conjunto fragmentado de comunidades de opiniones diversas que la acción política deberá tener en cuenta para tratar de administrar los conflictos que la confrontación de esas opiniones puede provocar.

Las concepciones del poder político

Por la existencia de espacios de discusión y persuasión, lugares de construcción de los valores de los cuales depende la acción, el campo de lo político es, como dice Marc Augé, «el gobierno de la palabra»[9], –pero sólo «por una parte», como él mismo especifica. En efecto, cuando se producen acciones de protesta que ejercen presión sobre el Gobierno, cabe que nos preguntemos acerca de qué tiene mayor influencia: ¿los eslóganes y otras declaraciones a la prensa (palabra) o los numerosos manifestantes y las dificultades generadas a la economía del país mediante las huelgas y los bloqueos (acción)? Y cuando el Gobierno debe responder a estas reivindicaciones, ¿qué podrá calmar las cosas: una campaña de persuasión de las categorías interesadas para convencerlas de la legitimidad de la situación vigente (palabra) o medidas concretas de reducción efectiva de impuestos o de aumento de sueldos (acción)? El gobierno de la palabra no constituye la totalidad de la política, pero no puede haber acción sin palabra: la palabra interviene en el *espacio de discusión* para que se definan la idealidad de los fines y los medios de la acción política; la palabra interviene en el *espacio de acción* para que la distribución de las tareas y la promulgación de las leyes, reglas y decisiones de todo orden, sean organizadas y coordinadas; la palabra interviene en el *espacio de persuasión* para que la instancia política pueda convencer a la instancia ciudadana de la legitimidad de su programa y de las decisiones que toma mientras administra los conflictos de opinión en provecho suyo.

Por un lado, entonces, como ya hemos dicho, Max Weber, para quien el poder político está directamente relacionado con la dominación y la violencia, a través del Estado que –con fuerza de dominación– impone su autoridad bajo una apariencia de legalidad y obliga a los hombres a saberse dominados y, por lo tanto, a someterse: «El Estado es una

[9] *Op. cit.*

relación de *dominación* ejercida por unos hombres sobre otros, que se sostiene por medio de la violencia legítima [...] Para que exista, pues, es preciso que los hombres dominados *se sometan* a la autoridad reivindicada por aquellos que se encuentran en posición de dominación en cada caso considerado»[10]. Por el otro, Hannah Arendt, para quien –contrariamente a Weber– el poder político resulta de un consentimiento, de una voluntad de los hombres de vivir juntos que funda el hecho político en el cual poder y acción se definen recíprocamente: «Cuando declaramos que alguien está en el poder, entendemos por ello que recibió de cierto número de personas el poder de actuar en su nombre»[11]. El poder político, entonces, no se vincula con la opresión sino con la libre opinión. Entre ambos, si se puede decir así, Jürgen Habermas, quien propone diferenciar entre un «poder comunicacional» y un «poder administrativo»: el primero se instaura fuera de toda dominación, ya que su iniciador y depositario –y quien lo hace circular por la sociedad, creando un espacio de discusión «fuera de todo poder, en un espacio público no programado en función de la toma de decisión; y, en ese sentido, no organizado»[12]– es el pueblo; el segundo, por su parte, siempre implica relaciones de dominación, ya que se trata de organizar la acción social, de regularla mediante leyes y sanciones, y de evitar o poner freno a todo lo que podría oponerse a esa voluntad de actuar.

Nosotros nos inscribimos en esa filiación, defendiendo una concepción del poder político que resulta dialécticamente de dos componentes de la actividad humana: el del *debate de ideas* en el vasto campo del espacio público, lugar en el que se intercambian opiniones; el del *hacer político*, en el campo más restringido del espacio político, lugar donde se toman decisiones y se realizan actos. Estos dos campos se legitiman recíprocamente; pero, a diferencia de Habermas y de Arendt –y en especial de Weber, quien sólo ve un único campo: aquel donde se ejerce una «violencia legítima», en el cual la legitimidad y la autoridad se fusionan–, nosotros afirmamos que ambos se definen según relaciones de fuerza que exigen procesos de regulación, desarrollándose cada uno de estos procesos según un juego de dominación que le es propio. Cada

[10] Weber (1963-2003, p. 119).
[11] Arendt (1972, p. 153).
[12] Habermas (1990).

uno lo hace entremezclando lenguaje y acción: en el primero, predomina el lenguaje; en el segundo, la acción. El primero es el lugar de una lucha discursiva en la cual se permiten muchos golpes (manipulación, proselitismo, amenazas/promesas, etc.), y lo que está en juego es la conquista de una *legitimidad* a través de la construcción de opiniones; el segundo es el lugar donde se ejerce el poder de actuar entre una instancia política que se dice soberana y una instancia ciudadana, y lo que está en juego es el ejercicio de una *autoridad* a través de una dominación hecha de reglamentación y sanción.

Vemos, una vez más, cómo el lenguaje se vincula con la acción, pero también cómo la palabra política *cae en la trampa*. Este doble poder obliga a la instancia política a encontrar una forma de decir que no revele todos los proyectos y objetivos de la acción; sin perder de vista, sin embargo, que este juego de enmascaramiento de la acción por parte del discurso se halla limitado por una ética de la responsabilidad. La palabra política debe debatirse entre una *verdad del decir* y una *verdad del hacer*, una verdad de la acción que se manifiesta a través de una palabra de decisión y una verdad de la discusión que se manifiesta a través de una palabra de persuasión (orden de la razón) y/o de seducción (orden de la pasión).

2. Del espacio social a los espacios sociales de la palabra política

El espacio de lo político –y, en términos más generales, de la sociedad– no se corresponde necesariamente con un espacio geográfico, aunque a veces ambos pueden coincidir. Se halla fragmentado en diversos espacios de discusión, persuasión y decisión, que algunas veces concuerdan y otras veces se confunden o se oponen. Por consiguiente, ¿podemos hablar de un *espacio público* como si fuese un espacio más o menos homogéneo en el cual estaría en juego todo lo concerniente a los asuntos de la vida en sociedad?

Lo que está desde hace tiempo en cuestión, y actualmente aún en debate, es saber si es conveniente diferenciar entre espacio público y espacio político, cuál es la índole de dicho espacio público y dónde se sitúa la frontera entre espacio público y espacio privado.

Espacio público, espacio privado y espacio político

A menudo, el espacio político y el espacio público han estado confundidos. Esto era particularmente cierto en la sociedad de los antiguos, para los cuales el espacio de la *polis* «era el de la libertad»[13] emancipadora de la tiranía del poder ejercido por el amo en el espacio privado.

Un sentido estricto de la expresión es defendido, entre otros, por D. Wolton bajo la denominación de *comunicación política*, que es «el espacio en el que se intercambian los discursos contradictorios de los tres actores que poseen la legitimidad de expresarse públicamente sobre la política y que son: los políticos, los periodistas y la opinión pública a través de los sondeos»[14]. Se determina, así, un espacio particular dentro del espacio público, ya que todo lo que se dice y hace en este último no es necesariamente de orden político. Para Wolton, sólo forman parte de la comunicación política los discursos «sobre los cuales se definen las confrontaciones», ya que, según agrega, «el desafío de toda fase de comunicación política sigue siendo sin duda la decisión y la acción política»[15]. Obsérvese que Wolton habla aquí de comunicación política y no de discurso político, del cual precisamente afirma que no forma parte de aquélla.

El sentido amplio es defendido por B. Miège. Les objeta a los escritos de algunos politólogos que se centran demasiado «en torno al análisis de las relaciones entre dirigentes políticos, periodistas de los grandes medios audiovisuales y expertos en marketing político», ya que de este modo «llegan a reducir *de facto* el espacio público únicamente al núcleo duro de su componente político»[16]. Después de haber efectuado un rápido recorrido histórico de los diferentes estadios de la prensa, los medios y la comunicación, Miège propone considerar que esos diferentes estadios han construido cuatro modelos de comunicación que pueden ser considerados como otros tantos principios organizadores de los espacios públicos de las sociedades liberal-democráticas. Se trata de la

---

[13] Arendt (1983, p. 68).

[14] «Communication politique: construction d'un modèle» y «Communication politique: les médias, maillon faible de la communication politique», *Hermès*, nro. 4, París, CNRS Éditions, julio de 1989

[15] Wolton (1995, p. 114)

[16] Miège (1995).

«prensa de opinión» de mediados del siglo XVIII, que se caracterizaba por el compromiso político y, al mismo tiempo, la escritura literaria, y que hacía que las élites confrontaran; la «prensa comercial de masas», de la segunda mitad del siglo XIX, que era financiada por la gran industria y hacía surgir un periodismo orientado hacia lectores-ciudadanos; los «medios audiovisuales de masas», que ocupan un lugar prominente en la segunda mitad del siglo XX y se caracterizan por la visibilización de todos de los acontecimientos del mundo gracias al desarrollo tecnológico y a la organización del marketing; y, por último, la «comunicación generalizada», que a partir de la década de los setenta invadió el planeta y transformó las cuestiones sociales. Miège agrega que estos modelos, lejos de sustituirse unos a otros, se han yuxtapuesto e incluso siguen coexistiendo. Ahora bien, el punto común entre estos modelos consiste en que la información y la comunicación, por una parte, y el espacio público y el espacio político, por otra parte, «tienen su destino vinculado desde las sociedades de la Antigüedad»[17]. No habría, pues, decisión ni acción posible en el campo político sin que se tenga en cuenta a la opinión, para cuya fabricación intervienen los medios. Nos hallamos, así, en un juego donde todo el mundo cambia bajo la influencia de los demás: la opinión bajo la influencia de los medios, los medios bajo la influencia de lo político y de la opinión, lo político bajo la influencia de los medios y de la opinión[18].

Un espacio político doble

De hecho, podemos afirmar que estos dos autores están en lo cierto. D. Wolton, al querer determinar un campo específico de la comunicación política, porque no está todo en todo y porque podemos defender, efectivamente, la idea de que el campo político se caracteriza por la acción y la decisión, mientras que no es ése el caso de la opinión –que, por su parte, también interviene pero, como después veremos, de otra forma y, la mayoría de las veces, a través de la cámara de eco que cons-

---

[17] *Op. cit.* (p. 60).

[18] Podemos suministrar como ejemplo la investigación del *Business Week*, que revela que en los Estados Unidos de América crece una ola «anti-empresas», resultado de la influencia de los medios sobre la opinión, la cual influye a su vez sobre lo político, si nos remitimos a las declaraciones de G. W. Bush a propósito del caso Enron (*Le Monde*, 9 de septiembre de 2000).

tituyen los medios. B. Miège, por su parte, también está en lo cierto al destacar que lo que caracteriza de manera exclusiva a la sociedad mediatizada es, precisamente, que embrolla la situación confundiendo los espacios y que, al mismo tiempo, toda acción política se encuentra bajo la dependencia de la mediatización de la opinión, al punto de que ella misma debe servirse de ésta si desea obtener ciertos resultados. Por lo demás, D. Wolton no está tan lejos de pensar lo mismo, dado que él por su parte reconocía que «la publicización, mediante los medios, tiene la ventaja de facilitar el paso de los problemas y discursos al espacio público: todo se volvió discutible»[19]. Pero quizás haya un malentendido acerca de los conceptos de *discurso político* y *comunicación política*, y quizás incluso entre los de *discurso* y *comunicación*. Eso es lo que trataremos de poner en claro en nuestra segunda parte.

En todo caso, la frontera entre lo público y lo privado comieza a abolirse a partir de la segunda mitad del siglo XX, la de la mediatización. Las instancias de lo político y lo civil están atrapadas en las mismas redes, sin saber ya a ciencia cierta dónde se encuentra el verdadero poder[20], al haberse apoderado progresivamente la sociedad mediatizada de todo el espacio privado: el de la vida doméstica, que debía permanecer en el primer círculo de las actividades internas de la casa; el de la vida cotidiana de un hombre cualquiera, que se desarrolla en un espacio colectivo (en la calle, en el correo, en el restaurante, en la oficina, en el subte, etc.) que reglamenta cada vez más el comportamiento individual; por último, el de la vida sentimental, que debería ser completamente preservada de la mirada pública y que se encuentra, sin embargo, en primer plano televisivo. Actualmente, esos diferentes círculos de lo privado están expuestos a la mirada pública: por su publicitación, que transforma a dichas actividades en una cuestión comercial, a los trabajadores en consumidores y a los objetos que circulan por dichos lugares en objetos de consumo; por su sondeo, que transforma a esos actores en seres de opinión; por el debate de los problemas que surgen en ese

---

[19] Wolton (1995).

[20] «[...] El Poder es escurridizo y ya no sabemos de dónde viene el "Proyecto" –dice U. Eco–. Pues hay proyecto, ciertamente, pero ya no es intencional y, por consiguiente, ya no podemos criticarlo abordando sus intenciones», declaración en *L'Expresso*, 1983, citada por S. Bonnafous y M. Tournier en: «Analyse du discours, lexicométrie, communication et politique», *Langages*, nro. 117, Larousse, París, 1995.

espacio, que transforma a esos actores en seres sufrientes[21]. Así, todo lo concerniente a lo privado (enfermedades, catástrofes, escuela, empresa, etc.) es tratado bajo el ángulo de la responsabilidad civil.

De hecho, esta sociedad de la mediatización llevó a su colmo –y con los efectos perversos que acompañan siempre a todos los excesos– las dos condiciones complementarias que ya hemos señalado: construir un espacio de comunicación en el cual la «acción comunicativa»[22] como intercambio de argumentos racionales debería constituir una mediación social entre el Estado y la sociedad civil; construir un espacio del vivir juntos en el cual los actores, las acciones y los acontecimientos sociales deben ser «publicizados» para que se elabore el juicio colectivo y se construya un «sentido común».

3. De la complejidad del campo político: los sectores de acción social

Dado que la política nació de un deseo de organizar la vida social de los individuos que viven en comunidad, de ello resulta que toma cuerpo a través de cierto número de actividades de regulación social: regular las relaciones de fuerza con vistas a mantener o resolver ciertas situaciones de dominación o conflicto, e incluso tratar de establecer relaciones igualitarias entre los individuos; legislar para orientar, a través de la promulgación de leyes y sanciones, los comportamientos de los individuos para preservar el bien común; distribuir y repartir las tareas, los roles y las responsabilidades de unos y otros, a través del establecimiento de un sistema de delegación y representación más o menos jerarquizado (por nombramiento o por elección). Estos tres modos de regulación muestran, efectivamente, que la política es un espacio de acción que depende de los espacios de discusión y persuasión que, para ser viables, deben ser determinados como ámbitos, ya que toda sociedad necesita reconocer y clasificar los intercambios que realiza.

---

[21] Véase Charaudeau y Ghiglione, *La Parole confisquée. Un genre télévisuel: le talk show*, Dunod, París, 1997; Pasquier, D., *La Culture des sentiments*, Édition de la Maison des sciences de l'homme, París, 1999; y Mehl D., *La Télévision de l'intimité*, Le Seuil, París, 1996.

[22] Habermas (1987).

El espacio público sería inmanejable si no estuviesen diferenciados, en su seno, diferentes tipos de actividad, cada uno de los cuales se define por metas particulares. De ello resulta una estructuración de dicho espacio en cierto número de sectores (o campos) de acción social, lugares de organización abarcadora de las relaciones de fuerza que mantienen entre sí estrechas relaciones. Entre aquéllos podemos determinar cuatro principales: el *jurídico*, el *económico*, el *mediático*, el *político*.

El sector jurídico tiene como meta regular los conflictos sociales (en el seno de la vida económica, del trabajo y la organización de empresas, de la vida cotidiana) determinando valores simbólicos en torno a las nociones de propiedad, igualdad, conducta moral, etc.; lo que justifica, por eso mismo, que se implemente cierto arsenal legislativo. El económico tiene como meta regular la actividad comercial determinando valores de cambio y de uso de lo que constituye el beneficio individual o colectivo, sea cual fuere la índole de ese beneficio. El mediático tiene como meta regular la circulación de la información, haciendo que ésta alcance a la gran mayoría de los ciudadanos, les interese y les permita formarse una opinión. Por último, el político (pero aquí la noción es considerada en sentido estricto) tiene como meta regular la acción de gobierno distribuyendo tareas y responsabilidades a través de la instauración de instancias legislativas y ejecutivas.

De los sectores en interacción

Estos cuatro sectores, aunque tienen una finalidad propia, interactúan entre sí, e incluso se encuentran a veces en relaciones de dependencia unos con respecto a otros. Por ejemplo, la Justicia depende estrechamente –para su organización, para la toma de decisiones y para la ejecución de las sentencias que dicta– del poder político. Todos los países se caracterizan por una larga historia de relaciones de dependencia/autonomía entre el poder judicial y el poder político. En la actualidad, no hay más que referirse, por lo que a Francia concierne, al largo debate que tuvo lugar dentro de la clase política para decidir la creación del Consejo Superior de la Magistratura; o, además, a la intervención del poder político en el transcurso de los casos de corrupción en los que están implicados (o se sospecha que están implicados) representantes electos nacionales (diputados, ministros), regionales (dirigentes de colectividades locales) o miembros de partidos políticos. El sector económico, por su parte, también se encuentra en relaciones simultáneas de dependencia y autonomía con respecto al político. Relaciones de dependencia, cuando se trata de empresas públicas, de divisas, de operaciones bursátiles relacionadas con la adquisición de grandes empresas, de mercados extranjeros, de incitación al consumo, de la lucha contra el desempleo y de la política inflacionaria o desinflacionaria. Pero también relaciones de autonomía, cuando la Bolsa, los *lobbies* financieros y ciertos organismos internacionales (FMI) ejercen a su vez presiones sobre los proyectos políticos, a través de los ministerios de Finanzas. Esto se produce cada vez más en el mundo occidental, donde vemos que las leyes del mercado se imponen allí donde antes estaban ausentes: el deporte, el tiempo libre, las artes, la educación, etc.

Los medios, en lo que a ellos respecta, se encuentran en una situación contradictoria. Están estrechamente vinculados al mundo político para la búsqueda de información: por una parte, los periodistas son dependientes de fuentes informativas, oficiales o no, que se les imponen; frecuentan las comidas, los banquetes y otras reuniones públicas –e incluso privadas– que reúnen a políticas y políticos; establecen y utilizan redes de informantes y disponen de agendas que les permiten obtener informaciones más o menos secretas; suscitan confidencias, etc. Sin embargo, por razones de credibilidad, los medios tratan de distanciarse del poder político. Diversifican las fuentes, llevan a cabo encuestas e investigaciones de toda clase. Revelan los entresijos de ciertos asuntos, e incluso interpelan a los dirigentes políticos, para probarle al ciudadano que son independientes y ajenos a toda influencia política, ya que siempre está la sospecha del periodista a las órdenes de un poder estatal[23].

Por último, el político (siempre en sentido estricto) interviene permanentemente en los otros sectores, aunque está a su vez atravesado por éstos. Además, dicho sector se hace cada vez más complejo bajo la creciente influencia de instancias supranacionales que se encuentran a su vez en relación de dependencia y autonomía con respecto a las instancias nacionales. De dependencia, dado que están conformadas por los representantes de diversos Estados (la Unión Europea, la ONU, el GATT y luego la OMC, el FMI); de autonomía, cuando ellas mis-

---

[23] Como fue el caso en Francia, en la década de los setenta, con la ORTF.

mas actúan como instituciones que tienen poder de control sobre los Estados, a menudo gracias a expertos o tecnócratas denominados independientes. Además, las instancias nacionales sufren la presión de los regionalismos que, a su vez, se encuentran atrapados entre el deseo de mostrar su especificidad con respecto al Estado y el de ser directamente reconocidos por las instancias supranacionales, a través de una recomposición regional que superaría a los Estados. Sin contar la emergencia de una nueva militancia que trata de regular el mundo del comercio y el derecho internacional (Amnistía Internacional, Médicos sin Fronteras y diversos movimientos anti o altermundialistas).

Entre la autonomía y la confusión de los sectores

Hay interacción, pues, entre estos sectores, pero al mismo tiempo cada uno de ellos está estructurado según un dispositivo que le es propio, lo que permite diferenciarlos. Así, se justifica que autonomicemos el campo de lo político y que describamos su dispositivo, sin perder de vista, sin embargo, que los otros le están estrechamente vinculados. Todo ocurre como si el sector de lo político se hallase en el centro de un sistema en torno al cual girarían los satélites, que vienen a ser los otros sectores; y, mediante un juego de contactos e intersecciones entre éstos, influirían unos sobre otros. Esta representación de la estructuración del campo social es puramente operatoria y, por consiguiente, de geometría variable. Si optásemos por interesarnos en el campo de lo jurídico, éste es el que estaría en el centro del sistema; y los demás, en posición periférica –hallándose desplazado el juego de influencias. Esto permite que no se meta todo en la misma bolsa. La relación de influencia que puede existir, por ejemplo, entre el político y el jurídico no se verá de la misma forma según nos encontremos en uno u otro de estos sectores[24]. Y lo mismo sucede si observamos la relación entre el político y el mediático, que están tan estrechamente vinculados, pero cuyo juego de influencias varía según lo consideremos desde un punto de vista u otro.

Todo eso hace que las fronteras entre los diferentes sectores de actividad, entre los espacios de decisión, persuasión y discusión, y entre

---

[24] Lo que hace que algunos afirmen que en nuestra época se observa un «debilitamiento de las instituciones representativas» y, paralelamente, un «fortalecimiento de las instituciones jurisdiccionales», Pizorno, *Sciences humaines*, nro. 103, p. 41.

el espacio público y el espacio privado, se vuelvan cada vez más imprecisas. Por lo tanto, es muy difícil razonar en términos esencialistas y presuponer que hay un espacio público y un espacio privado ya dados, una comunidad política y una comunidad civil bien circunscriptas. Especialmente porque los medios técnicos de transmisión de la información atraviesan todos esos espacios llevando a cabo transformaciones más o menos grandes: los ámbitos público y privado se confunden, las metas de los diferentes sectores se entremezclan (como la lógica comercial que invade los medios informativos); y, en cuanto a los individuos, se los exhorta a que «vivan juntos pero separados», según la afortunada fórmula de P. Flichy[25]. ¿Cuándo dejamos de estar en uno de esos espacios o sectores para pasar a otro? ¿Cuáles son los límites que circunscriben unos y otros? ¿Cuándo podemos afirmar que hay desagregación o recomposición de uno u otro de ellos? ¿El concepto de espacio público sería poco operatorio? Lo seguro es que el espacio público no es homogéneo. Está fragmentado en diferentes espacios que, aunque se entrecruzan, no responden a las mismas finalidades, y por los cuales el discurso político circula metamorfoseándose en función de las influencias que sufre en cada uno de ellos.

---

[25] Flichy (1991).

El estudio del discurso político

Hasta ahora, usamos el término «palabra» [«*parole*»] y no «discurso» para referirnos a los hechos de lenguaje que se manifiestan en el campo político. No debería tomarse este término en el sentido que le da Saussure, como hecho individual de lenguaje opuesto a la lengua, hecho social. Toda palabra política es, evidentemente, por definición, un hecho social. Tampoco habría que interpretar «palabra» como si sólo remitiese a los actos de producción oral –un escrito político depende, a su vez, de una palabra política. «Palabra» se usó en sentido genérico, el que hallamos en numerosos escritos de filósofos, semiólogos e incluso lingüistas. Uso relativamente impreciso, por lo demás, que a veces remite a los efectos pragmáticos del uso del lenguaje –como se entiende en la denominación de «actos de habla» [«*actes de parole*»]– y, otras veces, a sus efectos psicológicos y sociales (como se entiende en las expresiones «una palabra terrorista», «una palabra seductora», «una palabra legítima», «una palabra firme y determinada» o «ser de una sola palabra»). Para nosotros, en un primer momento, se trataba de circunscribir uno de los numeros ámbitos de uso del lenguaje en relación con una práctica social, sin ir al detalle de su organización. Hablar ahora de «discurso político» es tratar de definir una forma de organización del lenguaje en su uso y en sus efectos psicológicos y sociales, dentro de cierto campo de prácticas. Se trata de un objeto de estudio que está en el centro de diversas disciplinas.

1. De los diversos fines de análisis

El análisis del discurso político comparte ciertos puntos de vista y ciertas nociones tanto con la filosofía política como con las ciencias políticas, pero se diferencia de ellas por su finalidad.

La filosofía política

La filosofía política (o la filosofía de lo político) se interroga sobre los fundamentos del pensamiento político y las categorías que lo componen[1]. Parecería ser que lo que justifica este lugar de reflexión fuese una interrogación permanente sobre los modelos de organización de la sociedad. Ésta es considerada como un cuerpo de individuos cuyas relaciones deben ser ordenadas en nombre de una idealidad del bien y la justicia, lo que abre un espacio de reflexión colectiva sobre la ética que trata de responder a la acuciante cuestión de: «¿Cuál es el mejor régimen de gobierno?». Correlativamente, la interrogación se refiere al: «¿Quién hace qué?» en esta organización social. Esto lleva a pensar en términos de estructuras jerarquizadas y, por lo tanto, en definitiva, a pensar el tipo de relación que debe instaurarse entre un poder gobernante –el Estado– y el resto de la sociedad –la ciudadanía. Se plantea aquí la doble cuestión de la soberanía y la legitimidad, que sabemos que osciló –según las épocas y las culturas– entre la soberanía monárquica, la soberanía popular estatalizada (socialismos de Estado) –después de un intento de impugnación radical de la soberanía única por parte del anarquismo–, la soberanía del pueblo-ciudadano (democracia) y la soberanía del mercado (liberalismo y manipulación de las masas). Durante mucho tiempo, esta cuestión de la legitimidad de las formas de gobierno centró el debate filosófico en la cuestión del poder; y, correlativamente, en la de la justicia y el derecho: ¿qué justicia suprema hay que pueda tratar a los hombres según aquello a lo cual tienen derecho?; y, por lo tanto, ¿qué derechos para los hombres que viven en sociedad ante las fuerzas divinas o mágicas (construidas por saberes de creencia), las fuerzas biológicas (construidas por saberes académicos) y las fuerzas irracionales de la naturaleza (percibidas por la experiencia)? Desde hace tiempo, estas interrogaciones han abierto un espacio de reflexión y teorización de lo jurídico[2]. Por consiguiente, la filosofía política –que,

---

[1] Badiou va a llegar a decir, incluso, que: «Todo el problema consiste en pensar el pensamiento como pensamiento y no como objeto»; o, más aún, en «pensar lo que es pensado en el pensamiento, y no "lo que" [el objeto] el pensamiento piensa» (1998, p. 36).

[2] Que probablemente culmine con *Theory of justice* del filósofo estadounidense J. Rawls, 1971.

como toda filosofía, trata «de pensar el pensamiento»[3]– tiene como objeto las diferentes formas posibles de la racionalidad política.

La ciencia política

La ciencia política (o la ciencia de lo político), por su parte, se interroga menos sobre el fundamento de un tipo de pensamiento que sobre la acción política misma, en relación con sus finalidades pragmáticas y sus efectos. Esta disciplina se encuentra en un cruce disciplinario entre la historia, la sociología, la antropología social y la filosofía política. Trata de poner en evidencia las normas que se instauran como principios de gobierno, descubrir las razones que las instituyen y evaluar sus efectos sobre el estado de las sociedades. Así se estudian los comportamientos de los actores políticos en función de su identidad y sus compromisos, los procesos que conducen a reacciones y elecciones ante la manifestación de los acontecimientos sociales –tales como la inmigración o el desempleo–, el juego de manipulación de las masas que va acompañado de la escalada de las doctrinas. Estos estudios tienen en perspectiva la esperanza de obtener de ellos no sólo lecciones sino previsiones para el porvenir.

Por eso es que esta disciplina, al igual que la sociología, ha sido solicitada por diferentes instancias del mundo político para que sean puestos de relieve los mecanismos que rigen los movimientos de la opinión y que hacen que los políticos fracasen o tengan éxito. Esto dio lugar a diversos tipos de estudios. Unos, relativamente ingenuos, recuperados por el marketing político, que consisten en describir técnicas de influencia a través de los modos de expresión (entonativo, gestual, indumentario) o el uso de palabras que supuestamente «callan» al adversario o seducen la opinión. Estos estudios de marketing, aunque llevados a cabo con un gran despliegue de sondeos y test entre paneles de población, fueron desacreditados por los científicos que veían en ello, esencialmente, una forma de justificar una nueva profesión de asesor comunicacional. Recordemos, por ejemplo, «la regla de las 4C» (ser claro, conciso, coherente, creíble) o las relativas a la velocidad de elocución y la elección de las palabras (en cierta época, esas palabras debían formar parte del «francés fundamental)», todo lo cual aún pre-

---

[3] A. Badiou (1998, p. 110).

valece actualmente para hablar en radio o televisión y constituye lo que en el ámbito de los expertos en comunicación se llama «retratos estilísticos»[4]. Otros estudios, más serios, consisten en observar por medio de tratamientos estadísticos exhaustivos las formas de hablar de los políticos (basándose, especialmente, en registros de vocabulario) para poner en evidencia ya no retratos estilísticos sino las ideas, el pensamiento y la ideología de aquéllos[5]. Estos estudios proporcionan resultados ambiguos. En efecto, revelan efectivamente características discursivas propias de diferentes personalidades o familias políticas (aunque no siempre se efectúe la distinción entre ambas), a partir de lo cual se realizan hipótesis sobre los tipos de pensamiento político. Pero se olvida que el mundo político aprendió a valerse de los medios modernos de difusión de la palabra política (prensa, radio, televisión), una de cuyas principales características es la de dirigirse a una opinión que es a la vez informe y múltiple y que es preciso evitar que se vuelva contra uno. De ello se sigue una gran prudencia en la elección de las palabras, una estrategia del uso de fórmulas difusas susceptibles de agradar a la gran mayoría o una estrategia de banalización del vocabulario –e inclusive del uso del vocabulario de la parte adversa. Esto se verificó varias veces con los grandes momentos de confrontaciones políticas (Mitterrand/ Giscard d'Estaing en 1981, Chirac/Mitterrand en 1988, Jospin/Chirac en 1995)[6], y a falta de mejor contextualización estos estudios concluyeron que había una similaridad del vocabulario utilizado por los dos adversarios políticos. Pero esta clase de estudios se topa, especialmente, con la objeción presentada por Pêcheux en la década de los ochenta, a saber: que el sentido de las palabras depende de cierto «preconstructo», es decir, de universos de discurso ya constituidos y presentes durante la formulación de la palabra política, lo que debería impedir que se interpretase las palabras sin remitirlas a su «interdiscursividad»[7], que las sobredetermina. La consideración de esta interdiscursividad mostraría que, en cierta época (la década de los setenta), las palabras estaban cargadas de preconstructos ideológicos particulares, fuertemente mar-

[4] Método iniciado en Francia por B. Cathalat (1986).

[5] Véase al respecto el estudio dedicado a J.-M. Le Pen por Marie Souchard *et al.* (1997).

[6] C. Le Bart recuerda algunos de estos casos en *Le Discours politique* (1998).

[7] Por lo que respecta a este concepto, véase la entrada «Interdiscours» del *Dictionnaire d'analyse du discours*, Le Seuil, París, 2002.

cados por el sello de una división derecha/izquierda; mientras que en la actualidad ese preconstructo es el de una ideología que suprime los clivajes del pasado y pone de relieve valores universales (por ejemplo, la «seguridad de los pueblos»).

La historia

La historia, por su parte, siempre se dedicó a reconstruir los acontecimientos políticos del pasado y a tratar de construir explicaciones acerca de las causas y las consecuencias de dichos acontecimientos. Lo hace con su muy reconocido método de tratamiento de los archivos, puesta en correlación de los hechos y análisis de contenido temáticos. En la década de los setenta, se le criticó que se centraba exclusivamente en las fuentes, los acontecimientos y la temática vehiculados por los textos y que no tenía en cuenta las condiciones de producción de esos textos, que habrían permitido echar una mirada crítica sobre éstos. Recordemos la polémica originada a comienzos de la década de los ochenta entre historiadores y analistas del discurso, al criticarles los primeros a los segundos que utilizaban un martillo para matar una mosca –lo que Pêcheux señala con cierta violencia: «Según el lugar que el análisis del discurso se atribuya respecto a esta falta, toman alternadamente la delantera la fantasía de la objetividad minuciosa (que consiste, literalmente, en hacer el imbécil, prohibiéndose pensar acerca del sentido por debajo de la textualidad) o la de la posición partidaria científicamente sostenida (que tiende a tratar a los indígenas de la política como imbéciles)»[8]. Esta polémica al menos tuvo el mérito de hacer que se tomara consciencia de la diferencia que podía haber entre el análisis del discurso y el análisis del contenido. Pero no olvidemos el peso de la «nueva historia», de una historia interpretativa que, interesándose en las mentalidades, los comportamientos y las representaciones de los pueblos según las épocas (padecimiento, educación, hijos, propiedad, etc.)[9], aportó un nuevo punto de vista sobre los hechos políticos, sociales, culturales y civilizacionales.

---

[8] «L'Étrange Miroir de l'analyse du discours», *Langages* n° 62, Larousse, París, 1986.

[9] Véanse los escritos de los historiadores A. Prost (1996) y G. Duby (1991).

De los análisis del discurso político

El análisis del discurso, contrariamente a las disciplinas precedentes, no se pregunta ni sobre la legitimidad de la racionalidad política, ni sobre los mecanismos que producen tal o cual comportamiento político ni sobre las explicaciones causales, sino sobre los discursos que posibilitan tanto la emergencia de una racionalidad política como la regulación de los hechos políticos.

En Francia, el análisis del discurso se desarrolló en un corpus específicamente político. Nociones nuevas como las de *enunciación, corpus de textos* (y ya no sólo de frases), *contextos, condiciones de producción*, les permitieron a los estudios lingüísticos descubrir y determinar un nuevo campo de análisis del lenguaje que ya no remitía a la lengua, al estudio de los sistemas de la lengua, sino al discurso, es decir, a los actos de lenguaje que circulan por el mundo social y que por sí solos dan un indicio de lo que son los universos de pensamiento y de valores que se imponen en un tiempo histórico determinado. El análisis del discurso político, por su parte, se identificó al comienzo con el «materialismo histórico» y con una «teoría de las ideologías» tal como fuese definida por Althusser[10]. Luego, al cabo de un trabajo crítico[11], se apropió del concepto de «formación discursiva» propuesto por Foucault[12] y dio lugar a trabajos cuyo objetivo consistía en revelar los presupuestos ideológicos, que se ocultaban por debajo del lenguaje, y ello por medio de diversos métodos de análisis (análisis automático, análisis distribucional, análisis lexicométrico, etc.)[13]. Actualmente, además, los estudios que se desarrollan sobre el discurso político tratan de combinar varios de estos métodos: un análisis lexicométrico que, utilizando un método de tratamiento estadístico de los corpus, intenta determinar universos semánticos y posicionamientos de los locutores implicados de una forma u otra

---

[10] «Idéologie et appareils d'État», *La Pensée*, n° 151, Éditions sociales, París, 1970

[11] Véase M. Pêcheux, «Remontons de Foucault à Spinoza» (1977), en: *L'Inquiétude du discours*, Éditions des Cendres, París, 1990.

[12] *L'Archéologie du savoir*, Gallimard, París, 1969.

[13] Para los trabajos relacionados con este período, véase especialmente *L'Inquiétude du discours*, Éditions des Cendres, París, 1990; «L'Analyse du discours politique», de J.-J. Courtine, *Langages*, n° 62, Larousse, París, 1981, y el número 117 de *Langages* dedicado a los «Analyses du discours en France».

en el campo político[14]; un análisis enunciativo que pone en evidencia los comportamientos locutivos de los actores de la vida política y, más aún, su posicionamiento ideológico[15]; un análisis argumentativo que trata de poner en evidencia las lógicas de razonamiento que caracterizan dichos posicionamientos[16]. Paralelamente, en la década de los ochenta, hizo su aparición el análisis crítico del discurso definido y desarrollado por Teun A. van Dijk. Aquél, según sus propias palabras[17], se inscribe en diversas filiaciones: la neomarxista de Adorno a Habermas, la de la escuela de Chicago, la de la sociolingüística inglesa con Bernstein y Halliday, la del análisis del discurso francés bajo influencia de Foucault y Pêcheux, y la del pensamiento de Gramsci en Italia. Van Dijk empezó por interesarse en el discurso racista bajo todas sus formas, incluso las más indirectas y ocultas, para luego tratar «de elucidar las estrategias de legitimación y construcción de la dominación que [...] se inscriben en *el abuso de poder*»[18]; lo cual, dicho sea de paso, no es sólo un asunto de ideología sino de comportamiento psicosocial.

En este ámbito, la actividad fue muy intensa y suscitó numerosas cuestiones que siguen siendo discutidas actualmente: la cuestión de la metodología, que es diversa –siendo algunos métodos de análisis más pesados que otros; trabajando unos estadísticamente sobre las palabras, aplicando otros la reconocida técnica de análisis del contenido y analizando otros las marcas argumentativas; usando algunos un corpus cerrado y otros un corpus abierto; y siendo necesario emitir juicio sobre su pertinencia más bien que sobre su pesadez–; la cuestión del concepto de ideología, que por mucho tiempo fue dominante en el campo del análisis del discurso y que ahora es muy discutida[19] en lo que respecta a

[14] Véase la presentación que hacen de ello S. Bonnafous y M, Tournier en: «Analyse du discours, lexicométrie, communication et politique», *Langages* n° 117, Larousse, París, 1995.

[15] Véase, entre otros, J. Authier-Revuz y L. Romeu, «La Place de l'autre dans un discours de falsification de l'histoire», *Mots* n°8, Fondation des sciences politiques, París, 1984.

[16] Véase S. Bonnafous y M. Tournier en: «Analyse du discours, lexicométrie, communication et politique», *op. cit.* Véase también una breve recapitulación hecha por C. Le Bart en *Le Discours politique*, *op. cit.*

[17] «Discurso, Poder y Cognición Social», 1994.

[18] «Discurso, Poder y Cognición Social», 1994, p. 6.

[19] Véase la 4a parte, capítulo I.

saber si lo social es objeto de una doble construcción significante, ocultando una a la otra, o si desde un principio está construido y estructurado por un conjunto de sistemas de valor que evidenciaría su realidad imaginaria[20]; la cuestión más global de la finalidad de un análisis de los discursos políticos en lo que respecta a su capacidad de revelar lo que es la realidad del poder –siendo éste, esencialmente, para algunos, un asunto de acción, y acerca del cual es preciso evidenciar que no podría haber acción política si no hubiese un discurso que la motive y le dé sentido.

2. Una problemática del discurso político como proceso de influencia social

El discurso político no es lo político en su totalidad, pero no existe la política sin discurso político. Éste es constitutivo de aquélla. La política es del orden de la acción, y el lenguaje es lo que motiva la acción, la orienta y le da sentido. La política se inscribe constitutivamente en relaciones de influencia social; y el lenguaje, mediante el fenómeno de circulación de los discursos, es lo que permite que se constituyan espacios de discusión, de persuasión y de seducción en los cuales se elaboran el pensamiento y la acción políticos. La acción política y el discurso político están indisolublemente vinculados, lo que al mismo tiempo justifica el estudio de lo político mediante su discurso.

Los lugares de fabricación del discurso político

Todo enunciado, por inocente que sea, puede tener un sentido político tan pronto como la situación lo justifique. Pero también es cierto que un enunciado aparentemente político puede, según la situación, sólo servir de pretexto para decir otra cosa que no sea política, al punto incluso de neutralizar su sentido político. Por lo tanto, no es el discurso el que es político sino la situación comunicativa la que lo hace político. No es el contenido del discurso el que hace que un discurso sea político, es la situación la que lo politiza.

Hay diferentes lugares, entonces, en los que se fabrica pensamiento político, no estando éste reservado sólo a los funcionarios del Gobierno

---

[20] Véase la 4a parte capítulo II.

ni sólo a los pensadores de la cosa política. Una vez más, la producción del sentido es asunto de interacción; y, por lo tanto, el pensamiento político se elabora según los modos de interacción y la identidad de los interlocutores que se encuentran implicados en él. Así pues, sugerimos distinguir tres lugares de fabricación del pensamiento político que se corresponden, cada uno de ellos, con una meta de intercambio lingüístico particular: un lugar de elaboración de los sistemas de pensamiento, un lugar cuyo sentido está vinculado al propio acto comunicativo y un lugar donde se producen comentarios.

El discurso político como *sistema de pensamiento* es el resultado de una actividad discursiva que trata de fundar una idealidad política en función de ciertos principios que deben servir de referencia a la construcción de las opiniones y los posicionamientos. Las pertenencias ideológicas se identifican en virtud de los sistemas de pensamiento y un análisis del discurso debe esforzarse por describirlos a partir de diversos textos (véase la 4a parte, capítulo II).

El discurso político como *acto comunicativo*, por su parte, concierne en forma más directa a los actores que participan de la escena de la comunicación política cuya meta consiste en influenciar las opiniones para obtener adhesiones, rechazos o consensos. De ello resultan situaciones de grupo que constituyen lo que estructura una parte de la acción política (actos, debates, empapelado de consignas, reuniones, concentraciones, desfiles, ceremonias, declaraciones televisivas), y construyen imaginarios de pertenencia comunitaria, pero esta vez más en virtud de un comportamiento más o menos ritualizado que en virtud de un sistema de pensamiento, incluso si éste atraviesa aquél. Aquí, el discurso político se dedica a construir imágenes de actores y a usar estrategias de persuasión y seducción haciendo uso de diversos procedimientos retóricos (véase la 3ra parte).

El discurso político como *comentario* no está necesariamente orientado hacia una finalidad política. Lo dicho se refiere a lo político, pero se inscribe en una situación cuya finalidad se sitúa fuera del campo de acción político: es un discurso a propósito de lo político, sin una meta política. Al mismo tiempo, la actitud de comentario no engendra una comunidad específica salvo agrupamientos circunstanciales de individuos durante intercambios conversacionales que no están exclusivamente dedicados a la política. Un discurso de comentario tiene la parti-

cularidad de no comprometer al sujeto que lo sostiene en una acción[21].
Puede ser revelador de la opinión del sujeto que comenta, pero sin que
necesariamente sepamos cuál es el grado de compromiso de éste con
respecto a aquélla. Esto es lo que explica que muchas discusiones políticas puedan acabarse pronto, interrumpirse o desviarse (humor) sin
que logren fijar una opinión o acarrear una toma de posición. El discurso de comentario político se oye frecuentemente en las conversaciones
de café, en familia o entre amigos. Pero también es el sostenido —con
mayor seriedad y capacidad analítica— por parte de los periodistas que
comentan la actualidad política. En efecto, el contrato de información
mediático exige que lo hagan fuera del campo de la acción política (pero
dentro del campo de la ciudadanía) y sin comprometer su propia opinión[22]. Es un discurso «como si» su meta fuese expresar una opinión
política, cuando no es así. El hecho de que éste sea más difícilmente
identificable, el hecho de que no dé lugar a la constitución de una comunidad específica, no significa que deba escapar al análisis. Delicados
trabajos de campo deberían permitir que se registrasen y se analizaran
estos comentarios.

En otras palabras, el discurso político se despliega unas veces «en
posición de gobierno» [«*in gouvernance*»], correspondiéndose con una
meta de acción por la cual la palabra política se hace performativa para
poder gobernar con socios diversos, y otras veces «fuera de gobierno»
[«*hors gouvernance*»], correspondiéndose con una meta de deliberación
por la cual la palabra circula entre esos mismos socios sin que ésta tenga
poder de decisión. Pero tanto en un caso como en el otro vemos que
el lenguaje se vincula con la acción, recíprocamente, como afirma H.
Arendt:

> [...] sin el acompañamiento del lenguaje, la acción no sólo perdería
> su carácter revelatorio sino que perdería, por así decirlo, también su
> sujeto; no habría hombres sino robots que ejecutarían actos que, huma-
> namente hablando, permanecerían incomprensibles. La acción muda ya
> no sería acción dado que no habría actor; y el actor, el hacedor de actos,
> sólo es posible si es al mismo tiempo decidor de palabras. La acción que
> él comienza es humanamente revelada por el verbo; y, aunque poda-

---

[21] En esto, el comentario evidentemente se distingue del discurso militante.

[22] Se trata, evidentemente, de una idealidad del contrato mediático que no siempre se
cumple. Por lo que respecta a esta cuestión, véase *Les Médias et l'Information*.

mos percibir su acto en su apariencia física bruta sin acompañamiento verbal, el acto sólo adquiere sentido mediante la palabra en la que el agente se identifica como actor, anunciando lo que hace, lo que hizo y lo que hará[23].

Evidentemente, estos diferentes lugares de fabricación del discurso político no están separados unos de otros. Una de las características de todo discurso social consiste en circular dentro de los grupos que lo constituyen, y luego exportarse al exterior y atravesar otros grupos que a menudo se lo apropian al precio de una alteración. El discurso se difunde, gira, se comparte, se extiende, deriva y se transforma hasta el punto de perder sus datos de origen. Así sucede con el discurso político, que puede ser construido de forma rigurosa, teorizante, con su meta de elaboración de un sistema de pensamiento; y que luego se manifiesta en diferentes situaciones comunicativas, atraviesa diferentes comunidades de opinión edulcorándose, se insinúa en los comentarios[24], vuelve en ocasiones a su punto de origen y reaparece en diferentes épocas pero reconstruido de forma diferente. Con respecto a este fenómeno, ¿quién ha de decir qué influencia política puede tener tal acto, tal manifestación callejera, tal declaración televisiva o tal debate? Pero también, ¿quién ha de decir qué influencia política puede tener tal manual de historia, tal boletín informativo, tal circular de empresa redactada para orientar las contrataciones o, incluso, tal obra de teatro (Brecht), tal novela (Sartre) o tal poesía (Éluard, Aragón)[25]?

Sea cual fuere su lugar de aparición, el discurso político «no constituye un ornamento de la conducta política, puesta en palabras, explicada o comentada, disfrazada con mayor o menor éxito –en pocas palabras, una superestructura. El discurso es constitutivo de lo político»[26]. Está intrínsecamente relacionado con la organización de la vida social como gobierno y como discusión, para bien y para mal. A la vez, es lugar de compromiso del sujeto, de justificación de su posicionamiento

---

[23] Arendt, H., *Condition de l'homme moderne*, Calmann-Lêvy, col. Agora, París, 1961 y 1983, p. 235.

[24] «El fenómeno de "la vacuna"», del que habla Roland Barthes en sus *Mitologías*, Le Seuil, coll. Points (p. 238), París, 1957.

[25] Y los poetas españoles de la generación del veintisiete: «La poesía es un arma cargada de futuro» (Gabriel Celaya), «Me queda la palabra» (Blas de Otero).

[26] Trognon y Larue (1994).

y de influencia del otro cuya puesta en escena varía según las circunstancias comunicativas –lo que hace que sea más correcto hablar de los discursos de lo político que del discurso político.

Un estudio de la articulación entre lo político y la política

Alain Badiou propone diferenciar, por no decir «oponer», a la «política-opinión» de la «política-verdad»[27]. Para Badiou, la política-opinión tiene que ver con un *juicio reflexivo* que parte del sujeto y remite al sujeto, pero pasando por una discusión, es decir, por una confrontación de diferentes juicios hasta que se establezca cierta compartición, para que entonces se vuelvan un solo y único juicio. De este modo, se constituye el lugar de una opinión colectiva de la cual los individuos son productores y espectadores a la vez, y que les permite formar una comunidad. A semejanza de Hannah Arendt, Badiou define esta comunidad como una pluralidad del «ser-con», como un compartir, un «en-común», que hace de ella una «unidad subjetiva de consenso». Este consenso se crea en torno a una norma de sentido que debe decir qué es el bien y el mal, partiendo del principio de que el mal es primero y de que, por lo tanto, la política aquí se erige «contra la destrucción de ese compartir que enmarca a la opinión pública»[28]. Pero como esta opinión no nace de la acción y no desemboca necesariamente en la acción, es una opinión sin compromiso del sujeto y, por lo tanto, sin verdad. Al menos si entendemos la verdad como lo hace Badiou, es decir, como un *juicio determinante* que «anuda la discusión con la decisión»[29] y, por lo tanto, con la acción. Semejante tipo de juicio implica una participación del singular en el colectivo. Es el compromiso del militante, del resistente[30] y de todo individuo que responda a una «necesidad social» más allá de todo «imperativo moral». Se trataría de una concepción restrictiva de la verdad política, si ésta sólo se revelase en el compromiso militante. Sin embargo, Badiou parece ampliar el ámbito de lo que él llama políti-

---

[27] Badiou (1998).

[28] *Op. cit.* (p. 23).

[29] *Op. cit.* (p. 25).

[30] Badiou comienza su *Abregé de métapolitique* (*op. cit.*) con unas hermosas páginas acerca de la vida ejemplar de Georges Canguilhem, lo que lo lleva a decir que «la resistencia no es una opinión. Es, más bien, una ruptura lógica con las opiniones circulantes y dominantes».

ca-verdad a todo discurso de prescripción, declaración, intervención y organización, dado que nos invita –siguiendo a Saint-Just– a leer la política a partir de los actores. Para Badiou, la política-opinión es una política sin compromiso y la política-verdad es una política del compromiso en la acción. Así pues, rechaza la expresión «lo político» porque ésta «supone una facultad específica, un sentido común»[31]; sin embargo, agrega: «sólo hay políticas, irreductibles las unas a las otras, y que no componen ninguna historia homogénea»[32]. Podría replicarse, siguiendo a algunos, que se necesita un concepto neutro de política para pensar el fenómeno como una entidad abstracta, como una estructura «que no implica ni personas ni regímenes particulares»[33]. Pero para Badiou, cuidadoso como es de vincular la realidad política con lo que funda al ser en torno a «la potencia del Otro», la política resulta de una multiplicidad en la cual hallamos a la vez una infinidad de situaciones, una mediación trascendental representada por la superpotencia del Estado, rupturas acontecimentales como consecuencia de surgimientos inesperados de acontecimientos y la organización de contra-poderes a través de las prácticas militantes.

Ello no impide –y éste ha de ser nuestro punto de vista– que nos sea provechoso diferenciar lo político de la política. Lo político refiere a todo aquello que, en las sociedades, organiza y problematiza la vida colectiva en nombre de ciertos principios que constituyen una especie de referencia moral de aquélla. «Al hablar sustantivamente de lo político –dice P. Rosanvallon–, califico de ese modo tanto una modalidad de existencia de la vida común como una forma de la acción colectiva que se distingue implícitamente del ejercicio de la política»[34]. La política concierne de manera más particular a la gestión de esa vida colectiva en la que están implicadas diferentes instancias (de gobierno y ciudadana) que rigen sus relaciones a través de un juego de poder y contra-poder. P. Rosenvallon diferencia ambas diciendo: «Referirse a lo político, y no a la política, es hablar del poder y la ley, del Estado y la nación, de la igualdad y la justicia, de la ciudadanía y la civilidad; en pocas palabras,

---

[31] *Op. cit.* (p. 33).

[32] *Ibid.*

[33] Maffesoli (1992).

[34] P. Rosanvallon, lección inaugural del Collège de France pronunciada el 28 de marzo de 2002, y *La Démocratie inachevée* (2000).

de todo lo que constituye una sociedad más allá del campo inmediato de la competición partidaria por el ejercicio del poder, del accionar gubernamental del día a día y de la vida normal de las instituciones». La relación entre estas dos nociones es de reciprocidad dialéctica: la política no puede concebirse sin los principios de lo político que la fundan, y lo político no tendría razón de ser si no fuese sometido a la prueba de la política –que, a su vez, lo reinterpela.

El doble fundamento del discurso político

En el plano del lenguaje, existe un lugar en el cual se inscribe el discurso político, aquel en el que precisamente se encuentran la *opinión* y la *verdad* en una relación dialéctica entre la construcción de opinión, a la que conduce el juicio reflexivo, y la verdad que surge de la acción y el acto de decisión. En este lugar se instituyen comunidades múltiples de pensamiento y acción, comunidades que se definen en ese «en común», un en-común que es preciso considerar como una norma de pensamiento y acción que los miembros del grupo intercambian entre sí. Esta norma compartida constituye la mediación social en la cual se encuentran los valores trascendentales que fundan el juicio y la acción a la vez, y esos valores son construidos y transportados por un discurso que los hace circular por la comunidad construyendo su lazo identitario.

El discurso político resulta de una sutil mezcla entre la palabra que debe fundar lo político y la que debe administrar la política. Claude Lefort recuerda, en una entrevista[35], que el fenómeno político es la resultante de varios componentes: hechos políticos, como los actos y las decisiones que conciernen a la autoridad; hechos sociales, como la organización y la estructuración de las relaciones sociales; hechos jurídicos, como las leyes que rigen las conductas y las relaciones de los individuos que viven en sociedad; hechos morales y psíquicos, como las prácticas que revelan sistemas de valor. El análisis del discurso político se relaciona con todos esos componentes en la medida en que cada uno de ellos deja rastros discursivos; es decir que su campo es inmenso y complejo, pero también es decir que no puede conformarse con analizar las ideas de las cuales los discursos son portadores. Quizás incluso

[35] Véase «Rencontre avec Claude Lefort», *Sciences humaines* n° 94, mayo de 1999, y Lefort (1999).

habría que dejar de creer que son las ideas las que gobiernan el mundo, y especificar que las ideas sólo tienen valor por la forma en que son transmitidas de unos a otros, por la forma en que circulan por los grupos y por la forma en que influencian a unos y otros, tomando a cambio su consistencia. La política es un campo de batalla en el que se libra una guerra simbólica para desembocar en relaciones de dominación o pactos de entendimiento. Por consiguiente, el discurso de las ideas se construye a través del discurso del poder –concerniente, el primero, a una problemática de la verdad (decir lo Verdadero); y el segundo, a una problemática de lo verosímil (decir a la vez lo Verdadero, lo Falso y lo Posible).

Esto justifica las dos orientaciones que toman los estudios sobre el discurso político: una, dirigida hacia los contenidos del discurso; la otra, hacia los mecanismos de la comunicación. Si, hasta ahora, el análisis del discurso político versó más sobre los contenidos de las palabras dichas por los políticos que sobre los procedimientos de puesta en escena, más sobre el valor de los argumentos considerados en función del sistema de creencia al cual remiten que sobre las propias estrategias persuasivas, más sobre el logos que sobre los efectos de ethos y pathos, quizá sea porque el juego político se desarrollaba más particularmente en torno a los sistemas de pensamiento, en torno a las ideologías. Ahora bien, parecería ser –como verificaremos al final del presente libro– que el discurso político, sin dejar de ser una mezcla de estos tres componentes, se desplazó progresivamente desde el lugar del logos hacia el del ethos y el pathos, desde el lugar del contenido de los argumentos hacia el de su puesta en escena. A semejanza del discurso publicitario –y quizá también del mediático–, el discurso político, más que dar a entender su propósito, deja ver su puesta en escena: los valores de ethos y de pathos terminan por hacer las veces de valores de verdad.

Estos dos modos de enfoque del discurso político son, no obstante, indisociables entre sí. Ya que si bien es cierto que el pensamiento puede tener en sí influencia, resulta ser que también puede estar encubierto por procedimientos de comunicación empática tales que, al cabo de esas manipulaciones comunicativas más o menos voluntarias, se construyan otras formas de pensamiento político.

PARTE II

Las condiciones del discurso político – Contratos y estrategias

El signo, el relato y la sociedad funcionan por contrato; pero como este contrato generalmente está oculto, la operación crítica consiste en descifrar el estorbo de las razones, de los pretextos, de las apariencias; en pocas palabras, todo el natural social, para hacer manifiesto el intercambio regulado sobre el que descansan la operación semántica y la vida colectiva.

Roland Barthes, *Roland Barthes pour Roland Barthes,*
Écrivains de toujours, Le Seuil, 1979.

CAPÍTULO I
Las limitaciones del discurso político:
dispositivo, identidades, legitimidad

Cuando hablamos, nunca somos totalmente libres, aunque quisiésemos hablar como un poeta o como Ubú. Ciertamente, cada uno de nosotros es un individuo hecho de una historia singular. Pero esta individualidad y esta singularidad las forjamos a través de nuestras relaciones con los otros, en comunidades más o menos constituidas, más o menos cerradas, y en el marco de situaciones de intercambios que son a la vez diversas y recurrentes. Por lo tanto, somos seres a la vez colectivos e individuales; estos dos componentes dialogan entre sí, se enriquecen mutuamente y se determinan recíprocamente. Seres colectivos que comparten una identidad con los otros, ya que es difícil concebir su Yo [*Moi*] sin su socialización; seres individuales que tratan de diferenciarse para construirse una identidad propia, ya que es difícil concebir su Yo si no se distingue de los otros. En consecuencia, cuando hablamos, estamos a la vez restringidos por las normas y convenciones lingüísticas que compartimos con el grupo, y somos libres –aunque relativamente– de proceder a una implementación discursiva que nos caracterice en propiedad y nos permita individuarnos. Por consiguiente, podemos representarnos la comunicación humana como un teatro, como una vasta escena en la cual se juegan, entre los seres humanos, a través de sus actos de lenguaje, diversos juegos relacionales –algunos de cuyos roles son previstos por adelantado; y otros, improvisados. Pero en un teatro se representan diversas obras, cada una de las cuales es objeto de una puesta en escena particular; y, entre éstas, la escena política en la cual se juegan relaciones de poder según los lugares, los roles y los textos que son previstos por esta dramaturgia, y el relativo margen de maniobra del cual disponen los actores. En un primer momento, pues, se trata de ver cuáles son las características de esta escena a las cuales no escapa ninguno de estos actores, aunque más no fuese para observar mejor a continuación su actuación personal. En términos más adecuados al análisis del discurso, digamos que hay que describir, en principio, las limitaciones estructurales de la situación de comunicación política antes de describir las estrategias discursivas que los actores pueden implementar. No confundiremos, pues, situaciones de comunicación y estrategias –estando estructurada, toda situación comunicativa, según un dispositivo que les asigna un cierto lugar a los participantes del intercambio.

1. Del contrato de comunicación política

Todo discurso se construye en la intersección entre un campo de acción, lugar de intercambios simbólicos organizado según relaciones de fuerza (Bourdieu), y un campo de enunciación, lugar de los mecanismos de puesta en escena del lenguaje. El resultado es lo que llamamos un «contrato de comunicación». Así sucede con el discurso político, y de ese modo se explica a la vez su heterogeneidad, desde el punto de vista de las múltiples significaciones que pueden salir de él, y su estabilidad, desde el punto de vista de las posibilidades de comportamientos enunciativos de las que dispone el sujeto político. De ahí las dificultades que puedan experimentar tanto los políticos –que querrían asegurarse de que su discurso fuese eficaz– y los ciudadanos –que desearían que su fuerza de contestación tuviese un impacto– como el analista que se lanza a la peligrosa empresa de interpretar esos discursos tratando de extraer todos sus sentidos posibles.

En efecto, el discurso político –por lo que respecta a sus significaciones y sus efectos– no resulta de la simple aplicación de esquemas de pensamiento preconstruidos que se reproducirían siempre de la misma forma según se estuviese del lado de los dominantes o los dominados. Las significaciones y los efectos resultan de un complejo juego de circulación y entrecruzamiento de los saberes y las creencias que son construidos por unos y reconstruidos por otros. Esta construcción-reconstrucción se lleva a cabo según el lugar que éstos ocupan en el contrato; y, al mismo tiempo, según el posicionamiento de los individuos que ocupan esos lugares. Ahora bien, estos posicionamientos resultan de diversas filiaciones de pensamientos, de reacciones a la vez emocionales e intelectivas y de interacciones en situaciones particulares donde aquéllos están alternadamente en posición de dominante y dominado. Digamos que las significaciones del discurso político son elaboradas, y hasta reelaboradas, a la vez por el dispositivo de la situación comunicativa y por sus actores.

El dispositivo de interacción

Si hacemos a un lado el sentido jurídico de este término y su uso en los medios[1], constatamos que el diccionario *Le Robert* nos brinda las dos acepciones más corrientes del término *dispositivo* [**dispositif**], acepciones que encontramos, de una forma u otra, en los diferentes usos que los investigadores hacen de él: «Forma en que están dispuestas las piezas, los órganos de un aparato; el propio mecanismo»; «(Milit.) Conjunto de medios dispuestos con arreglo a un plan. *Dispositivo de ataque, de defensa*»[2]. En otras palabras, por un lado, una definición que concierne a la organización material de las cosas: los componentes de un mecanismo y su modo de agenciamiento; por el otro, una definición que concierne a la organización conceptual de las actividades humanas: pensar la forma en que las acciones se suceden unas a otras (planificaciones) a través de un conjunto de medios entre los cuales unos pueden ser cosas (armamento) y otros personas (tropas), todo lo cual debe actuar conforme a una finalidad (atacar, defender).

En una perspectiva de análisis de los hechos de comunicación, el dispositivo es ante todo de orden conceptual. Es lo que estructura la situación en la cual se desarrollan los intercambios lingüísticos organizádolos según los lugares que ocupan los participantes del intercambio, la naturaleza de su identidad y las relaciones que se instauran entre ellos en función de cierta finalidad. Pero para su puesta en marcha, el dispositivo también depende de las condiciones materiales en las cuales se desarrolla el intercambio lingüístico. Como estas condiciones pueden variar de una situación comunicativa a otra, se establece una relación de engaste entre el macrodispositivo conceptual, que estructura cada situación de intercambio social, y los microdispositivos materiales, que la especifican en otras tantas variantes. Por ejemplo, hay un macrodispositivo conceptual de la situación informativa y microdispositivos corres-

---

[1] Véase cómo lo examina Guy Lochard (1999).

[2] *Le Petit Robert*, Dictionnaires Le Robert, París, 1990.

pondientes a la televisión, la radio y la prensa, y dentro de cada uno de ellos otros dispositivos correspondientes a ciertos géneros (el noticiero, el reportaje, el documental, el debate, etc.). Éste también es el caso en lo que respecta a la comunicación publicitaria y sus variantes, a saber: los *spots* televisivos, las páginas de las revistas, los carteles callejeros, etc. Así sucede en lo que respecta al discurso político, que se define a la vez por un macrodispositivo –el que vamos a describir– y sus variantes, tales como el acto electoral, la declaración televisiva, la profesión de fe electoral, las intervenciones en la Asamblea Nacional, las intervenciones radiofónicas, etc.

El dispositivo, entonces, es lo que garantiza una parte de la significación del discurso político haciendo que todo enunciado, producido en su seno, sea interpretado relacionándolo con éste. Desempeña el papel de garante del contrato de comunicación señalando cómo está organizado y regulado el campo de enunciación según normas de comportamientos y un conjunto de discursos potencialmente disponibles de los que los interlocutores podrán echar mano. Coincidimos así con Marc Augé, para quien: «La intervención política es, así, ejemplar de lo que nos proponemos llamar dispositivo ritual extendido. [...] Obedece a cierto número de restricciones formales [...]; abre una expectativa y espera resultados; trata con una alteridad (la del público en general y la de los adversarios políticos en particular) e intenta establecer [...] un "consenso" o una mayoría, es decir, la afirmación de una identidad relativa a una cuestión particular o a la conducción de los asuntos de Estado»[3]. Este conjunto constituye lo que habitualmente llamamos «leyes del género», y éstas están dotadas de cierta permanencia histórica.

Las instancias del dispositivo

¿Quiénes son, pues, los participantes de este contrato? No personas de carne y hueso sino entidades humanas, cada una de las cuales es el lugar de una intencionalidad y está categorizada en función de los roles que se le asignan. Se trata, pues, de categorías abstractas, desencarnadas y destemporalizadas; definidas, como ya dijimos, por el lugar que ocupan en el dispositivo y a las cuales los individuos son remitidos. Es por eso que es preferible hablar de instancias. Así, en cada dispositivo, las

---

[3] Augé (1994).

instancias se definen según sus atributos identitarios, los cuales a su vez definen su finalidad comunicacional. En todo acto de comunicación, el conocimiento de las personas es necesario pero no suficiente. Hay que añadirle el conocimiento de las instancias, sin el cual la interpretación que nos hiciésemos del hablar de las personas sería errónea. Este punto es importante para el análisis del discurso político. Evita que se caiga en dos errores: el que consiste en reducir las explicaciones de los hechos políticos a la mera personalidad psicológica y social de los actores reales de la vida política (un Jean-Marie Le Pen, un Jacques Chirac); el que consiste en no interesarse sino en las ideas vehiculizadas por los discursos (la ideología) sin tener en cuenta la índole de las instancias del dispositivo.

Sería cómodo considerar que el dispositivo identitario de lo político se compone de dos instancias: una instancia política y una instancia ciudadana. Pero dada la complejidad de la estructuración del campo político debido a los múltiples entrecruzamientos que se producen en él entre los diferentes sectores de actividad[4] de la práctica social y las diferentes situaciones comunicativas[5], es conveniente diferenciar tres lugares de fabricación del discurso político: un lugar de gobierno, un lugar de opinión y un lugar de mediación. En el primero de estos lugares se encuentran la *instancia política* y su doble antagónico, la *instancia adversaria*; en el segundo se encuentra la *instancia ciudadana* y en el tercero la *instancia mediática*.

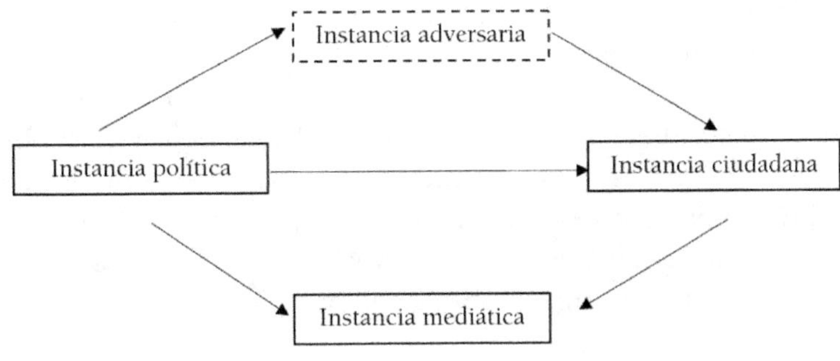

---

4 Véase la 1ra parte, capítulo I.2, «Del espacio social a los espacios sociales».

5 Véase la 1ra parte, capítulo I.3, «De la complejidad del campo político».

La instancia política (y la instancia adversaria)

Ésta se encuentra en el lugar en que los actores que allí se mueven tienen un «poder de hacer» –es decir, de decisión y de acción– y un «poder de hacer pensar» –es decir, de manipulación. Es el lugar del gobierno[6]. Por lo tanto, la instancia que los reúne busca obtener legitimidad para acceder a ese lugar, y autoridad y credibilidad para administrarlo y mantenerse en él. Sin embargo, la instancia política no puede decir explícitamente que la mueve el deseo de ocupar el lugar del poder y de mantenerse en él –eso sería contraproducente. No hay otra justificación del poder que la propia situación de poder (ya sea por la fuerza o por las urnas). El discurso de la instancia política, entonces, sólo puede tratar de *proponer* programas políticos cuando es cuestión de presentarse a elecciones, *justificar* decisiones o acciones para defender su legitimidad, *criticar* las ideas de los partidos adversos para fortalecer mejor su posición y *apelar* al consenso social para obtener el apoyo de los ciudadanos –todo ello a través de diversas estrategias de persuasión y de seducción.

Por lo demás, la instancia política es una entidad que abarca diversos estatus y diversas situaciones. Diversos estatus que se corresponden con otros tantos cargos y funciones: las de jefe de Estado, jefe de Gobierno, ministros, diputados, etc. Diversas situaciones, porque esta instancia puede hallarse en situaciones de debate, de declaración pública, de toma de decisiones, de campaña electoral, etc. Pero a la instancia política están asociados cierto número de organismos estrechamente vinculados a ella. Así, podríamos considerar que esta instancia se compone de un núcleo y varios satélites. El núcleo estaría constituido por los representantes del Estado, de los Gobiernos, de los Parlamentos y de las instituciones relacionadas. Entre los satélites, tendríamos un primer círculo constituido por los partidos políticos, dado que son los que alimentan el debate sobre la representación política; un segundo, constituido por las instancias jurídicas, financieras, científicas y técnicas que dependen

---

[6] La noción de «gobierno» es definida aquí en sentido amplio: todo lo que participa de la gestión del poder en un grupo social, sea cual fuere su dimensión. Abarca, por lo tanto, la noción de Gobierno más restrictiva, que se refiere al aparato institucional de Estado. Este término no es usado aquí en el sentido que se tiende a darle en los medios políticos de «poder compartido entre múltiples organismos que deciden en común». Este sentido está incluido en el nuestro.

estrechamente del poder político, por el juego de los nombramientos al mando de diversos organismos de representantes de una misma sensibilidad política (Consejo Superior de la Magistratura, empresas, bancos y grupos financieros públicos), o por las presiones que ejercen los poderes públicos sobre las operaciones bursátiles, el consumo, etc.; un tercer círculo estaría constituido por organismos supranacionales (Parlamento Europeo), internacionales (el GATT y luego la OMC, el FMI) y no gubernamentales (ONU, UNESCO) que se encuentran, también ellos, en relaciones de dependencia con las instancias gubernamentales (reúnen a los representantes de diversos Estados y tratan de concertarse para regular el mercado mundial de la economía, la cultura y la tecnología), pero también de autonomía, al presionar a esos mismos Estados, imponer reglas de funcionamiento y arrogarse un poder de control (reglamentación del derecho internacional, de la economía agrícola, etc.). Además, parecería ser –si se observa, por ejemplo, el accionar de la Justicia frente a los casos de corrupción política– que algunos de estos organismos toman, bajo la presión conjugada de las instancias ciudadana y mediática, cada vez más autonomía. Así, debido a la diversidad de estas situaciones, la instancia política establece con su interlocutor principal, la instancia ciudadana, relaciones diversas según la forma en que se la imagina: como un público común y corriente, cuando se trata de dirigirse a él a través de los medios; como un público-ciudadano que tiene una opinión, cuando se trata de hacer promesas electorales; como un público-militante incondicional de antemano a una orientación política, cuando se trata de «caldear» a sus partidarios.

La *instancia adversaria* se encuentra en este mismo lugar de gobierno en la medida en que la mueven las mismas motivaciones (es por eso que se la representa con líneas punteadas en nuestro esquema). Como la instancia política, debe proponerle al ciudadano un proyecto de sociedad ideal; debe hacerse creíble y debe tratar de persuadir al ciudadano de la validez de su posición. La única diferencia en relación con la instancia precedente reside en el hecho de que, al estar en la oposición –es decir, desprovista del ejercicio del poder pero representando, al mismo tiempo, a una parte de la opinión ciudadana–, se ve en la necesidad de producir un discurso sistemático de crítica del gobierno de turno –el cual, por lo demás, se lo devuelve en forma simétrica. Observemos, así, que la instancia adversaria utiliza las mismas estrategias que la instancia política; no las diferenciaremos, por lo tanto, en el resto de nuestro estudio.

La instancia ciudadana

En la expresión «instancia ciudadana», el término «ciudadano» debe ser entendido en sentido amplio, como una noción perteneciente a un régimen democrático. Esta noción, por lo demás, no tiene la misma significación según los países; e incluso en Francia ningún político ni ningún militante llama ya a sus congéneres «ciudadanos, ciudadanas» como ocurrió, durante un tiempo, en la Revolución. La ciudadanía no se define por la pertenencia étnica, ni religiosa, ni siquiera geográfica. Se define por la pertenencia simbólica de los individuos a una misma comunidad nacional en la cual se reconocen, porque es el garante de su voluntad de estar y vivir juntos, y en la cual ejercen su parte de soberanía eligiendo a sus representantes. Definiremos, entonces, a la instancia ciudadana como que se halla en un lugar en el que la opinión se construye por fuera del gobierno. Es el lugar en el que los actores buscan saber para poder evaluar los programas que se les proponen o las acciones que les son impuestas, y elegir las personas políticas a las que van a delegar o criticar. Si la instancia ciudadana dispone de cierto poder, nunca es sino de manera indirecta, por medio de un cuestionamiento de la legitimidad y la credibilidad de la instancia política. Produce discursos de *reivindicación* cuando se trata de protestar contra ciertas medidas (o insuficiencias) políticas; de *interpelación*, cuando se trata de exigir explicaciones o actos; y puede también *sancionar*, cuando se trata de elegir o reelegir representantes del pueblo. Estos discursos de reivindicación e interpelación sólo pueden sostenerse en nombre de una idealización del bienestar común. Por ejemplo, los sondeos muestran que los índices de contento suben o bajan en proporción a la satisfacción de los intereses colectivos (reacciones frente a la distribución del crecimiento, el precio muy elevado de los combustibles, la adhesión al bloqueo de los combustibles a pesar de la molestia ocasionada, etc.). El discurso de la instancia ciudadana trata esencialmente de interpelar al poder gobernante.

De este modo, la instancia ciudadana se define globalmente frente a la instancia política en una relación recíproca de influencia pero de no-gobierno. Pero a semejanza de la instancia política, la instancia ciudadana es una entidad que abarca organizaciones y situaciones diversas: organizaciones más o menos institucionales (sindicatos, corporaciones, coordinaciones, grupos étnicos, gente común y corriente); situaciones de protesta tales como manifestarse en la calle, negarse a votar, presionar ante destacadas figuras políticas o dirigentes locales por medio de sondeos o declaraciones en los medios. Esta instancia dista de ser homogénea: está fragmentada por la diversidad de las comunidades en cuestión y por las diferentes percepciones suyas que tienen las otras instancias (política y mediática) que se dirigen a ellas. No obstante, propondremos diferenciar en aquélla dos subconjuntos que llamaremos *sociedad civil* y *sociedad ciudadana*.

La noción de *sociedad civil* (definida como una entidad poco estructurada que se opone a otras dos, por su parte, fuertemente estructuradas: el Estado –estructuración institucional–, la familia –estructuración sociobiológica–) surge en el siglo XIX (Hobbes, Hegel). En el siglo XX, dentro del enfrentamiento entre el sistema capitalista y el sistema socialista, fue considerada por el primero como un medio para mantener el vínculo comunitario frente a la ausencia de estructura estatal (de ahí la promoción de grupos de toda clase –étnicos, corporativos, asociativos– y de grandes instancias no gubernamentales); y, por el segundo, como el lugar en el que debían desarrollarse los movimientos de protesta anticapitalistas. Para nosotros, la sociedad civil es un lugar de pura opinión[7] que concierne a la vida en sociedad, tanto pública como privada. Los miembros de esta sociedad se reconocen en virtud del «estar juntos»[8] que caracteriza a su comunidad cultural. Por fuera de este vínculo de pertenencia, los miembros de la sociedad civil (aunque tengan o expresen opiniones a favor o en contra de las realidades sociales –enfermedades, religiones y sectas, hijos, vida de pareja–) juzgan y actúan individualmente[9], o en pequeños grupos que se reúnen de forma coyuntural

---

[7] Lo que no significa que permanezca inerte. También se caracteriza por comportamientos ritualizados, como todo grupo social, pero sin intención ciudadana.

[8] Y no de un «vivir juntos». Se trata de una relación de pertenencia simbólica al grupo por medio de una representación que constituye una especie de «superyó» sobredeterminante.

[9] Cuando los miembros del gobierno de J.-P. Raffarin dicen que los ministros de Educación y Economía, Luc Ferry y Francis Mer, pertenecen a la «sociedad civil» (según

por objetivos puntuales y generalmente al margen del juego político ciudadano. Se puede tener una opinión sin tener necesariamente una consciencia ciudadana.

La *sociedad ciudadana*, a la inversa, es una construcción. Reúne a individuos que tienen consciencia de tener que desempeñar un papel en la organización política de la vida social. Existe de manera orgánica, ya sea por requerimiento institucional cuando se la llama a votar, ya sea por decisión propia cuando transforma el espacio público en espacio de discusión e influye de ese modo en los gobernantes a través de los medios, o bien cuando se organiza como fuerza de contra-poder y actúa en el propio espacio del poder de gobierno. Se constituye, entonces, en una comunidad del «vivir juntos» en virtud de un proyecto de sociedad. En esto, la sociedad ciudadana es una sociedad de individuos de derechos y no de personas físicas concretas, lo que la distingue de la sociedad civil.

También puede constituirse en subconjuntos de *grupos militantes* que se organizan en partidos, sindicatos, diversas agrupaciones comunitarias o incluso clandestinas que han elegido medios más o menos violentos. Estas organizaciones actúan de manera ordenada y disciplinada, en grupos de «obrar juntos» según consignas de acción que son obra de sus instancias dirigentes o de sus líderes. Incluso cuando se comportan de manera violenta, pueden ser consideradas como pertenecientes a la sociedad ciudadana con la condición, no obstante, de que su proyecto sea de progreso y justicia social (contra la explotación de los trabajadores, contra el colonialismo que somete a los pueblos, contra la «comida basura», contra los efectos nefastos de la mundialización, etc.) y no de defensa de intereses de clase (defensa de la propiedad privada), de grupos corporativos (cazadores y pescadores) o financieros. Su acción armada debe inscribirse en un campo de enunciación política como una amenaza de sanción con respecto a un poder que se presentaría, entonces, como ejerciendo un terrorismo de Estado: «Esto es lo que haremos si ustedes no acceden a nuestra demanda de justicia». Se trata de agrupaciones denominadas «activistas» que pretenden ser representantes de una demanda implícita del pueblo[10].

informa *Le Monde*, 16 de noviembre de 2002), apuntan a esta individualidad.

[10] En este sentido, los grupos y movimientos de liberación de los pueblos (Palestina,

Sin embargo, el paso de la civilidad a la ciudadanía es un fenómeno frecuente, lo que a veces hace difícil la distinción. Por ejemplo, una asociación puede reunir gente para ayudar y servir a personas discapacitadas o que hayan sufrido un perjuicio físico o moral que sólo debería resolverse por la vía jurídica. Tan pronto como se organiza para presionar ante los poderes públicos, y trata incluso de implicarlos y hasta acusarlos (caso de la sangre contaminada), ya no actúa según una consciencia de civilidad sino de ciudadanía. Este paso de una a otra probablemente sea una característica de la modernidad –como parecen demostrarlo, de manera puntual, ciertas grandes manifestaciones que tuvieron lugar en Francia, contra la extrema derecha, en abril de 2002, y en España, contra los actos de terrorismo; o, de manera más permanente, los grandes movimientos humanitarios o los de antimundialización que atañen a la sociedad civil, cuyos motivos nacieron de una consciencia ciudadana y cuyas acciones son militantes. Pero estas concentraciones están compuestas por grupos identitarios muy diferentes unos de otros, por grupos que tienen diversos objetivos de lucha y que en otras épocas habrían sido antagónicos: asociaciones de defensa de los derechos de los homosexuales o de los derechos de la infancia; asociaciones por el medio ambiente, para la defensa de los inmigrantes, contra la precariedad, el desempleo, la pobreza; grupos religiosos, grupos laicos, etc. No constituyen una comunidad homogénea sino un grupo inestable que sólo existe de manera coyuntural. Retomaremos esta cuestión en la última parte, en el transcurso de nuestro balance. Nuestra modernidad está atrapada en una tensión entre la sociedad ciudadana –que tiene tendencia a establecer un vínculo social entre los individuos en torno a valores abstractos de orden racional– y la sociedad civil –que tiene tendencia a producir agrupamientos comunitarios en torno a valores de orden afectivo.

Chechenia), de independencia de ciertas regiones (Córcega, País Vasco), de reconocimiento de ciertas poblaciones (los indígenas de Chiapas), de lucha contra un déspota o un dictador (como ocurrió en España o en América Latina), se los apruebe o no, forman parte de esta sociedad ciudadana y militante. La cuestión que se plantea, entonces, es la de los medios. Algunos de éstos, cuando causan víctimas inocentes, hacen que los grupos que los usan pierdan el sello de ciudadanía. En cambio, por su parte, las guerrillas dirigidas por los traficantes de drogas no pueden pretender actuar en nombre de una ciudadanía.

La instancia mediática

La instancia mediática también está por fuera del gobierno. Es el lugar que une la instancia política con la instancia ciudadana a través de diferentes instrumentos de mediación: folletos, carteles callejeros, cartas confidenciales y grandes medios informativos. Los actores que conforman esta instancia están legitimados por adelantado en su rol de informador; pero, al mismo tiempo, buscan credibilidad frente a los ciudadanos (y los políticos) –lo que inscribe a esta instancia en una lógica democrática– y de captación de la gran mayoría, dada su situación de competencia frente a otros órganos informativos –lo que la inscribe en una lógica de seducción comercial. Así se construye cierta mirada espectadora.

La construcción de la mirada-espectadora se caracteriza por el hecho de que la palabra pública –ya sea que emane de una instancia de poder o de un contra-poder– ya no circula de manera unidireccional, ya no está dirigida de forma directa y, por lo tanto, ya no puede tener fuerza conminatoria. Es de difusión, es decir que emana de una fuente heteróclita en dirección a un objetivo colectivo sin que se pueda medir su alcance. El desarrollo de cierta tecnología, al crear una difusión de la información en redes, le permitió a ésta atravesar el espacio de forma multidireccional. Esto tiene como efecto producir un cambio de la posición de los receptores de esta información: objetivos privilegiados, destinatarios exclusivos de un mensaje, interlocutores posibles que podrían interactuar y se vuelven espectadores de una información; información que no están seguros de que les concierna, cuando sin embargo –y paradójicamente– no puede más que concernirles. Frente a esta situación, toda instancia que quiera enviar mensajes aprende a construir objetivos abstractos, categorías de públicos que se corresponden menos con categorías según su actividad social que con categorías de individuos según comportamientos supuestos, actitudes imaginadas, imaginarios estimados (sondeos). La consecuencia de ello –otra paradoja– es que nadie tiene la prueba absoluta de que estas categorias de objetivos así construidas coincidan con objetivos efectivos[11].

---

[11] De ahí la discusión en torno a la «teoría de los efectos limitados» y la distinción que nos hemos visto obligados a efectuar entre los *efectos perseguidos* por el productor de un mensaje y los *efectos producidos* entre receptores del mensaje, en *Les Médias et*

Podemos decir que la instancia mediática se encuentra en un doble dispositivo: de *demostración*, correspondiente a su búsqueda de credibilidad, y de *espectáculo*, correspondiente a su búsqueda de captación[12]. Esta última tomó un sitio dominante en el circuito informativo, al punto de que ya no se sabe qué crédito otorgar a la instancia mediática. Ello no impide que el discurso que la justifica resalte su deber de informar y promover el debate democrático, a fin de que le sea reconocido su derecho a hacer revelaciones y a denunciar. El discurso de la instancia mediática está atrapado, pues, como ya hemos tenido que demostrar[13], entre un objetivo de captación que lo lleva a dramatizar el relato de los acontecimientos para fidelizar a su público y un objetivo de credibilidad que lo lleva a perseguir lo oculto bajo las declaraciones de los políticos, denunciar las malversaciones, interpelar e incluso acusar a su vez a los poderes públicos, para justificar su lugar en la construcción de la opinión pública. En esto, no diremos –como algunos– que ésta se halla bajo la influencia directa de la instancia política. Si bien depende de ella en lo que respecta a la búsqueda de información –lo que puede conllevar ciertos acuerdos–, no es sin embargo un satélite y goza de relativa independencia en su principio, sin perjuicio de que sea controlada por el poder político (regímenes autoritarios[14]) o militante (radios privadas, prensa partidaria). Veremos, en el transcurso de nuestro balance, el papel que desempeñan los medios en las democracias modernas, su responsabilidad en la transformación del discurso político, y, por consiguiente, el problema de deontología que se les plantea.

El dispositivo del contrato de comunicación política es, en cierto modo, una máquina de fabricar discursos de legitimación construyendo imágenes de *lealtad* (por lo que respecta a la instancia política), imágenes que consolidan la legitimidad de la posición de poder; de *protesta* (por lo que respecta a la instancia ciudadana), imágenes que justifican la legitimidad de la toma de palabra; de *denuncia* (por lo que respecta a la instancia mediática), imágenes que ocultan la lógica comercial

---

l'Information, ibid.

[12] Por lo que respecta a las características de esta puesta en escena, véase Soulages (1999).

[13] Charaudeau (2005, 2a parte).

[14] En Francia, eso ocurrió con diversos gobiernos gaullistas que consideraron que la ORTF debía ser «la voz de Francia».

mediante la lógica democrática, legitimando a ésta en detrimento de aquélla. Este dispositivo pone en juego la legitimidad de los Estados y de sus jefes, la legitimidad de los gobiernos y de sus dirigentes, la legitimidad de los partidos, de sus líderes y de sus militantes; pero también la legitimidad de los pueblos, de los ciudadanos y de los modos de intervención que les corresponden. Por la conquista de esta legitimidad, a menudo se desencadenan guerras, rebeliones, revoluciones y conflictos diversos. Pero en este juego, el peso de estas instancias varía según el tipo de régimen político. El dispositivo del discurso político sigue siendo el mismo, pero el poder de influencia que puede tener cada una de estas instancias sobre las otras varía según el régimen sea totalitario, autocrático, democrático y de democracia representativa, participativa o directa. Todo depende de la manera en que estas diversas instancias se posicionan en relación a una situación de poder que es percibida por algunas de ellas como un *derecho de actuar* y por otras como un *deber de actuar*.

2. De la identidad del sujeto político: la cuestión de la legitimidad

El campo político está organizado en una escena en la cual diversos actores representan las comedias, los dramas o las tragedias del poder a través de las relaciones de legitimidad, credibilidad y captación. Pero, ¿cuál es la naturaleza de la identidad de estos actores?

El ser de palabra, quiérase o no, es siempre doble. Una parte de sí mismo se refugia en su legitimidad de ser social; otra, pretende ser construida por lo que dice su discurso. ¿Cuál de las dos es la verdadera? ¿La segunda no haría más que ocultar a la primera? No, ya que ésta no sería posible sin aquélla; sólo adquiere sentido en relación a aquélla, es su tributaria. Nunca sabemos qué parte oculta a la otra ni cuál predomina, interpelándose ambas. Asimismo, los destinatarios de nuestros actos de comunicación son dobles: existen en tanto que tales en su realidad empírica plural y, al mismo tiempo, son construidos por nosotros como el destinatario ideal que querríamos sometido a nuestro objetivo de influencia. El actor político aparece así en la escena del teatro social con una doble identidad, imponiéndole al otro, su público, que tome el rostro ideal de un ciudadano que sería su doble, su cómplice.

Ciertamente, además, se vale de esta doble identidad por necesidad –y, hasta podríamos pensar, con cierto deleite–, pero no es ingenuo: sabe que esta asignación nunca es más que una «figuración [que] permanece siempre litigiosa. Su constitución es un problema, al mismo tiempo que un desafío»[15].

En la identidad social del sujeto político se juega su legitimidad. Ésta puede provenir de diversas fuentes y tener diversos campos de aplicación; también puede ser usurpada o adquirida por la fuerza (golpe de Estado). La legitimidad social es importante porque es la que le da a toda instancia de palabra una autoridad de decir.

De la legitimidad en general

La noción de legitimidad no es exclusiva del ámbito político. De manera general, designa el estado o la cualidad de quien está en su derecho de actuar como actúa. Se puede estar legitimado o no para tomar la palabra en una asamblea o una reunión, para promulgar una ley o una regla, para aplicar una sanción u otorgar una gratificación. El mecanismo por el cual se está legitimado es un mecanismo de reconocimiento de un sujeto por parte de otros sujetos, en nombre de un valor que es aceptado por todos. Éste es lo que le da derecho a ejercer cierto poder con la sanción o la gratificación que lo acompaña.

La legitimidad es instituida, en su principio, para justificar los hechos y gestos de aquel que actúa en nombre de un valor que debe ser reconocido por todos los miembros de un grupo. Por lo tanto, depende de las normas institucionales que rigen cada ámbito de práctica social atribuyendo estatus y poderes a sus actores.

Por ejemplo, en el ámbito jurídico, que está regido por una lógica de la ley y la sanción, los actores son legitimados por la obtención de un diploma y el estatus institucional adquirido como consecuencia de un sistema de selección por concurso acompañado de un sistema de nombramiento por los pares o superiores jerárquicos. La profesión está protegida, entonces, por las reglas de la institución. Pero si una de ellas es infringida (el secreto profesional) o un comportamiento parece divergir de una norma esperada (como lo que algunos llaman el «hostiga-

---

[15] P. Rosanvallon, lección inaugural pronunciada el 28 de marzo de 2002 en el Collège de France, y *La Démocratie inachevée* (2000).

miento jurídico»), inmediatamente se halla cuestionada la legitimidad del accionar de los jueces. Lo mismo sucede en el ámbito de ciertas profesiones liberales como la profesión médica, la cual, sometida a una lógica de experticia en relación con un objetivo de lucha contra el dolor y la muerte, vería cuestionada la legitimidad de algunos de sus actores si éstos llegasen a cometer errores médicos o antepusiesen sus intereses financieros a su actividad de expertos.

En el ámbito económico, que está regido por una lógica de la ganancia, los actores están obligados a respetar reglas de competencia; y en el ámbito de la empresa, que le está vinculado, las leyes laborales. En virtud de esta lógica, no es ilegítimo que se despida, que se trate de tomar la mayor parte de un mercado o incluso que se hagan cultivos extensivos. Pero si una empresa hace trabajar a los niños, si explota a su personal, si despide de manera abusiva, haciendo trampas con la ley y sin proceder a reubicaciones, si ejerce un monopolio sobre un mercado, se la podrá atacar en lo que respecta a su legitimidad (no tener el derecho de actuar de ese modo). Descubrimos, entonces, que la ilegitimidad sólo puede ser decretada en nombre de un principio moral que se oponga a la lógica de la ganancia; de otro modo, esa lógica legitimaría toda acción que diese ganancia.

En el ámbito de los medios informativos, que está regido por una doble lógica de información ciudadana y competencia comercial, el cuestionamiento de la legitimidad de sus actores es más difícil de obtener, ya que la máquina mediática tiene el poder de recuperarse de sus propias derivas[16]. Pero la carrera frenética para obtener y difundir una primicia (el síndrome *paparazzi*), la difusión de informaciones falsas y no verificadas (el síndrome de Timisoara) y la enorme espectacularización de la puesta en escena de la información pueden poner en entredicho el sacrosanto deber de informar. También hay un caso en el que esta legitimidad puede ser cuestionada, y es aquel en el que un órgano informativo depende de un poder político (gobierno, partido) o un poder financiero. Toda información que provenga de órganos informativos dependientes será inmediatamente sospechada de parcialidad y su legitimidad se verá mermada; como durante la Guerra del Golfo, cuando la información fue filtrada, seleccionada y organizada por el Pentágono

---

[16] Charaudeau (2005, 4a parte).

estadounidense, y difundida por la única cadena televisiva estadounidense: CNN. En ocasiones, también, las legitimidades cambian y se descubre *a posteriori* la ilegitimidad de la situación anterior. Cuando un régimen político se democratiza y la prensa se independiza con respecto al poder, surge entonces una nueva legitimidad. Eso ocurrió en México, donde –con motivo del movimiento revolucionario de los indígenas de Chiapas bajo el liderazgo del Subcomandante Marcos– la prensa escrita mexicana se liberó de una parte del tutelaje del Gobierno[17]. Pero una vez adquirida esta legitimidad, se les plantea a los medios la cuestión deontológica de los límites de la información: ¿es posible, en nombre de esta legitimidad que da derecho a informar, decirlo todo y, lo que se dice, decirlo magnificándolo?

La legitimidad es sin duda el resultado de un reconocimiento por parte de otros de lo que da el poder de hacer o decir a alguien en virtud de un *estatus* (se es reconocido a través de un cargo institucional), en virtud de un *saber* (se es reconocido como sabio), en virtud de un *saber-hacer* (se es reconocido como experto). No confundamos, entonces, *legitimidad* con *credibilidad*: la primera determina un «derecho del sujeto a decir o hacer»; la segunda, una «capacidad del sujeto para decir o hacer». Cuestionar una legitimidad es cuestionar el derecho mismo, y no a la persona; cuestionar una credibilidad es cuestionar a la persona en el sentido de que no demuestra su capacidad de decir o hacer. Es lo que destaca la reacción de un político al proyecto franco-alemán de establecer una doble presidencia de la Unión Europea (un presidente para el Consejo y uno para la Comisión): «Una doble presidencia conducirá ineluctablemente hacia un conflicto de *legitimidad*»[18].

Tampoco confundamos *legitimidad* con *autoridad*. La primera, como acabamos de ver, es un derecho adquirido. La autoridad, en cambio, está intrínsecamente relacionada con el proceso de sumisión del otro. Sitúa al sujeto en una posición que le permite obtener de los otros un comportamiento (mandar a hacer) o unas concepciones (hacer pensar y hacer decir) que no tendrían sin su intervención. La legitimidad no pone al sujeto que está dotado de ella en una posición de tener que someter al otro; por lo demás, no se advierte cómo ese otro podría

---

[17] Véase Emilson y Zaslavsky (2000), y Zaslavsky (2003).

[18] *Le Monde,* 16 de enero de 2003.

reconocer una legitimidad para ser víctima de ella. Si la autoridad, sin embargo, se confunde a veces con la legitimidad, es con el fin de valerse de ella. La autoridad viene, entonces, a sobreañadirse a la legitimidad. Es característica de un sujeto que necesita fortalecer su posición de legitimidad, y que para hacer eso ejerce una sanción con respecto a aquellos que no quieren someterse, recurriendo eventualmente a la violencia para hacerse obedecer. El acto de autoridad puede valerse de una posición de legitimidad, pero es un excedente que revela las modalidades de acción del sujeto. En resumen, la legitimidad es un estado en el cual se encuentra el sujeto que, de ese modo, adquiere un derecho a hacer, pero en conformidad con lo que ha sido determinado y reconocido por los miembros del grupo, los cuales instituyeron ese derecho de manera más o menos institucional: resulta de una *atribución*. La autoridad es una posición en un proceso de influencia que le da al sujeto el derecho de someter al otro con la aceptación de éste: resulta a la vez de un *comportamiento* y una *atribución*[19]. La legitimidad remite al *yo* [*je*]; la autoridad, a la relación *yo-tú*.

Legitimidad y soberanía política

En el ámbito político, la legitimidad de la instancia política depende de la forma en que ésta le es atribuida. Es conferida por un sujeto colectivo que o bien acepta una legitimidad que le es impuesta por una tradición institucional, o bien define él mismo las condiciones de una legitimidad y del ejercicio de una autoridad. En estos dos casos, el sujeto colectivo supuestamente se encuentra en una posición de libre aceptación, en relación con una eventual sanción que podría aplicársele, y ya no de sumisión forzada. Sin embargo, en el segundo caso, la posición de legitimidad ya no tiene carácter de omnipotencia, porque –además de que es atribuida por mandantes a un delegado– sólo es provisoria (sólo dura por el tiempo del mandato) y permanece bajo su control, lo que les permite pedir cuentas a aquel que han puesto en lugar y situación del poder. Al mismo tiempo, el sujeto que se encuentra así legitimado (instancia política) sabe que esta legitimidad le es otorgada por aquellos mismos (instancia ciudadana) que constituyen el objetivo

---

[19] Lo que es patente en el caso de la mencionada «autoridad personal», que descansa en el libre albedrío del sujeto y puede prescindir de legitimidad.

de sus actos de discurso. De ahí una relación difícil de aceptación recíproca entre estas dos instancias que es propia del ámbito político: la instancia política dispone de los procedimientos de coacción física que le permiten mantener el orden, administrar las tensiones que inevitablemente surgen en todo grupo humano y facilitar el desarrollo de una mayor justicia social, pero sólo dispone de ellos en la medida en que ese poder proviene de una soberanía reconocida por la instancia ciudadana.

La soberanía es asunto de representación: cuando se representa, se habla (o actúa) en nombre de una entidad que nos supera y que nos ha delegado –provisoriamente– ese poder de hablar en su nombre. No se es esta entidad, uno sólo es *puesto en lugar de* ella pero, al mismo tiempo, se confunde con ella al hacerse portador de los valores que constituyen su poder. Aquel que ocupa una posición de soberanía representa otro poder que se encontraría por encima de él, lo habría delegado, lo habría investido en ese lugar y al mismo tiempo lo protegería. El soberano nunca es más que el portador de una voz cuya omnipotencia se debe a que no se encuentra en este mundo sino en un más allá inaccesible, y sólo actuaría guiado por una especie de «Mano invisible» (A. Smith) que orienta y protege a la vez a aquel que actúa en su nombre. El soberano, entonces, está bajo tutela, pero es al mismo tiempo el propio poder tutelar. Ya que este poder lo inviste y hace de él su depositario, con lo cual lo obliga a unirse e incluso a integrarse con él mismo. Este poder tutelar puede ser concebido en diversos imaginarios: un imaginario religioso, de modo que se justifican las monarquías de derecho divino; un imaginario laico –pero quizá podría decirse «laico-divino»–, de modo que se justifican así las democracias, o al menos los regímenes políticos que se fundan, como soñaba J.-J. Rousseau y repite H. Arendt, en una «voluntad común de los hombres de vivir juntos», ya que no hay «socialidad» sin un lugar de «soberanía» que garantice la «identidad del grupo»[20].

La posición de soberanía, entonces, resulta investida de una omnipotencia que proviene de un tercero omnipotente. Representa una verdad absoluta y resulta depositaria de una idealidad social. Eso es lo que le da también su carácter sagrado, ya que «no hay sacralidad sin soberanía»[21]. Pero debe también ser garante –al menos en la soberanía

---

[20] Derrida (2003).
[21] Derrida (1996).

laica– de la posibilidad de realizar esta idealidad en la tierra, ya que una idealidad social en cuya realización no pudiésemos pensar perdería al mismo tiempo su legitimidad. Es preciso, pues, que esta posición de soberanía se defina también a través de otra idealidad, la de los medios que se deben usar para lograr la realización de ese proyecto ideal. Incluso si esa idealidad pertenece al orden de la utopía[22], debe ser concebida de todas formas como accesible, algo accesible que depende de la gestión de las cosas terrenales: los medios se encuentran bajo el imperio de la razón. En esto, el soberano puede ser considerado *responsable*. Es a la vez omnipotente y responsable: es omnipotente –y por lo tanto intocable– en virtud de su poder tutelar; es responsable –y por lo tanto debe dar cuentas– en virtud de la razón que sería lo único en el origen del «obrar bien».

Tres tipos de imaginario social se encuentran en el origen de la legitimidad política: la legitimidad por *filiación*, por *formación* o por *mandato*.

La legitimidad por filiación

Se basa en la idea de que el sujeto debe ser «bien nacido»; obtiene su legitimidad de una herencia denominada «natural» (él es el hijo legítimo de...) –correspondiéndole por herencia, y luego como bien soberano, el título, el poder y la responsabilidad de su ascendiente: es un «heredero». La filiación puede ser de orden *sagrado*. Los atributos y las cualidades tienen que ver, entonces, con una especie de predestinación: se es un ser elegido por un poder del más allá, incluso si esto pasa por la mediación de los hombres. Es el caso de los monarcas de derecho divino, de ciertas funciones supremas en el orden de lo religioso (el Papa, los descendientes del Profeta). Se recibe indivisamente una fuerza divina absoluta por el mero hecho de ser un heredero, y todos los actos que hayan de realizarse habrán de serlo bajo inspiración de aquélla. El heredero es, por definición, a semejanza de los poetas de la Grecia Arcaica, un ser «inspirado».

Pero la filiación también puede ser de orden *social*. Los atributos y las cualidades son los vinculados a una misión humana: por el hecho de pertenecer a cierto grupo social (clase, medio, casta) cuyos miembros

---

[22] Véase esta noción en la 4a parte, capítulo II.1: «Sobre algunos imaginarios de verdad de lo político».

han tenido cargos importantes (nacionales o locales), es posible optar por recoger el testigo de los ancianos y uno se vuelve así un ser al que su propia familia le ha encomendado que lleve más lejos la antorcha. Se trata, aquí, de otra especie de heredero, la del «hijo espiritual» que recibe como legado una fuerza humana, y que de ese modo se compromete a vivir como ser de deber. Así se perpetúan las aristocracias, las castas y las notabilidades de toda clase.

También hay una filiación de orden *biológico*. Los atributos y cualidades ya no son heredados –al menos ni religiosa ni socialmente–, sino que tienen que ver con algo misterioso que se encontraría escondido en alguna parte de los genes pero que pertenecería al orden de la pulsión, del deseo, de la pasión, del don, del talento –en pocas palabras, de algo que no podríamos explicar. El ser que está dotado de ello es, entonces, «fuera de lo común»: su ser no se puede explicar ni por la creencia ni por la razón. Y para aquel ser, la posición de soberanía, cuando la ocupa, sólo puede deberse a una «pulsión íntima» cuyo origen no conoce. Esto lo pone en una situación ambivalente: es, en principio, responsable, ya que no le debe a nadie su poder; pero también irresponsable, en la medida en que no sabe qué fue lo que lo condujo allí donde está. Así nacen los «seres extraordinarios», los grandes jefes, los grandes líderes, las grandes personalidades. Estos tres tipos de filiación pueden superponerse: un político proveniente de cierto medio social, con una dimensión personal fuera de lo común y que termina por ser casi sacralizado –como ocurrió en Francia con el general De Gaulle.

La legitimidad por formación

Ésta supone el haber pasado por instituciones prestigiosas (grandes escuelas, universidades de renombre), el haber egresado de ellas entre los más galadornados; pero también el haber pasado por prestigiosos puestos de responsabilidad –habiendo uno llamado en ellos la atención por su saber hacer–, y todo aquello que pudiese probar que uno tenga competencia y experiencia. Aquí, se trata de estar «bien formado», ya que la competencia y la experiencia le darían al sujeto una capacidad de actuar racionalmente. La carga del Estado y la gestión de la cosa pública exige, como para toda empresa, una organización de los lugares de gobierno tal que los principios determinados en las altas esferas puedan tener efectos sobre los administrados. Pero, a diferencia de la empresa, el Estado está en manos de élites en posición de soberanía cuya finalidad es el servicio público y no la ganancia; que se dirigen –y deben rendir cuentas– al conjunto de un pueblo (sujetos, ciudadanos, administrados) y no a algunos empleados (aun cuando se tratase de multinacionales).

Así pues, la organización de los lugares de gobierno debe ser a medida de esos objetivos y de esas masas. Es por eso que hay que proceder a una jerarquización de los lugares de decisión y a una distribución de los roles y las responsabilidades entre diversos agentes, de modo tal que éstos puedan dar lo mejor de sí mismos según su ámbito de competencia. Esta idealidad de la organización del Estado es lo que está en el origen de una organización burocrática, más o menos desarrollada y rígida según los Estados; y, al mismo tiempo, de una ideología tecnocrática, dado que esta gestión del bien público sólo puede ser concebida como lo propio de especialistas, de tecnócratas.

Este imaginario de legitimidad por la formación va acompañado de la idea de que el gobierno de los pueblos sólo puede ser garantizado por *élites*, término al que no hay que darle un valor peyorativo. Diversos enunciados sostienen este imaginario: «Las élites deben hacerse cargo de la totalidad de la existencia social tanto en la definición de su bienestar como en lo que respecta a su gestión»; «Las élites deben ocuparse de la conducción del Estado». «La política es un oficio que debe ser ejercido por especialistas de la cosa pública cuya contrapartida es su compromiso al servicio del Estado». Así nacieron en Francia, en el siglo XIX, los «grandes funcionarios de Estado» al servicio de la «*res publica*». Pero es cierto que, para el que trata de ocupar una posición de soberanía, lo ideal es ser a la vez bien nacido y bien formado, afirmándose ambas cosas recíprocamente. De ahí la preocupación, para los grandes soberanos del mundo, por formar bien a sus herederos[23]. Es cierto que esto no ocurrió siempre, en el pasado, con las monarquías europeas; y que no ocurre siempre con los soberanos de algunos países. Pero se trata de un ideal que, por otra parte, se transforma con la desaparición progresiva de la filiación sagrada.

---

[23] Así es como, hasta mediados del siglo XX, las grandes familias le legaban el Ejército a uno de sus hijos; y a otro, la Iglesia.

La legitimidad por mandato

Procede, en su origen, de una toma del poder por el pueblo que se opone a la soberanía de derecho divino, con respecto a la cual toma consciencia de que le es impuesta. Esta legitimidad afirma que es el pueblo el que tiene derecho a gobernar por su propio bien. Él es el que se constituye a la vez en donante y beneficiario de su propia búsqueda de felicidad, con lo cual instaura una legitimidad basada en el igualitarismo y el derecho de los individuos a construirse un destino colectivo que se oponga a toda soberanía autárquica[24].

Pero esta legitimidad popular debe, en un momento u otro, transformarse en una legitimidad *representativa*, ya que es difícilmente concebible que la totalidad de un pueblo gobierne. Se instaura, entonces, un sistema de delegación del poder que hace que los representantes designados a partir de este sistema de delegación sean responsables de sus actos ante aquellos que los han elegido: son «mandatados». Para Rousseau, además, la autoridad política sólo es legítima porque no proviene ni de la filiación biológica ni de Dios, sino de una voluntad común de los hombres[25]. Sin embargo, sólo se trata aquí de una soberanía-provisoria, obtenida por procuración, que necesita ser constantemente reactivada mediante diversas justificaciones debido a que puede ser puesta en tela de juicio por aquellos mismos que la han otorgado.

Ambigüedades y ambivalencias

Cada una de estas formas de legitimidad varía en función de la posición y los roles que los actores se ven obligados a desempeñar según las situaciones de intercambio social en las que están involucrados: de *candidatura* (legitimidad para ser candidato y elector), de *gobierno* (legitimidad para decidir y promulgar leyes, según la institución de pertenencia), de *territorio* (legitimidad para ejercer un poder local, nacional,

---

[24] En esto, no pongamos a todas las revoluciones en la misma bolsa. Sólo es posible hablar de revolución cuando ésta desemboca en un cuestionamiento del sistema de soberanía anterior, como ocurrió en la Revolución Francesa, al punto de que se le cortó la cabeza a la monarquía, aunque después el Antiguo Régimen se haya mantenido un poco. Hay casos de proclamación de una revolución que cambian una situación política sin cambiar el régimen.

[25] *Le Contrat social*, escrito en 1762 (1964).

supranacional), de *representatividad* (legitimidad para representar a un grupo y sus ideas), etc.

Sin embargo, cada uno de estos tipos de legitimidad descansa en una ambigüedad, y a veces se ejerce de manera ambivalente, según el juego de reconocimiento recíproco que hace que pueblos y soberanos sean dependientes entre sí. Por ejemplo, el caso de la legitimidad transmitida por herencia hace que la participación ciudadana entre en total cortocircuito al no poder expresarse la voluntad popular. Pero para que el monarca pueda gobernar, es necesario que exista un consentimiento colectivo en cuanto a esta legitimidad; que el pueblo considere que ese monarca al cual se le atribuye una función sagrada[26] lo representa bien: «Lo que funda la legitimidad de un poder, de una práctica política o de un compromiso, es la conformidad de esta práctica o del ejercicio de estos poderes con las lógicas que estructuran la identidad de los actores que los ejercen o de los actores sobre los cuales aquéllos son ejercidos»[27]. Es por eso que no se puede comparar este régimen político con el de una dictadura militar. En el primero, existe una verdadera legitimidad, reconocida y aceptada por los súbditos del soberano; éste no puede ser cuestionado, a menos que sea derrocado por una revolución que dé lugar a un cambio de legitimidad mediante el cambio radical del sistema constitucional. En el segundo, se trata de una toma del poder por parte de una minoría y a través de las armas, que se les impone a los demás sin consentimiento popular. Sin embargo, puede ser que (incluso en el caso de usurpación por golpe de Estado –la usurpación es siempre antinómica de la legitimidad–) los amos del poder traten de congraciarse con el pueblo construyéndose una legitimidad de «amor filial» a través de una imagen de protector: ¿cuántos dictadores se han hecho llamar «padrecito (o buen padre) del pueblo»?

Otro caso de ambivalencia es el de las monarquías parlamentarias (Inglaterra, España, Bélgica, Suecia, etc.), que hacen que coexistan una legitimidad por filiación –pero sin verdadero poder de gobierno– y

---

[26] Esta sacralización es aún más fuerte cuando se fusionan los regímenes políticos con la creencia religiosa; como en el caso de Hassan, el rey de Marruecos. El que era, al mismo tiempo, reconocido como descendiente del Profeta. Probablemente esto explique, además, que Marruecos no haya conocido, en la década de los noventa, una escalada del integrismo islámico tan considerable como en los otros países de África del Norte.

[27] Lamizet (2002).

una legitimidad representativa que tiene poder de gobierno. Además, esta ambivalencia existe incluso dentro de los regímenes democráticos cuya legitimidad procede por mandato, cuando el sistema electivo es completado mediante un sistema de nombramientos. Con la elección, es un mandante colectivo el que está en el origen de la atribución de una legitimidad. Con los nombramientos, es posible preguntarse ante quién son responsables los nombrados. Según la Constitución de la V República, el jefe de Estado nombra al jefe de Gobierno; y éste elige a sus ministros, entre los cuales algunos son representantes electos del pueblo [*élus du peuple*] y otros meros expertos, no electos[28]. De ahí el problema de saber qué legitimidad puede serles atribuida a esos «elegidos del príncipe» [«*élus du prince*»], ya que podría pensarse que sólo tienen que dar cuentas a aquellos que los han nombrado.

Por último, no olvidemos que, en el ámbito político, también existe una *legitimidad de hecho*. Ésta se deriva de un movimiento de apoyo o adhesión popular, independientemente del acto electivo. Estamos habituados, en nuestros países democráticos, a considerar que la legitimidad es un asunto de derecho constitucional, el cual regula el modo de representación del pueblo según una sanción mayoritaria. Pero, al basarse la legitimidad en una mirada de reconocimiento recíproco entre dos partes, es preciso que estas dos partes alimenten permanentemente esta relación de investidura y control: el que ha sido investido de un poder necesita asegurarse de que está siempre reconocido como legítimo; el que ha delegado el poder debe verificar si la investidura está siempre justificada. Es por eso que el triunfo del político, su éxito, su eficacia, todo lo que construye su imagen de líder carismático y le da credibilidad, fortalece su legitimidad. En México, el Subcomandante Marcos, cabeza del movimiento zapatista de los indígenas de Chiapas (EZLN), primero tuvo que ser reconocido por los indígenas como su líder; y luego, al haberse vuelto creíble ante sus ojos, fue legitimado de hecho. A continuación, necesitó volverse creíble ante la mirada de la nación mexicana, sus instituciones, sus representantes y hasta el Parlamento

---

[28] «Meros expertos» no es una expresión peyorativa, ya que no cabe imaginar –dada la complejidad del gobierno–, que los representantes electos no se rodeen de diversos especialistas. Esta expresión destaca que éstos no poseen la legitimidad que podría conferirles una elección por sufragio universal. Esto es objeto de polémicas en Francia cada vez que se designa a un ministro que no ha sido electo.

mexicano, que terminó por aceptar el recibir a una delegación y reconocer a sus representantes. Hizo que su movimiento adquiriese una legitimidad de hecho. Evidentemente, la legitimidad de hecho presenta un peligro, ya que puede suceder que un usurpador termine –a fuerza de acciones eficaces, del éxito en ciertas reformas y de discursos demagógicos– por hacerse legitimar. Así, el discurso populista, del que hablaremos más adelante, tiene como objetivo imponer una legitimidad de hecho.

La legitimidad política –ya sea que se derive de una filiación, una formación, un mandato, o que sea de hecho– es siempre el resultado de una mirada social que refleja los valores en nombre de los cuales ésta se funda. En esto, puede afirmarse que la instancia ciudadana siempre tiene su parte de responsabilidad en la legitimación de los gobernantes. Únicamente ella «puede garantizarles a los poderes y a los regímenes políticos la adhesión necesaria, [y] se muestra en definitiva como una *cuestión de creencias y representaciones*. En suma, es el punto nodal de la oferta y la demanda de producción de ideologías sociales y políticas, en todos los avatares modernos de la democracia, incluidas las aventuras totalitarias»[29].

Esta legitimidad política basada en la mirada social podrá ser considerada como débil si la mayoría que la constituye es mínima (50,05%), incluso puede estar marcada con el sello de la *sospecha* cuando es inusualmente mayoritaria (80%); pero tanto en un caso como en el otro la legitimidad es adquirida. Así sucedió con las elecciones francesas de 2002: reaccionando contra una fantasía de dominación de Francia por parte de la extrema derecha y sus valores de exclusión, los electores –aunque de opiniones políticas opuestas– legitimaron masivamente al presidente de la República saliente. Se trata de una legitimidad institucional y no de valores, de la cual puede decirse que fue obtenida por defecto pero que no por ello deja de ser una legitimidad de la que el nuevo presidente podrá sacar amplio provecho, ya que los motivos de una legitimación terminan por caer en el olvido, mientras que el estado de legitimidad, por su parte, permanece.

---

[29] C. Chabrol, «Pour une psychologie des communications politiques», coloquio en la Universidad de Caen del 22 al 23 de noviembre de 2002, y Rouen, el 16 de enero de 2002.

Las estrategias del discurso político

Resulta difícil aceptar que en democracia el pueblo vote a favor de un político o una política más en razón de su imagen y de algunas frases-eslogan que él o ella profiera que por su programa político. Y, sin embargo, el comportamiento de las masas depende de lo que las reúne bajo grandes denominadores comunes: discursos simples portadores de mitos, símbolos o imaginarios que tienen eco en sus creencias; imágenes fuertes susceptibles de generar una adhesión pulsional. En democracia, el político recibe el poder por delegación; y esta delegación tiene carácter sagrado. En efecto, ésta es –metafóricamente, y de forma inversa– un acto de *investidura*: en lugar de que sea el príncipe el que arma caballero a un joven noble y lo convierta así en servidor de un código de honor, es el pueblo el que consagra al político y lo convierte en servidor del bien común. Éste entra, entonces, como diría La Boétie, en «servidumbre voluntaria» de un Estado, una Nación, una República; es decir que debe abrazar la representación simbólica de esa entidad abstracta que constituye la parte fundadora de la identidad colectiva de un pueblo. En estas condiciones, el político desempeña un papel de mediación entre lo «social divino», de lo cual habla Durkheim, y el pueblo que le confirió el mandato. Y no es de extrañar que trate de construirse la imagen de un intercesor benefactor, capaz de vincular la humana condición de la realidad social con la de una invisible idealidad social, ya que debe rendirle al pueblo aquello por lo cual éste le ha conferido el mandato: el beneficio de una «felicidad de ser».

1. De la persuasión en el discurso político

Como la política es un ámbito de práctica social en el que se juegan relaciones de fuerza simbólicas para la conquista y la gestión de un poder, sólo puede ejercerse con la mínima condición de estar basada en una legitimidad adquirida y atribuida. Pero esto no basta, ya que el sujeto político también debe mostrarse creíble y persuadir a la gran mayoría de los individuos de que debe compartir ciertos valores. Lo que pone a la instancia política en la perspectiva de tener que lidiar con opiniones a los efectos de establecer un consenso. Debe, por lo tanto, dar muestras de persuasión para desempeñar ese doble papel de representante y garante del bienestar social.

Estrategias de apariencia

El político se encuentra en una posición doble, ya que, por una parte, debe convencer acerca de la validez de su proyecto político, y, por otra parte, debe hacer que la gran mayoría de los ciudadanos adhiera a esos valores; debe inscribir a su proyecto en «la longevidad de un orden social»[1] que depende de valores trascendentales históricamente fundados; debe, al mismo tiempo, inscribirse en el corto plazo de la regulación de las relaciones entre el pueblo y sus representantes. El político, por lo tanto, debe construirse una doble identidad discursiva: una que corresponda a *lo* político, lugar de constitución de un pensamiento sobre la vida de los hombres en sociedad, y otra que corresponda a *la* política, lugar de las estrategias de la gestión del poder: la primera construye lo que previamente hemos llamado posicionamiento ideológico del sujeto del discurso; la segunda construye la posición del sujeto en el proceso comunicativo. En estas condiciones, se comprende que lo que caracteriza a esta identidad discursiva sea un *yo-nosotros*, una identidad del singular-colectivo.

El político, en su singularidad, habla por todos en tanto que es portador de valores trascendentales: es la voz de todos a través de su voz y, al mismo tiempo, se dirige a todos como si sólo fuese el portador de la voz de un *Tercero*, enunciador de una idealidad social. Establece una especie de pacto de alianza entre estas tres clases de voz –la voz del *Tercero*, la voz del *Yo*, la voz del *Tú-todos*– que terminan por fundirse en un cuerpo social abstracto, a menudo expresado por un *Se* que desempeña el papel de guía («No se puede aceptar que sean ultrajados los derechos legítimos del individuo»).

[1] Augé (1994, p. 95, 97, 103).

En esto, las instancias de los discursos político y religioso tienen algo en común: el representante de una institución de poder y el representante de una institución religiosa supuestamente ocupan una posición intermedia de mediación entre una tercera voz que pertenece al orden de lo sagrado (voz de un dios social o de un dios divino) y el pueblo (pueblo de la Tierra o pueblo de Dios)[2]. En cambio, vemos en qué se diferencian –a pesar de lo que dicen algunos[3]– las instancias política y publicitaria. Ambas son proveedoras de un sueño (colectivo o individual), pero la primera se asocia con el destinatario-ciudadano y construye el sueño (una idealidad social) con él en una especie de pacto de alianza («Construiremos, juntos, una sociedad más justa»), mientras que la segunda permanece exterior al destinatario-consumidor al cual le es ofrecido un sueño que supuestamente desea (singularidad del deseo): es el agente de una búsqueda personal (ser bello, seductor, diferente o estar a la moda) y no colectiva[4].

Es preciso, pues, que el político sepa inspirar confianza, admiración; es decir, que sepa *amoldarse* a la imagen ideal del jefe que se encuentra en el imaginario colectivo de los sentimientos y las emociones. Muchos pensadores lo han dicho y algunos grandes hombres lo han puesto en práctica: la gestión de las pasiones es el arte de la buena política. Con la condición de que el ejercicio de este aparentar, llevado al extremo y ocultando un deseo de poder personal, no conduzca a las peores derivas fascistas o populistas. Ya que cuando esta gestión de las pasiones logra la sumisión total y ciega del pueblo (o de una mayoría) –es decir, cuando este último confunde uno, el intercesor, con otro, el soberano–, ya no dispone de juicio libre alguno, ya no ejerce control alguno y sigue ciegamente al jefe en una fusión (o a veces una furia) colectiva irracio-

[2] Muchos autores han hecho este paralelo: Castoriadis, inspirándose en lo «social divino» de Durkheim; Marc Augé, describiendo su ritual político.

[3] El discurso corriente, pero también el de los expertos en marketing y otros asesores comunicacionales, sostienen que se lanza un hombre a la política como se lanza un jabón al mercado. Por lo tanto, el discurso político sólo sería una variante del discurso publicitario. Sin embargo, en éste no se encuentra ninguna de las características de la identidad discursiva de aquél.

[4] Se trata aquí de las características generales del contrato publicitario, lo que no impide que siempre sea posible, con fines estratégicos, jugar con los términos del contrato e incluso transgredirlos, como hizo Benetton con sus campañas de promoción. Véase el nº 8 de la revista *Mscope*, CRDP de Versailles, septiembre de 1994, dedicado al estudio del discurso publicitario.

nal. Derivas o no, sostendremos la hipótesis, siguiendo a los filósofos de la retórica política, de que la influencia política se juega tanto en el terreno de la pasión como en el del pensamiento.

La persuasión entre la emoción y la razón

La cuestión de saber si la persuasión es un asunto de la razón o los sentimientos es antigua. Desde Aristóteles[5], entre los antiguos se había impuesto ya la idea de que uno no podía conformarse con razonar de manera exacta y que había que tratar de «conmover» a los jueces, a los jurados y al auditorio. Conmoverlos quería decir ponerlos en una «disposición anímica» tal que su juicio pudiese ser orientado con mayor facilidad en tal o cual dirección. Desde entonces, pasando por Cicerón[6], Pascal[7], Rousseau[8], y llegando hasta la Nueva Retórica[9], se admite que no se puede apartar los sentimientos de todo proceso lingüístico que tienda a influenciar al interlocutor; pero, al mismo tiempo, que es conveniente diferenciar entre «convicción» y «persuasión». La primera tendría que ver con el puro razonamiento, descansaría en facultades intelectuales y estaría orientada al establecimiento de la verdad. La segunda tendría que ver con los sentimientos (con «el afecto», diríamos hoy), descansaría en movimientos emocionales y estaría orientada al auditorio. Por un lado, el «logos»; por otro lado, el «pathos»; a lo cual hay que agregarle el «ethos», que concierne a la imagen del que habla y que también es susceptible de conmover al auditorio mediante una posible identificación de éste con la persona del orador[10].

Lo que permanece en discusión es la cuestión de saber si estas categorías de convicción/persuasión existen y actúan independientemente unas de otras o si están vinculadas por una relación tan estrecha que fuese difícil diferenciar entre lo que tendría que ver con una y lo que tendría que ver con la otra; correlativamente, podemos preguntarnos

[5] Aristóteles (1991), *Rhétorique*.

[6] Cicerón (1966), *De l'orateur*.

[7] Pascal (1954), *De l'art de persuader*.

[8] Rousseau (1966), *L'Émile*.

[9] Perelman C. y Olbrechts Tyteca O. (1970).

[10] Véase también Gisèle Mathieu-Castellani (2000), quien revisita las categorías aristotélicas.

qué parte toma cada una de ellas en la puesta en escena del discurso. En efecto, unos, al tiempo que estudian la argumentación como proceso interaccional en una perspectiva «pragma-dialéctica»[11], defienden la idea de que existe una lógica argumentativa; de que la argumentación es, en cualquier caso, una actividad de la razón; y de que, en estas condiciones, la expresión de la pasión sólo puede ser una fuente de perversión de esta actividad. De este modo, sería posible confeccionar una lista de los «paralogismos»[12] que habría que considerar como los peligros que acechan a la pureza de la actividad argumentativa. Para otros[13], en cambio, es conveniente tratar de categorizar las pasiones e integrarlas al proceso argumentativo, ya que éstas participan de la construcción de los juicios. En la construcción de un discurso intervendrían, con igual importancia, categorías de razón y categorías de pasión. En todo caso, esto es lo que sucede en el discurso político.

Estrategias con orientaciones diversas

De hecho, las estrategias discursivas del político destinadas a ganarse el favor del público dependen de varias cosas: de su propia identidad social; de la manera en que percibe a la opinión pública y del circuito por el que pasa para dirigirse a ésta; de la posición de los demás actores políticos, ya sean socios o adversarios; y, por último, de lo que considera necesario defender o atacar: personas, ideas o acciones.

Puede percibir a la opinión pública como favorable a él (y en última instancia reducida al grupo de los militantes o los simpatizantes), desfavorable (ya sea que se revele en los sondeos o las manifestaciones callejeras) o incierta (la que constituye la mayoría de los ciudadanos y ciudadanas de a pie, aleatoriamente agrupados como lectores de diarios, oyentes de radio o telespectadores). Sus discursos deberán ajustarse a estas clases de público, sabiendo por añadidura que pueden superponerse unos a otros y producir de ese modo efectos perversos. Por ejemplo, algunas declaraciones de socialdemócratas alemanes –que, por lo tanto, no pertenecen a la extrema derecha– han sido percibidas,

---

[11] Van Eemeren (1996) y Copi (1986).

[12] «Falacia» en inglés, véase Van Eemeren F. y Grootendorst R. (1996).

[13] Meyer M., Plantin C., Parret H., Boudon R., Charaudeau P.; véase también el resumen hecho por R. Amossy (2000, parte III, capítulo 6)

sin embargo, como extremistas[14]: «No deberíamos ser tan timoratos con respecto a los criminales extranjeros que atrapamos. Para el que viola el derecho de hospitalidad, sólo hay una solución: afuera, y rápido» (el jefe de Gobierno); «El límite de las capacidades de recepción de inmigración alemana ha sido superado» (el ministro del Interior); «el tiempo de la amistad con los huéspedes toca a su fin» (el ministro demócrata-cristiano del Interior).

Por lo que respecta a los otros actores a los cuales se dirige el discurso de los políticos, ellos tienen que lidiar especialmente con los adversarios, pudiendo ser éstos el candidato adverso de una campaña electoral cuyo programa tratan de descalificar, el predecesor del cargo que ocupan y con respecto al cual tratan de diferenciarse, o los opositores reconocidos a su política, a cuyas críticas tendrán que responder. Sin contar que este trabajo de regulación de las opiniones difiere según se ejerza con respecto a las élites o con respecto a las masas. Con respecto a las élites, porque se trata de reunirlas en torno a un proyecto de gobierno común, para lo cual es conveniente establecer alianzas con diferentes partidos y los diferentes sectores a los cuales esas élites pertenecen; y ello, a través de discursos de promesa (o de amenaza). Con respecto a las masas, para obtener la «dominación legítima» de la que habla Max Weber; y ello, a través de discursos que tratan de suscitar una pasión común por un hombre o un proyecto. En cuanto a lo que el político estima necesario defender o atacar, puede hacer que su discurso verse sobre: el valor de las ideas, defendiendo la validez de una causa moral (la solidaridad); el valor del programa y de los medios aplicados para llevarlo a cabo (pragmatismo, realismo, eficacia); el valor de los políticos y las políticas, su competencia, su experiencia y su saber hacer. En otras palabras, el político debe obrar estratégicamente a todos los niveles para tratar de hacer que el mayor número posible de ciudadanos adhiera a sus ideas, a su programa, a su política y a su persona.

La instancia política, repitámoslo, se halla atrapada entre lo político y la política, entre un objetivo idealizante que crea sistemas de valores y un objetivo pragmático que se basa en una experiencia de la relación con el otro para influenciar a éste. Estamos en plena «subjetivación» de

[14] «Les Dérapages verbaux de quelques politiciens», en: *Le Monde*, 1 de septiembre de 2000.

lo político; una subjetivación que, como afirman varios pensadores de lo político de Tocqueville a Foucault y a Deleuze, hace que se mezclen inextricablemente afecto y racionalidad, historias personales e historias colectivas, espacio público y espacio privado, religión y política, sexo y poder. Y ello tanto más que, considerado desde el punto de vista del individuo-ciudadano, lo que funda una opinión política es, en primer lugar, una pulsión que brota desde lo más profundo de la historia personal de cada uno. Sólo entonces emerge una racionalización que tiende a justificar esa pulsión y a darle una razón social según una moral de la vida en sociedad que navega entre el pragmatismo y la utopía.

Por eso, la puesta en escena del discurso político oscila entre el orden de la razón y el orden de la pasión, mezclando el logos, el ethos y el pathos para tratar de responder a la pregunta que supuestamente se hace el ciudadano: «¿Qué es lo que hace que yo deba adherir a tal o cual valor?». Para el político, es un asunto de estrategia en la construcción de su imagen (ethos) a efectos de credibilidad y seducción, la dramatización de su toma de palabra (pathos) a efectos de persuasión, y la elección y la presentación de los valores a efectos de fundamento del proyecto político.

La construcción de la imagen de sí

«J. Chirac quiere restaurar, en el terreno, una imagen deteriorada»; «La opinión juzga severamente al jefe de Estado»; «Durante algunas semanas, Lionel Jospin perdió a los franceses. Los había dejado al borde del verano, serenos y optimistas, con confianza en el crecimiento recuperado y en el Gobierno. Los volvió a encontrar, dos meses después, inquietos y preocupados, desconfiados y severos»; «La cota de popularidad del jefe de Estado y del primer ministro sufre una caída de varios puntos». A los diarios, las radios y los canales de televisión les encanta esta clase de noticias; no pasa ni una semana sin que, al azar de los acontecimientos, no se tenga derecho al estado de popularidad de los políticos; «los sondeos son catastróficos para...»; «los sondeos están en su punto más alto para...». Si los medios juegan permanentemente a este juego de los sondeos, es porque la opinión pública lo necesita. Sin ello, ¿cómo podría circular el discurso político, fuera de los grandes acontecimientos y los momentos de crisis? Los medios entendieron que el mundo político necesita dramaturgia, y que esta dramaturgia consiste en gran medida en una guerra de imágenes por la conquista de imaginarios sociales.

Para el político, lo ideal sería llegar a constituirse en una *efigie*; una efigie que, de ser posible, remitiese a mitos universales. Algunos lo logran (De Gaulle como representación viva de la grandeza, e incluso del «comendador»; Mitterrand como representación viva de la «esfinge»); otros, no (Giscard, en su momento, intentó ser la representación viva del «gran economista»). Ya que las condiciones para transformarse en efigie no son sencillas. Para ello hace falta una conjunción de factores: un *temperamento* marcado que entre en correspondencia con la palabra y el comportamiento, *circunstancias históricas* y un saber *crear el acontecimiento*. La efigie sólo es posible a la medida de las huellas que se dejaron, de forma indeleble, en la historia. No basta ni la simpatía que pueda suscitar un político, ni siquiera su éxito. Excelentes hombres de Estado, tras un exitoso mandato político, no fueron sin embargo erigidos como efigie. En este fenómeno hay algo que recuerda la tradición del teatro clásico (el melodrama épico), y que encontramos ahora en la forma en que los medios ponen en escena a las estrellas del cine o de la canción. Quizá sea, por lo demás, la razón por la cual estas estrellas son a menudo instrumentalizadas por los políticos[15]; en particular, durante las campañas electorales. Pero sin llegar a esta cumbre del éxito del político, éste se halla siempre sujeto a una dramaturgia que lo obliga a construirse un personaje, una cierta figura que vale como imagen de sí, y que hace que la construcción del ethos tenga aquí características particulares.

El ethos como espejo ciudadano

No hay acto de lenguaje que no pase por la construcción de una imagen de sí. Quiérase o no, se lo calcule o se lo niegue, desde el instante en que hablamos aparece (se trasluce) una parte de lo que somos a través de lo que decimos. Aquí, no es tanto cuestión de nuestro posicionamiento ideológico, del contenido de nuestro pensamiento, de nuestra opinión, como de lo que resulta de la relación que mantenemos con

[15]   Esto es aún más frecuente en los Estados Unidos.

nosotros mismos y que ofrecemos a la percepción de los otros. El sujeto hablante no escapa a la cuestión del ethos, *a fortiori* el sujeto político.

La imagen de sí en el ámbito político no es fácil de aprehender, al menos si la consideramos desde el punto de vista de su eficacia. Constatamos, en efecto, que la misma estrategia de imagen de sí puede experimentar cierto éxito en ciertas circunstancias, en cierta época, con cierto público; y no tener ningún impacto en otras circunstancias y con otro público. Lo mismo sucede con el carisma de una persona: no actúa sobre cualquiera ni en cualquier situación. La eficacia de estas imágenes apenas si es previsible. Además, constatamos –si se observa el caso de los grandes personajes políticos– que el proceso de construcción de una *figura* se produce a veces en el marco del surgimiento de grandes acontecimientos (guerras, crisis nacionales o internacionales), y otras veces durante una sedimentación progresiva de ciertos rasgos de personalidad que surgen y se repiten en el marco de varios pequeños acontecimientos. El primer proceso construye imágenes simbólicas fuertes, relacionadas con una temporalidad breve: el *poder* con Napoleón; la *resistencia* y la *salvación* con De Gaulle; la *consciencia moral* con Mitterrand, en el marco de la abolición de la pena de muerte. El segundo proceso construye imágenes que implican en sí mismas una temporalidad larga y se adhieren más a las personas: la figura de *seductor* atribuida a J. Chaban-Delmas, la de *coraje* adjudicada a G. Pompidou, la de *frialdad* asignada a V. Giscard d'Estaing[16]. Pero estas imágenes, a pesar de su carácter general, e incluso universal, no son intercambiables, ya que se corresponden, cada una de ellas, con un momento de la historia de un país, una personalidad y un pueblo.

Es que la imagen de los gobernantes supuestamente se corresponde con las expectativas de los gobernados. En éstos, habría una demanda implícita; en aquéllos, un deseo de amoldarse a esta demanda o de hacer que se manifieste, dado que está implícita. Es preciso que se produzca un encuentro entre la mirada que la instancia ciudadana echa sobre la instancia política y la que la instancia política echa sobre la

---

[16] Imagen ciertamente negativa (aunque la frialdad sea útil en política), contra la cual Valéry Giscard d'Estaing no dejó de luchar, tratando de construirse la imagen más familiar de «cercano al ciudadano»: apariciones televisivas con un pulóver de cuello alto, en actividades familiares y deportivas (esquiando), proponiendo ir de visita a la casa de los franceses del «pueblo» y preparar huevos revueltos.

instancia ciudadana. Pero para que se realice este encuentro, hace falta algo común; y ese algo común reside en los valores que, al configurarse de cierta manera, adquieren una fuerza simbólica y hacen que ambas instancias se fusionen. Esto se realiza en un juego de ajuste de las miradas, un juego de reflejos entre ambas instancias y una tercera instancia que desempeña el papel de figura ideal de referencia.

En el ámbito político, la construcción de imágenes sólo tiene razón de ser orientada hacia el público, ya que éstas deben funcionar como soporte de identificación, a través de los valores comunes deseados[17]. El ethos político debe, entonces, sumergirse en los imaginarios populares más ampliamente compartidos, dado que debe llegar a la gran mayoría, en virtud de una especie de contrato de reconocimiento implícito. El ethos es como un espejo en el cual se reflejan los deseos de unos y otros.

Imágenes contradictorias y frágiles

El ethos político nos devuelve imágenes difíciles de captar, ya que, a veces, se contradicen entre sí, y otras veces derivan hacia efectos no deseados. Por ejemplo, hay una contradicción entre el valor positivo (en ocasiones no confesado) otorgado a la imagen de «poder» del político proveniente de una situación de holgada riqueza (que fuese pobre le haría perder credibilidad) y el negativo otorgado a la imagen de «adinerado» incapaz de compartir los sufrimientos de los pobres. Contradicción entre la imagen positiva de «inteligencia», e incluso de «mentalidad astuta», que todo político necesita, y la imagen negativa de «hipocresía» que puede acompañarla. Contradicción, además, entre la imagen positiva de un «papá protector» que se hace cargo del porvenir de sus ciudadanos, y su inversión como imagen negativa de «paternalismo» infantilizante. También puede haber contradicción entre dos imágenes positivas opuestas, como pueden serlo un ethos de «control de sí», e incluso de «sabiduría», que la construcción del simbolismo del jefe necesita (por lo demás, este ethos puede ser percibido negativamente como denotador de una mentalidad «fría y calculadora» que se refugia por detrás de la razón de Estado), y un ethos de «pasión» que

---

[17] La elección del término «deseado» se debe a que el poder de atracción de las imágenes sólo puede explicarse recurriendo a la fuerza del *deseo*.

pone de manifiesto una humanidad bajo la máscara del político, que la construcción de un jefe humano también necesita. Es estrecha la senda para el político; éste, al no saber cuáles son, en un momento dado, los imaginarios más sensibles, debe saber conjugar opuestos: mostrarse a la vez diplomático y comprometido, protector y dinámico, distante (grandeza obliga) y cercano (ciudadanía obliga), astuto pero honesto, rico pero no corrupto, etc. Y ello especialmente porque una misma actitud puede ser construida como imagen positiva por sus partidarios y como imagen negativa por sus adversarios. Al adoptar una actitud silenciosa frente a una situación de crisis, tal jefe de Estado será tildado, por unos, de hombre «reflexivo» que escucha antes de actuar, y por otros, de hombre «autoritario» que prepara su jugada en silencio o de hombre «impotente» que muestra su incapacidad de reacción[18].

Pero el mayor riesgo que presenta este juego de espejos para quien tenga un sentido elevado de la política es el de la deriva populista. Ya que no se nos puede ocultar que las masas pueden ser seducidas por imágenes que no están directamente relacionadas con lo político: imagen exacerbada de «virilidad» que se manifiesta mediante la figura de un «bocazas» que sabe «cerrarles el pico» a sus adversarios y que sabe mostrar que no le tiene miedo a nada, a ninguna situación ni a ningún adversario[19]; figura de seductor que no oculta sus locuras sexuales, porque eso sería una demostración de potencia. Sin embargo, es cierto que el valor de estas imágenes depende de las culturas, es decir, de los imaginarios sociales que circulan en un momento dado de la historia de los grupos[20]. Desgraciadamente, estos ethos de fuerza, potencia y viri-

---

[18] Véase el caso del presidente de la República Mexicana, Vicente Fox, al comienzo de su mandato, cuando hizo frente a la situación de crisis creada por los zapatistas de Chiapas: unos le reprocharon su falta de firmeza; otros, su timidez en la apertura.

[19] Como J.-M. Le Pen.

[20] En Francia, por ejemplo, esta clase de «locura» es valorizada (Giscard d'Estaing, Mitterrand), pero más o menos. En algunos países africanos es sobrevalorizada, como si la potencia ejercida en la vida privada estuviese relacionada con la de la vida pública (véase Bayart 1996: 159). En los países anglo-protestantes, por el contrario, es desvalorizada (véase las aventuras conyugales de la familia real británica y el caso Clinton-Lewinsky). [A pesar de que «poder» parecería ser una opción natural para traducir *puissance* en este párrafo, optamos por hacerlo en términos de «potencia», ya que el propio Charaudeau, como veremos más adelante, destaca que el «ethos de potencia» tiene que ver con un imaginario que no debe ser confundido en modo alguno con el del poder (*pouvoir*) (N. del T.)].

lidad, con el que se adornaron algunos soberanos, emperadores y dictadores (César, Calígula, Franco, Pinochet, Milosevic, etc.) a menudo han permitido que se ejercieran impunemente actos crueles e injusticias; y, sin embargo, constatamos que, a pesar de esos atropellos, los pueblos veneran –o temen– esas imágenes de potencia[21].

Sea lo que fuere de la construcción de esas imágenes y sus efectos sobre los pueblos, hay un hecho históricamente comprobado: esas imágenes son frágiles. Adoradas un día, las mismas pueden ser desacreditadas al día siguiente[22]. Tony Blair, primer ministro de Gran Bretaña, después de haber gozado de una imagen muy positiva y notablemente mediatizada al comienzo de su mandato –«El as de la entrevista, el campeón de las grandes congresos televisados, el amo indiscutido de la prédica de masas y la inspiración retórica; en suma, la quintaesencia personificada del político moderno (…)»[23]–, a punto tal que los medios hablaban de la «magia Blair», es censurado tres años después como «un obsesionado por la imagen, un mercachifle hipócrita, totalmente absorbido por su ego (…), listo para recurrir a una serie de efectos mediáticos o "mediduchas" populistas para mantenerse»[24]. El péndulo, no obstante, puede volver a su posición inicial, que nunca es exactamente la misma.

La cuestión de la dramatización del discurso

En la medida en que las emociones se corresponden con representaciones sociales constituidas por una mezcla de juicios, opiniones y apreciaciones que pueden provocar sensaciones o comportamientos, pueden ser utilizadas para tratar de seducir, amenazar, aterrorizar; en suma, captar a un interlocutor o un auditorio. Esto participa del proceso de persuasión, pero esta vez recurriendo a universos de discurso impregnado de afecto. Sin embargo, para que el interlocutor sea conmovido, hay ciertas condiciones comunicacionales, ya que el recurso a un discurso de afecto no conlleva obligatoriamente la emoción del interlocutor. Puedo hablar de un accidente que me sucedió, cuyo recuer

---

[21]   Bayart (1996: 172).

[22]   La duración de ese «día [*jour*]» y ese «día siguiente [*lendemain*]» variará según las circunstancias políticas.

[23]   Publicado en *Le Monde*, 21 de julio de 2000.

[24]   *Ibid.*, pero esto, antes de la guerra de Estados Unidos contra los talibán y contra Irak.

do me resulta penoso, pero nada dice que mi relato haya de producir
el mismo efecto de penosidad ante mi interlocutor si éste no encuentra
ningún eco de ello en su propia experiencia. También puede ser que no
conmueva a tal interlocutor pero que conmueva a tal otro. A la inversa,
podría ser que un mismo relato de accidente, contado de forma humorística, produjese sin embargo un efecto de angustia sobre tal interlocutor debido a lo que esto evoca en su recuerdo.

Un discurso es susceptible de producir un efecto emocional sobre
un auditorio según la forma en que se combinan tres factores: (i) la
índole del universo de creencia al cual remite el discurso (vida/muer-
te, accidente, catástrofe, masacre, amor, pasión, etc.); (ii) la puesta en
escena discursiva que puede, por su parte, parecer dramática, trágica,
humorística o neutra; (iii) el posicionamiento del interlocutor (o del
público) en cuanto a los universos de creencia que son convocados, y
el estado de ánimo en el que aquél se encuentra. De ese modo, el sujeto
hablante tiene que saber elegir ciertos universos de creencia, tematizar-
los de cierta forma y proceder a cierta puesta en escena; todo en función
de la manera en que imagina a su interlocutor o su público y del efecto
que espera producir sobre éste. El discurso político se dirige a un auditorio que es tomado, a veces, como un ser universal; otras veces, como
un ser particular; y otras, como ambos a la vez.

El triángulo de la dramaturgia política

El universo de los afectos es, por su parte, un universo regulado en
razón de la racionalización que se hace de él *a posteriori* y que lo convierte en universo socializado: hay «*logos*, en toda experiencia de una
emoción»[25]. Hay, entonces, «sentimientos de afecto» que circulan en
este universo; y como éstos están en sintonía con la dimensión emocional de los individuos, aparecen en una puesta en escena dramatizante,
según un guion susceptible de conmover al público de manera positiva
o negativa. El discurso político –pero no es el único– procede a esta
puesta en escena siguiendo el guion clásico de los cuentos populares y
los relatos de aventuras: una situación inicial que describe un mal, la
determinación de la causa de ese mal y la reparación de ese mal mediante la intervención de un héroe natural o sobrenatural.

---

[25] Eggs (2000).

El discurso político, que trata de hacer que el público adhiera a un proyecto o a una acción, o de disuadirlo de que siga un proyecto adverso, insiste más particularmente en el *desorden social* del cual es víctima el ciudadano; en la *raíz del mal*, que se encarna en un adversario o un enemigo; y en la *solución salvadora*, que se encarna en el político que sostiene el discurso. El desorden social es presentado como un estado de hecho o como un estado potencial: en el primer caso, se trata de persuadir al público de que la existencia de un mal y la condición de víctima efectivamente existen y no pueden prestarse a especulación; en el segundo caso, en cambio, se trata de crear un estado de expectativa que obligue a considerar la posible existencia de un mal y provoque un temor generador de angustia. La raíz del mal puede ser presentada de manera determinada, cuando se la designa con el nombre de una persona («Saddam Hussein, ese esbirro de Satán») o un grupo («El RPR, ese partido mafioso, que practica la exclusión»[26]); o de manera imprecisa, cuando se la designa globalmente, como esencializada («La inmigración, ese mal que disemina el terror»). La solución salvadora consiste en proponer medidas que deberían reparar el mal existente. Así que el defensor de estas medidas debe mostrarse creíble, persuasivo y tenderá a construirse una imagen más o menos fuerte de salvador, siendo el objetivo que el público encuentre ahí al liberador de sus males y confíe totalmente en él. Esto muestra hasta qué punto es importante la construcción de la imagen de sí (el ethos) en el discurso político.

La descalificación del adversario

También hay que inscribir en la estigmatización de la raíz del mal las estrategias de descalificación del adversario, siendo este último uno de los polos constitutivos del discurso político[27].

Las estrategias de descalificación son aplicadas a través de diferentes procedimientos discursivos, como se manifiesta en esa declaración televisiva de un presidente de la República que invitaba a los franceses a votar por el «sí» en el primer referéndum sobre Europa: «Algunos los exhortan a votar por el "no", prisioneros de su doctrina, de su voluntad obstinada de establecer en Francia un sistema totalitario. Es in-

[26]   J.-M. Le Pen.
[27]   Véase el capítulo I.

útil insistir»[28]. Aquí se descalifican, a la vez, las *ideas* del adversario («prisioneros de su doctrina»), las *consecuencias negativas* para el pueblo («establecer un sistema totalitario») y la *instancia adversa* mediante una imagen negativa («voluntad obstinada»). En esta declaración, se trata de rechazar las ideas y la acción del adversario recordando la amenaza que éste representa. Pero también hay otros procedimientos: emplear la *ironía*: «Hay otros que no vacilan en aconsejarles la abstención. ¿Acaso no tendrían opinión sobre Europa?»[29]; detectar las *contradicciones* del adversario: «¿O es que tendrían miedo de reconocer que un gobierno del cual no forman parte realiza aquello que pretenden haber deseado siempre?»[30]; hacer que flote la sombra de la *manipulación* por parte del adversario: «Para ser honestos, únicamente tendrían que recomendarles que voten en blanco»[31] (por lo tanto, no son honestos y los engañan); o llegar al punto de denunciar las consecuencias nefastas de ello para el ciudadano: «Por hábil que sea la presentación, impulsar a la abstención es una mala acción; es invitarlo a que usted no cumpla con su deber de ciudadano; a impedir que usted ejerza su deber de hombre libre y decida su destino»[32].

El sujeto político, en posición de tener que combatir a un adversario, debe rechazar los valores opuestos a los que él preconiza, mostrando, con una buena argumentación, cuáles son la debilidad y el peligro de esas ideas. Pero una argumentación muy exhaustiva, compleja o sutil correría el riesgo de no ser comprendida por la masa de ciudadanos. Es por eso que a menudo, en política, la argumentación se reduce a ese procedimiento de ataques *ad hominem* que pone en tela de juicio la probidad del adversario, sus contradicciones, su incapacidad para mantener promesas, sus alianzas nefastas, su dependencia con respecto a la ideología de su partido que lo despoja de toda libertad de palabra y acción. Pero como el ataque verbal de un adversario, efectuado en un espacio público, es oído por un público (físicamente presente o no), éste es susceptible de producir en el que ataca efectos de retorno

---

[28] Alocución televisiva del presidente G. Pompidou el 12 de abril de 1972, en: *Le Monde*, 13 de abril de 1972.

[29] *Ibid.*

[30] *Ibid.*

[31] *Ibid.*

[32] *Ibid.*

–unas veces favorables; y otras, desfavorables– para su imagen. La misma figura de guerrero podrá ser apreciada positivamente por aquellos mismos que necesitan identificarse con un ethos de «potencia» («Sabe pelear»), pero será rechazada («Es un personaje grosero») por aquellos que prefieren un ethos de «inteligencia» («He ahí un debatidor sutil y elegante»).

Un discurso subjetivo que mezcla pasión y razón

Vemos que la persuasión aplicada por el discurso político es un asunto de pasión, razón e imagen. De pasión, ya que el campo político es por excelencia el lugar donde las relaciones de poder y sumisión son gobernadas por principios pasionales. Spinoza veía en las pasiones «las causas y los fundamentos» de la sociedad política, sus instituciones y el mal funcionamiento de éstas[33]; y Voltaire, en su época, decretaba que «las pasiones son las ruedas que hacen andar a todas las máquinas»[34] (pensaba en la máquina humana), ya que, según decía, «el deseo de mandar, que es una de las ramas del orgullo –y que se observa tan visiblemente en un pedante de colegio y en un bailío de pueblo como en un papa y un emperador– excita también poderosamente la industria humana para llevar a los hombres a obedecer a otros hombres»[35]. De pasión, pero también de razón, porque los que tratan de mandar tienen que hacerse legitimar y volverse creíbles; y los que aceptan someterse por delegación interpuesta tratan de controlar el poder otorgado, e incluso reivindicar un derecho a cuestionar la acción del poder. De ahí «una "co-acción" polémica de lucha entre ocupar el lugar del Otro o someterse al Otro»[36]. De pasión, de razón, pero también de imagen, ya que, finalmente, no hay adhesión a ideas que no pase por los hombres.

Se recurre así a procedimientos de puesta en discurso que están orientados unas veces hacia el auditorio –con la esperanza de suscitar en él interés por ideas y pasión por defenderlas– y otras veces hacia la construcción de la imagen de un líder capaz de conducir a su rebaño hacia la Tierra Prometida. Se puede lograr conmover al auditorio im-

[33] Véase Matheron (1992).

[34] *Traité de métaphysique* (1961).

[35] *Ibid.*

[36] Maffesoli (1992).

plicándolo directamente o por medio de una adhesión a la persona del orador cuya imagen puesta en escena sirve de soporte a un proceso de identificación. A menudo, en el flujo del discurso político, todo se mezcla; y es muy difícil distinguir entre los diferentes componentes de este mecanismo de persuasión. Si retomamos la fórmula de la «fractura social» empleada por J. Chirac en 1995, vemos que éste recurre a valores éticos de igualdad y solidaridad, con la esperanza de conmover a la parte más desfavorecida de la población (efecto de pathos), al mismo tiempo que construye una imagen de líder consciente de la miseria humana, decidido a ponerle fin en un impulso de generosidad (efecto de ethos) –lo que le confiere, entonces, cierta legitimidad al autor de este eslogan–, basándose todo en una fantasía de un mundo mejor. El político, con su propia persona, da pábulo al deseo de identificación del ciudadano, que, de ese modo, participa mediante representación en la realización de un proyecto político.

El discurso político obedece más a un objetivo de incitación a opinar que a un objetivo de demostración. Se trata menos de establecer una verdad racionalmente que de tratar de transformar (o fortalecer) opiniones marcadas por la emoción, a través de la construcción identitaria de los actores del mundo político. Lo cual le hace decir a Marc Augé: «Ya sea lenguaje de consenso o lenguaje de terror, el lenguaje político es un lenguaje de la identidad»[37].

La cuestión de la elección de los valores

Podríamos pensar que, para el político, la elección de los valores no plantea mayores problemas. Bastaría con que éste eligiese los que se corresponden con sus propias convicciones y con las de sus partidarios. Sin embargo, las cosas no son tan sencillas, ya que estas elecciones se topan con cierto número de obstáculos.

La opinión contra los valores

En primer lugar, el obstáculo de la pluralidad de valores. Sabemos que el político que quiere acceder al poder o mantenerse en él necesita un consenso mayoritario en lo que respecta a la opinión pública. Ahora

---

[37] *Pour une anthropologie des mondes contemporains, op. cit.*

bien, es raro que este consenso –salvo ciertos casos particulares[38]– sea homogéneo. La opinión mayoritaria que lo constituye es la mayoría de las veces el resultado de un acuerdo entre dos opiniones diferentes en torno a valores circunstancialmente dominantes. Más de una vez hemos visto a políticos que fueron electos gracias a los votos de partidos adversos. Lo que significa que todos los valores que se hallan incluidos en ese consenso no coinciden necesariamente con los del político; y que éste debe, más allá de sus propias convicciones, convocar otros valores –aquellos que, a su parecer, se corresponden mejor con gran parte de la opinión pública. Pero no debe, sin embargo, abandonar o destruir sus propios valores; de lo contrario, se separaría de sus partidarios. Esto pasó en Francia en las elecciones presidenciales de 2002: la campaña de L. Jospin, al enfocarse más en valores de centro que en los de izquierda, le hizo perder gran parte de los votos de sus electores. Esto obliga al político a cumplir una condición de adecuación a lo que son los valores de la mayoría –al menos, a lo que imagina que son– sin, no obstante, contradecirse.

Otro obstáculo reside en el hecho de que las opiniones pueden cambiar a lo largo de la historia de un país; y, con ellas, los valores a los que están vinculadas. Pueden ser redefinidas y, consiguientemente, repartirse de forma diferenciada entre los partidos de opinión. Lo mismo sucede con los valores pertenecientes a los imaginarios de *Tradición* y *Modernidad*[39]. El recurso a la historia y al pasado de un pueblo será valorizado cuando se trate de defender valores de soberanía frente a la amenaza de pérdida identitaria que la promoción de valores federalistas o mundialistas elaborados en nombre de la Modernidad vendría a representar; y ello, tanto en los posicionamientos de izquierda como de derecha[40]. Pero esta apelación a la tradición y al pasado será considerada como reaccionaria cuando sirva para justificar prácticas de exclusión o de purificación étnica; o, en el mejor de los casos, conservadora, cuando sirva para preservar prácticas feudales. Hubo un tiempo en que la soberanía nacional era un valor compartido por un gran número de

---

[38] Los de una grave crisis social que hace que un pueblo en su conjunto se agrupe en torno a un gran líder o a un principio de libertad que borra provisoriamente cualquier otra opinión.

[39] Véase la 4a parte, capítulo II: «Sobre algunos imaginarios de verdad de lo político».

[40] J.-P. Chevènement, por un lado; Ch. Pasqua y Ph. De Villiers, por el otro.

pueblos europeos; mientras que, ahora, no tiene tanto éxito; se la sustituyó por valores más regionalistas (las autonomías o movimientos independentistas dentro de los Estados-nación[41]). En una época no muy lejana, los valores de progreso social y los de progreso económico se oponían de forma radical: los primeros (defendidos más bien por los partidos de izquierda) preconizaban la igualdad social; los segundos (defendidos más bien por los partidos de derecha) preconizaban la ganancia, fuente de enriquecimiento de las sociedades. Sin embargo, ahora los partidarios de los primeros han aceptado la necesidad de integrar los valores que participan de la economía de mercado, condición de la producción de las riquezas sin las cuales no habría nada que repartir; y los partidarios de los segundos tomaron consciencia de la necesidad de integrar valores que participen de un principio de equidad[42], condición para obtener la paz social. En cuanto al principio de libertad, éste será defendido o combatido, sucesiva o simultáneamente, por unos y otros, según se aplique al ámbito del derecho a disponer de su cuerpo y a dar o suprimir vida (píldora, aborto, eutanasia)[43], al ámbito de la economía (librecambio), al del trabajo (libertad de despido) o al de la cultura (libertad de creación contra la hegemonía mercantil), etc.

Por lo tanto, es cada vez más difícil describir los valores relacionándolos de forma fija con opiniones, grupos o partidos de derecha o izquierda, incluso si algunas oposiciones permanecen; es conveniente observar, analizar y describir estos valores únicamente uno a uno[44].

La cuestión de la presentación de los valores

La buena elección de los valores no basta. La instancia política –o la instancia ciudadana en sus movimientos de reivindicación o rebelión– debe saber presentarlos: incluso se puede afirmar que es en la forma de presentar los valores que éstos cobran sentido en el espacio político.

---

[41] Valores a veces defendidos o reivindicados de manera violenta como por Córcega, en Francia, o el País Vasco, en España.

[42] De ahí el éxito de la expresión «la fractura social», lanzada por J. Chirac en 1995.

[43] Recordemos lo que dijo J.-M. Le Pen al respecto: «La afirmación de que su cuerpo les pertenece es completamente ridícula. Le pertenece a la vida; y también, en parte, a la nación».

[44] «Uno a uno» [«*coup par coup*»], es decir, según parámetros de épocas históricas, de contexto cultural y de situaciones políticas.

Para esto hace falta que la presentación satisfaga ciertas condiciones de *simplicidad* y *argumentación*.

Condiciones de simplicidad

Porque dirigirse a las masas, es decir, a un conjunto de individuos heterogéneos y dispares desde el punto de vista de su nivel de instrucción, su posibilidad de informarse, su capacidad de razonar y su experiencia de la vida colectiva, implica que se pongan de relieve unos valores que puedan ser compartidos y, sobre todo, comprendidos por la gran mayoría; de lo contrario, uno se apartaria del público: «Es sin duda su programa, pero es demasiado inteligente, demasiado largo. Está hecho para el 3% o el 4% de los franceses. Haría falta que alguien lo resumiese en dos carillas» –le dice un miembro del Partido Socialista al equipo a cargo de la campaña electoral de Lionel Jospin[45]. El político, entonces, debe buscar cuál puede ser el máximo común denominador de las ideas del grupo al cual se dirige, a la vez que interrogarse sobre la manera de presentarlas.

Simplificar no es fácil y entraña un riesgo. El mundo es complejo, el universo del pensamiento es complejo, el proceso de construcción de las opiniones es complejo; simplificar, entonces, es tratar de reducir esta complejidad a su mínima expresión. Es ahí donde surge el riesgo, ya que simplificar puede conducir a una verdad distorsionada, a una verdad no probada o, incluso, a una contraverdad: «El tratado de Maastricht les otorga el derecho de voto a los extranjeros y, por lo tanto, a todos los que lleguen a atravesar legal o ilegalmente nuestras fronteras» –dice Jean-Marie Le Pen[46]. La condición de simplicidad siempre lleva a que se pierda un poco de verdad. Recurre a un doble procedimiento: de singularización y de esencialización.

La *singularización* consiste en evitar multiplicar las ideas, ya que su multiplicación puede prestarse a confusión en el caso de aquellos que no estén habituados a la especulación intelectual. Expresar una idea a la vez sería[47] una muestra de claridad y permitiría que la atención del

---

[45]   George Frèche, véase *Le Monde*, 5 de junio de 2002.

[46]   «Discours du serment de Reims», *Présent*, 11, 12 y 14 de septiembre de 1992.

[47]   Empleamos aquí, y en lo que sigue, el condicional porque esta exigencia de claridad participa, por su parte, de un imaginario: el imaginario de la simplicidad.

auditorio esté totalmente focalizada y concentrada en esta sola y única idea. De lo contrario, éste ya no sabría a qué atenerse; porque, paradójicamente: «demasiadas ideas matan la idea». En virtud de este adagio, otro comentarista de la campaña electoral de L. Jospin dijo, a propósito del programa electoral de la izquierda: «En este proyecto, había tantas propuestas que ya no había más ideas»[48].

La *esencialización* consiste en hacer que una idea esté íntegramente contenida, resumida y condensada en una noción que existiría en sí, de manera natural, como una esencia, independientemente de algo distinto a ella misma; y para ello, se la presenta de forma nominalizada. Para J.-M. Le Pen, por ejemplo, usar el término «inmigración» es condensar en ese solo sustantivo la idea de que los inmigrantes invaden el territorio francés y representan una amenaza: «La inmigración es la ruina de nuestro país», «La inmigración es la causa del desempleo». A fuerza de usar esta forma nominalizada en tales contextos, ésta se vuelve portadora de algo que existe en sí, de manera absoluta, imponiéndose de manera ineludible. Las personas ya no tendrían que interrogarse más, entonces, sobre la complejidad de este fenómeno.

Este doble procedimiento de singularización y esencialización da lugar a la existencia de *fórmulas* cuyo éxito e impacto son variables. Cuanto más concisa es una fórmula –y, al mismo tiempo, cuanto más semánticamente cargada; abarcadora, de ese modo, de una o varias ideas, que esencializa y torna imprecisas–, más fuerza de atracción tiene. Ésta es, al menos, una hipótesis psicosociológica que afirma que seríamos tanto más atraídos por una idea en la medida en que ésta fuese indeterminada[49]. Este tipo de fórmula está destinada a producir un efecto de evidencia[50].

El discurso político está lleno de procedimientos de esa clase con la esperanza de un impacto en el público. Utilización de *palabras* que, nacidas en cierto contexto, se desprendieron de éste y son reutilizadas

---

[48] *Le Monde*, 5 de junio de 2002.

[49] Cuanto más precisa es una idea, más deja fuera de ella a aquel que la recibe; cuanto más imprecisamente está definida, más le deja a aquel que la recibe un campo abierto para que pueda proyectarse en él. Hipótesis expresada por Baudrillard en *De la séduction* (1979).

[50] Existen numerosos estudios sobre las «fórmulas» en política, cfr. S. Bonnafous, J.-P. Faye, P. Fiala, A. Krieg.

de manera absoluta, sin que ya se sepa quién las utilizó, a qué actores atañen, ni a propósito de qué fueron utilizadas: «inmigración», «solidaridad», «precariedad», «raza», «seguridad» (y su opuesto: «inseguridad»), «mundialización» (y su opuesto: «antimundialización»), así como todos los términos en *-ismo*. Utilización de *sintagmas fijos* compuestos por un sustantivo y un adjetivo –«fuerza tranquila», «Argelia francesa», «purificación étnica», «ayuda humanitaria»– o por dos sustantivos en relación de dependencia: «generación Mitterrand», «desigualdad de razas», «soberanía de los pueblos». Utilización de *frases con elipse* cuya incompletud produce un efecto de absolutidad: «¡Nunca más!», «¡Socorro, vuelve la derecha!», «¡Francia para los franceses!». Uso de *frases definicionales* que, como las máximas, adagios o proverbios, se presentan con un valor de verdad general; unas, con trazas de sentencia («Un jefe no abandona a su ejército en medio de la batalla», «Se acabó el despelote»); otras se centran en la causa («La inseguridad es la principal plaga de nuestra sociedad», «La inmigración es desempleo»); otras juegan con la paradoja («Todos somos judíos alemanes»); otras juegan con la falsa alternativa («De Gaulle o el caos»); y otras, por último, tautológicas, cuya aparente redundancia está destinada a producir un efecto de definición indiscutible («Francia es Francia y será siempre Francia», «Francia nunca es tan Francia como cuando es ella misma», «En la guerra, como en la guerra», «El enemigo es el enemigo», «Un judío es un judío»). Utilización de *frases exclamativas* implícitamente descriptivas o narrativas, que sugieren una condena («¡OAS, SS!»), una acción por realizar («¡La OAS vencerá!», «¡Giscard, al estrado!», «¡El fascismo no pasará!», «¡La imaginación al poder!», «¡Haz el amor, no la guerra!»); a menos que, en un acto performativo, el hacer se realice en el propio decir: «Yo, Presidente de la República, disuelvo la Asamblea Nacional».

Todos estos procedimientos contribuyen a producir un efecto de eslogan tal como lo hallamos en el discurso publicitario; con la diferencia de que un eslogan, como «L'Oréal, la eterna juventud», no engaña a nadie desde el punto de vista de su fuerza de verdad: sólo se le reconoce una fuerza de sueño y seducción. En cambio, «La inmigración, la plaga de nuestro siglo» es un eslogan susceptible de adquirir una fuerza de verdad para quien quiera creer en su esencialización. Sin embargo, es cierto que, tanto en un caso como en el otro, el eslogan pretende producir entre aquellos que lo reciben un efecto de adhesión pasional enmascarada por una ilusión racional, porque el sentido que transmite está marcado por una razón emocional que excede ampliamente lo que dice de manera explícita.

Condiciones de argumentación

Éstas deben ser consideradas, como hemos dicho anteriormente, en su perspectiva persuasiva; es decir que no se trata tanto de desarrollar un razonamiento lógico con fines explicativos o demostrativos, tendiente a elucidar o hacer que exista una verdad, como de mostrar la fuerza de la razón. No está en juego aquí la verdad sino la veracidad: no lo que es cierto, sino lo que creo que es cierto y que usted debe creer que es cierto. Por eso, las condiciones de argumentación que acompañan la puesta en escena de los valores están, a su vez, simplificadas al extremo. Se trata, para el político que argumenta, de proponer un razonamiento causal simple basándose en creencias fuertes supuestamente compartidas por todos, y fortalecerlas aportando argumentos destinados a producir un efecto de prueba[51].

Un razonamiento causal simple

En el discurso político, hallamos esencialmente dos tipos de razonamiento causal. Uno llamado *principial*, porque plantea como principio de acción lo que es la finalidad de ésta: «Porque usted quiere una Francia fuerte, votará por un proyecto liberal»[52]; esto no es plantear un acto («votar») con el objetivo de obtener algo («una Francia fuerte») sino plantear primeramente un principio («una Francia fuerte») que debe conllevar obligatoriamente (obligación moral) un acto («votar»). Este modo de razonamiento pretende hacer que los individuos adhieran a una idea simple que debería constituir el principio de su adhesión al proyecto político que se les propone; es por eso que también se lo llama razonamiento *ético*. Al otro se lo llama *pragmático*, porque plantea una premisa que implica una consecuencia más o menos ineluctable o contempla un objetivo: «Si bajamos los impuestos, aumentamos

[51]   En el esquema de Toulmin (1994), esas creencias supuestamente compartidas corresponden a la «ley de paso» que sirve de «garantía» o de «reserva».

[52]   La formulación es siempre del tipo: «Porque p... q».

el poder adquisitivo», «Vote el domingo para salvar a la República»[53]. Pretende hacerles creer a los individuos que no hay otra consecuencia que la enunciada, ni otro objetivo por perseguir que el anunciado. Se produce, entonces, un desplazamiento lógico de una causalidad posible a una causalidad ineluctable. El discurso político de razonamiento ético pretende situar al individuo ante una elección moral («en nombre de qué hay que actuar»), mientras que el razonamiento pragmático pretende situarlo ante una responsabilidad («qué medios debe proporcionarse para lograr sus fines»).

La fuerza de los argumentos

Los argumentos de prueba son de diversa índole. Sólo haremos alusión a los más recurrentes, ya que algunos otros no pueden ser utilizados en el marco del discurso político[54]. Los argumentos por la *fuerza de las creencias compartidas*: «No se puede no querer salvar la República» (la República tiene un valor universal); «La intervención humanitaria se justifica por los atropellos de purificación étnica llevados a cabo por el Gobierno serbio» (no se puede permitir que se acumulen las víctimas de una acción genocida). Los argumentos por el *peso de las circunstancias* y su contrapartida[55]: «No podemos ocultarnos que el mundo moderno está embarcado en un proceso de mundialización económica. La cuestión pasa por controlarla». Los argumentos por la *voluntad de actuar* del sujeto que argumenta: «Los he escuchado, y me comprometo a cambiar los factores de la política», «Pondré toda mi energía y mi voluntad en la realización de esta nueva política», «Tomo el compromiso, ante el pueblo francés, de que, cuando el FN esté en el poder, ¡todos esos malhechores, todos esos bandidos, no sólo tendrán que dar cuentas sino que

---

[53] Aquí la formulación es del tipo: «Si p, entonces q».

[54] Nos remitiremos a la obra de C. Plantin (1996), que clasifica los tipos de argumentos: el «caso por caso» (55) no puede ser usado en el discurso político, ya que transgrede la regla de simplicidad, de la cual hemos hablado; el «punto de vista relativo», porque eso supone aceptar la posible veracidad de un punto de vista distinto al que se defiende, lo cual está casi proscripto en el discurso político; la «contrapartida», que supone que se haga una concesión a cambio de otra (esto se hace permanentemente en las negociaciones, pero apenas si se dice de forma explícita [50]); etc.

[55] En efecto, como el discurso político no puede ser fatalista, es necesario que a la mención de limitaciones negativas le responda un medio o una intención de contrarrestarlas.

los forzaremos a devolver lo robado![56]. Los argumentos por el *riesgo* de no tomar la decisión adecuada, lo que puede tomar forma de amenaza –«Si dejamos pasar la oportunidad de una Europa unida, esto implica no sólo su debilitamiento frente al poder de Estados Unidos sino también el de nuestro país»[57]– o de dilema –«la izquierda o la inseguridad», «la derecha o la exclusión», «De Gaulle o el caos». Los argumentos por la *autoridad de sí*, que descansa en la propia legitimidad o credibilidad –«Exijo, en tanto que representante electo del pueblo, la investigación del presidente de la República», «Ustedes me conocen, todos los que me conocen saben que nunca busqué enriquecerme personalmente»–, o la autoridad de otro –«Por otro lado, en este asunto, tengo el apoyo total del Presidente de la República». Los argumentos por *descalificación* del adversario, a través de un ataque directo o indirecto de éste –«Usted carece de moral», «Hay quienes les recomiendan la abstención. ¿Acaso carecerían de opinión sobre Europa?»– o su puesta en contradicción –«Hasta hace poco, usted estaba contra la Europa de Maastricht; y ahora, celebra sus beneficios»; «Hace poco tiempo, usted estaba en contra de la reducción del mandato presidencial a cinco años; y ahora, apoya ese proyecto».

Por último, los argumentos por *analogía*, abundantes en el discurso político, cuyo efecto comparativo es susceptible de producir un fuerte impacto: analogía con hechos que han sucedido (como si se tratase de una jurisprudencia): «Recuerden las huelgas del 95, resultado de una política autoritaria», «Cada vez que se toma una medida política en cualquier sector profesional o social, sin consultar a los interesados, hay fuertes movimientos de reivindicación y duras huelgas»; analogía con acontecimientos del pasado que desempeñan un papel de referencia absoluta («No se puede admitir que, en Bosnia, haya campos de concentración» –alusión a los campos nazis–; «Estados Unidos no conocerá un nuevo Vietnam») o grandes hombres de la historia («De Gaulle debe de estar revolcándose en su tumba» [Mendès-France]). Sin contar las numerosas comparaciones y metáforas destinadas a llamar la atención: «¿Acaso vamos a seguir dejándonos *deslizar*, como lo hicimos el

[56]   J.-M. Le Pen.

[57]   También está el argumento del «dedo en el engranaje» [*du «petit doigt dans l'engrenage»*] (Plantin, *ibid.*, p. 45) y del «pie en la puerta» [*du «pied dans la porte»*] (Beauvois, 1987, capítulo 4).

año pasado, por *el camino* del declive y la decadencia; o acaso vamos a reaccionar para *arrancar* a Francia de este mal destino (…)?»[58].

El político también puede recurrir al *humor*, pero la enunciación humorística es difícil de manejar en un contexto político, debido a que el ciudadano espera *a priori* que aquél tenga un discurso serio. Un exceso de humor, de réplicas irónicas o burlonas, correría el riesgo de hacer que el orador pasase por frívolo o cínico, lo cual aquí estaría fuera de lugar. Sin embargo, cuando es exitosa y da en el clavo, la enunciación humorística pone a los que ríen del lado del orador, construye en favor de éste un ethos de «inteligencia» que apela a la complicidad del auditorio y puede ser destructora para el adversario. Ésa es la trampa de la connivencia intelectual con la que sabe jugar a la perfección J.-M. Le Pen, quien además reivindica, en nombre de una tradición de impertinencia francesa, el derecho al juego de palabras, al calambur y a la ironía agresiva para resaltar lo ridículo de sus adversarios políticos[59]. Esta trampa es tanto más subversiva cuanto que esta estrategia puede fascinar incluso a los que no comparten las opiniones de aquel que la utiliza.

Todos estos procedimientos contribuyen a darle al discurso político una apariencia de racionalidad, aunque produciendo un efecto dramatizante.

2. La persuasión política entre la perversidad y el mentir verdadero

Hay mentiras y mentiras. El pensamiento filosófico lo ha dicho desde hace tiempo. Pensar que la mentira es o no es, y que se opone a una verdad única, sería una actitud ingenua. La cuestión de la mentira, mentira política incluida, tendría que ser por sí sola objeto de un libro. Aquí sólo querríamos sugerir cómo se plantea esta cuestión en el campo del discurso político.

---

[58] Declaración de J.-M. Le Pen en las elecciones presidenciales de 1988.

[59] Véase el estudio que S. Bonnafous le dedica a J.-M. Le Pen (2001).

La mentira en la escena pública

En general, la mentira es un acto de lenguaje que obedece a tres condiciones: (i) el sujeto hablante dice, en tanto que enunciador (identidad discursiva), lo contrario de lo que sabe o considera en tanto que persona pensante (identidad social); (ii) debe saber que lo que dice se opone a lo que piensa (en esta perspectiva, sólo hay mentira voluntaria[60]); (iii) debe darle a su interlocutor unos indicios que le hagan creer que lo que él enuncia es idéntico a lo que él piensa[61].

La mentira se inscribe, entonces, en una relación entre locutor e interlocutor: el primero debe tener en cuenta el saber del segundo (o representarse el universo de pensamiento de éste) para proteger su propio saber. No hay mentira en sí, como tampoco hay un mentiroso en sí. Sólo hay mentira en una relación en función de las implicaciones que esa relación abarca y de la mirada de aquel que puede detectar la mentira.

Además, hay que considerar que la mentira no tiene la misma significación, ni el mismo alcance, según el interlocutor sea singular o plural o según el locutor hable en privado o en público. Cuando éste habla en una escena pública, de modo que convierte a un auditorio en su objetivo, y está investido de cierto cargo, la mentira tiene un efecto de retorno sobre él, imputándole cierta responsabilidad. Recordemos, asimismo, que hay diferentes formas de mentira: se puede mentir por silencio, por omisión, por disimulación, por fabulación o por *bluff* como en el juego. No nos preguntaremos por los motivos psicológicos de la mentira sino únicamente por sus efectos sociales en una situación particular: la del discurso político.

Todo político sabe que le es imposible decirlo todo, en todo momento, y decir las cosas exactamente como las piensa o las realiza, ya que sus palabras no deben obstaculizar su acción. La acción política se desarrolla en el tiempo; y, en el momento en que el político pronuncia promesas o compromisos, no sabe de qué medios dispondrá ni cuáles serán los obstáculos que se opondrán a su acción. Por consiguiente,

[60]   De lo contrario, tratamos con otra problemática de la mentira, la «negación inconsciente».

[61]   Lo que diferencia, por ejemplo, a la «mentira de la ironía»: en ésta, el locutor le da a su interlocutor unos indicios que le permiten comprender que, por detrás de lo que él dice, hay un juicio opuesto.

sus declaraciones no deberían obstruir el porvenir. Necesita jugar con estrategias discursivas sin ser demasiado explícito, manteniéndose en la vaguedad, pero en una vaguedad que no le haga perder credibilidad. Sabemos que el político no puede incumplir desde este punto de vista: mantenerse creíble en toda circunstancia. Podríamos decir, incluso, con cierto cinismo, que el político no tiene que decir la verdad sino *parecer decir la verdad*, lo que recomienda tanto Maquiavelo, para quien el príncipe debe ser un «gran simulador y disimulador»[62], como Tocqueville, para quien algunas cuestiones deben ser sustraídas al conocimiento del pueblo, que «siente mucho más de lo que razona»[63]. El discurso político se interpone entre la instancia política y la instancia ciudadana, y crea entre ambas un juego de espejos. Ello no quita que no todas las fases de este juego deban ponerse en el mismo plano con respecto a una ética política.

Algunos casos de mentira política

El político puede hallarse en situación de candidatura electoral, dirigiéndose a electores a los que les propone un proyecto sin saber si podrá mantenerlo; también puede hallarse en situación de representante electo, dirigiéndose a sus conciudadanos, a los que les anuncia las medidas que piensa tomar para resolver una crisis, pero sin saber si podrá honrar sus compromisos. Tanto en un caso como en el otro, se verá obligado a utilizar diversas estrategias para tratar de no decaer.

Estrategia de la vaguedad, que consiste en hacer declaraciones lo suficientemente generales, alambicadas y a veces ambiguas para que sea difícil encontrarlo en falta o reprocharle el haber mentido deliberadamente. Por ejemplo, tal dirigente político de derecha, cuyas opciones liberales conocemos, que declara: «No tocaremos la Seguridad Social, pero controlaremos sus gastos»; o tal dirigente de izquierda que declara a propósito de las jubilaciones: «No tocaremos las jubilaciones por reparto, pero habrá que completarlas con un sistema de capitalización». ¿Quién nos dice que no se haya tomado la decisión de cambiar por completo los sistemas de la Seguridad Social o las jubilaciones? Sobre todo porque es algo que ya se comprobó en otras circunstan-

[62] Maquiavelo (1469-1527).

[63] Alexis de Tocqueville (1981).

cias: declaraciones de un gobierno que se comprometía a no privatizar tal empresa nacional, sino sólo a proceder a una apertura del capital –puerta abierta a la completa privatización de la empresa en cuestión.

Estrategia del silencio, de la ausencia de toma de palabra: se entregan armas a un país extranjero, se pinchan los teléfonos de un ministerio, se hunde el barco de una asociación ecologista, pero no se dice ni se anuncia nada. Se mantiene secreta la acción. Tratamos aquí con una estrategia que estima que anunciar lo que a la larga ha de ser efectivamente realizado provocaría reacciones violentas que impedirían llevar a cabo lo que se considera necesario por el bien de la comunidad. Esta misma clase de estrategia es la que se emplea a veces en los círculos militantes, siempre que se trate de «no desesperar a Billancourt»[64]. Eso no quita que haya engaño. Engaño a los ciudadanos debido a la distorsión entre las palabras de compromiso y los actos realizados; pero, dirán algunos, un engaño necesario, ya que no está destinado a proteger a unas personas en sus maniobras delictivas: tendría como finalidad servir al bien común.

Estrategia de la razón suprema. Esto se produce cada vez que el político recurre a lo que se suele llamar «razón de Estado». La mentira pública, entonces, está justificada porque se trata de salvar –contra la opinión o incluso la voluntad de los propios ciudadanos– lo que constituye la identidad del pueblo. Ya Platón defendía esta razón «por el bien de la República»[65], y algunos políticos recurrieron a ella –aunque fuese de forma implícita– en momentos de gran crisis social. En Francia, por ejemplo, en nombre de esta razón, De Gaulle dejó creer con sus declaraciones que el conjunto del pueblo francés había sido resistente y había salvado colectivamente al país de la invasión alemana. Es también lo que motivó su «Los he comprendido» dirigido al pueblo argelino. En tales casos, podemos preguntarnos si se trata de una verdadera mentira. Tenemos la sensación de que tratamos con un discurso que no tiene que ver ni con lo verdadero, ni con lo falso, ni con la voluntad de engañar al otro; sino, por el contrario, con una voluntad de hacer cómplice a éste de un imaginario que a todo el mundo le conviene soñar. En nombre de una razón superior, a menudo se

---

[64] Frase atribuida a Sartre en 1968, que, según él, jamás habría pronunciado.

[65] Platón, *La République*.

debe callar lo que se sabe o lo que se piensa; en nombre del interés común, se debe saber guardar un secreto.

Estrategia de negación, cuando el político –envuelto en casos que son objeto de acción judicial– niega su implicación o la de uno de sus colaboradores. En el supuesto de que tuviese alguna responsabilidad en esos casos, negar equivale a mentir dando lo que se llama falso testimonio. Pero a menudo la estrategia de negación viene a completar una estrategia de *alteración* de la verdad: primero hay alteración; y luego, para reforzarla, se recurre a la negación. Esta estrategia juega con la imposibilidad de aportar la prueba de la implicación de las personas en los casos de corrupción.

Estos casos son particularmente condenables porque afectan el vínculo de confianza que se establece entre los ciudadanos y sus representantes, especialmente cuando se recurre a la mentira de Estado no para servir a la causa del pueblo sino a la de una persona o un grupo particular. Esto sucedió con G. W. Bush y la mentira sobre las armas de destrucción masiva para justificar la guerra de Irak y, al mismo tiempo, su posición de poder; y con J. M. Aznar, que, al producirse el atentado de Madrid, acusó a la ETA y maquilló la pista de Al-Qaeda para favorecer la reelección del Partido Popular. El engaño con fines de poder personal no se justifica, ya que hace pedazos lo que funda la democracia.

Los otros casos pueden discutirse, y muchos pensadores de lo político lo han hecho[66]. Ya que aquí nos encontramos en la frontera de lo que son las dos fuerzas que animan la vida política: la idealidad de los fines y la implementación de los medios para alcanzarlos. Perversidad del discurso político, que debe mantener permanentemente la coexistencia de una *deseabilidad social y colectiva*, sin la cual no puede haber búsqueda de un bien soberano, y un *pragmatismo* necesario para la gestión del poder, sin el cual no puede haber un avance hacia esa idealidad. Nos encontramos aquí con la contradicción entre los dos poderes, «comunicacional» y «administrativo», de los que habla Habermas.

¿Perversidad o mentir verdadero (Aragón)? Ya que aquí entran en colisión una verdad de las apariencias, puesta en escena por el discur-

---

[66] Platón, B. Gracian, Maquiavelo, H. Arendt, J. Habermas.

so, y una verdad de las acciones, implementada a través de decisiones. En el discurso político, ambas se mezclan en una «verdadera apariencia» sin la cual no habría acción posible en el espacio público. Tal vez ése sea uno de los fundamentos de la palabra política.

PARTE III
Imágenes de los actores políticos

Porque es muy importante para la persuasión –sobre todo en las deliberaciones y, después, en los procesos judiciales– el modo como se presente el orador y el que se pueda suponer que él está en una cierta actitud respecto de los <oyentes>, así como, en lo que se refiere a éstos, el que se logre que también ellos estén en una determinada actitud «ante el orador».

Aristóteles, *Retórica*, Libro II, 1377b, Gallimard, 1991 [Seguimos la versión en castellano de: Carlos García Gual: Madrid, Gredos, 1999, p. 308 (N. del T.)].

El ethos, una estrategia del discurso político

1. El ethos como imagen de sí

La cuestión del ethos es muy antigua. Llega a nosotros desde la Antigüedad, con la propuesta de Aristóteles de repartir los medios discursivos que sirven para influenciar al auditorio en tres categorías: por un lado, el *logos*, que tiene que ver con la razón y permite convencer; por el otro, el *ethos* y el *pathos*, que tienen que ver con la emoción y permiten conmover. Tanto el ethos como el pathos, entonces, participan de esas «pruebas psicológicas» que no se corresponden –como recuerda Barthes– con el estado psicológico real del orador o el auditorio, sino con «lo que el público cree que los otros tienen en la cabeza»[1]. Este punto es importante, volveremos sobre ello. Sin embargo, si el pathos está orientado hacia el auditorio, el ethos, por su parte, está orientado hacia el orador. En cuanto que *tekhné*, es lo que le permite al orador parecer «digno de fe», mostrarse creíble dando muestras de ponderación (la *phrónesis*), de simplicidad sincera (la *areté*), de amabilidad (la *eunoia*)[2]. Estas categorías de la retórica, abandonadas por un tiempo y ocultadas a partir del siglo XVIII por una crítica literaria que sustituyó aquella disciplina por la estilística, han reaparecido recientemente, sobre todo a partir del desarrollo de los estudios que tratan sobre la argumentación[3]. Entre estas categorías, la noción de ethos fue retomada y redefinida por algunos investigadores en análisis del discurso[4]. Nosotros la retomamos

[1] Barthes (1970, p. 211).

[2] Aristóteles (1991).

[3] Perelman, Toulmin, Ducrot, Plantin, Eggs, etc. Véase también la Sociedad Internacional para el Estudio de la Argumentación, dirigida, entre otros, por Franz H. van Eemeren y Rob Grootendorst.

[4] Ducrot (1984), Maingueneau (1998, 2000, 2002), pero también otros: C, Plantin, R.

por nuestra cuenta inscribiéndonos en esta filiación, pero tratando de aclarar dos puntos controversiales de su definición: (i) ¿el ethos, en cuanto que construcción de la imagen de sí, está ligado a la persona real que habla (el locutor) o a la persona en tanto que habla (el enunciador)?; (ii) ¿la cuestión de la imagen de sí sólo concierne al individuo o puede concernir también a un grupo de individuos?

¿El ethos, construido o preconstruido?

Sobre el primer punto, hallamos dos posiciones existentes desde la Antigüedad[5]. Por una parte, en la filiación de Isócrates, Cicerón y los retóricos de la época clásica, están aquellos para los cuales el ethos es un «dato preexistente al discurso»[6], ya que, según ellos, se parecería tanto más virtuoso, sincero y amable en la medida en que uno mismo fuese virtuoso, sincero y amable[7]. Por otra parte, en la filiación de Aristóteles –para quien «el orador debe mostrar [sus rasgos de carácter] al auditorio (sin importar su sinceridad) para causar buena impresión»[8]– , están los partidarios de una concepción discursiva que inscriben al ethos en el acto de enunciación, es decir, en el propio decir del sujeto hablante. Esta última posición es defendida por los analistas del discurso que sitúan al ethos en las apariencias del acto de lenguaje, aquello mediante lo cual el sujeto hablante se hace ver y se da a entender: «en tanto que está en el origen de la enunciación, [al locutor] se le atribuyen ciertos caracteres que, por extensión, vuelven esa enunciación aceptable o chocante» (Ducrot)[9]; «El ethos está (…) vinculado al ejercicio de la palabra, al papel que le corresponde a su discurso, y no al individuo "real" aprehendido independientemente de su prestación oratoria» (Maingueneau)[10]. De este antagonismo entre los partidarios de un ethos previo –que podríamos llamar prediscursivo– y los de un ethos

Amossy, J.-M. Adam, C. Kerbrat-Orecchioni.

[5] Posiciones que están muy bien resumidas en la obra que R. Amossy le dedica a la argumentación (2000).

[6] *Op. cit.*, p. 63.

[7] *Op. cit.*, p. 62.

[8] Barthes (1970, p. 212).

[9] Ducrot (1984, p. 201).

[10] Maingueneau (1993, p. 138).

discursivo, surge la cuestión del sujeto lingüístico: ¿es sólo un ser de discurso construido, sólo un ser social empírico, o bien uno y otro?; y, en tal caso, ¿prevalece uno de los dos sobre el otro? Nuestra posición es que, para tratar el ethos, hay que tener en cuenta ambos aspectos. En efecto, el ethos, en tanto que imagen que está ligada a aquel que habla, no es una propiedad exclusiva de éste; nunca es más que la imagen que le atribuye el interlocutor, a partir de lo que él dice. El ethos es una cuestión de cruce de miradas: la mirada del otro sobre el que habla, la mirada del que habla sobre la forma en que cree que el otro lo ve. Ahora bien, este otro, para construir la imagen del sujeto hablante, se basa a la vez en datos preexistentes al discurso –lo que él sabe *a priori* del locutor– y en los aportados por el propio acto de lenguaje.

Para sostener esta posición, hay que volver a la cuestión de la identidad del sujeto hablante desdoblado en dos componentes. En su primer componente, el sujeto se muestra con su identidad social de locutor: es la que le da derecho a la palabra y funda su legitimidad de ser comunicante, como consecuencia del estatuto y el rol que le son atribuidos por la situación comunicativa. En su segundo componente, el sujeto construye una figura de sujeto que enuncia, una identidad discursiva de enunciador que depende de los roles que se atribuye en su acto de enunciación, resultado de las limitaciones de la situación comunicativa que se le imponen y de las estrategias que elige seguir. Por lo tanto, el sujeto se manifiesta a la mirada del otro con una identidad psicológica y social que le es atribuida; y, al mismo tiempo, se muestra a través de la identidad discursiva que él se construye. El sentido que nuestras palabras transmiten depende a la vez de lo que somos y de lo que decimos. El ethos es el resultado de esa identidad doble, pero que termina por fundirse en una sola. En efecto, ¿quién podría creer que, cuando unos individuos hablan, lo que dicen no se toma por lo que son? ¿Cómo aceptar que la imagen que el sujeto hablante brinda de sí mismo no habría de corresponderse con lo que él es en tanto que individuo? Ésa es una de las paradojas menos graves de la comunicación humana: sabemos que todo sujeto hablante puede jugar con máscaras, ocultando lo que él es con lo que él dice; y, al mismo tiempo, lo interpretamos como si lo que él dijese debiese necesariamente coincidir con lo que él es. Hay una especie de deseo de esencialización tanto de parte del locutor como del interlocutor, en esta búsqueda del sentido del discurso.

Cuando Barthes define el ethos diciendo que el orador que enuncia una información dice al mismo tiempo: «yo soy esto, no soy aquello»[11], no aclara, sin embargo, que esta (supuesta) intención del orador que trata de «significar lo que quiero ser para el otro»[12] es un: «soy lo que quiero ser, siendo efectivamente el que yo digo que soy». Identidad discursiva e identidad social se fusionan en el ethos. Esto no quiere decir que el sujeto hablante ignore que puede jugar entre su identidad social y su identidad discursiva y que se prive de ello; ni que el interlocutor (o el lector) caiga siempre en la trampa de la identidad discursiva sin ver la identidad social que se halla oculta detrás; ni que, por el contrario, éste sólo interprete el discurso recibido en función de la identidad social que conoce sin ser sensible a lo que se dice. Hay que agregar a esto que el ethos no es completamente voluntario (en gran parte no es consciente), así como tampoco coincide con el que percibe el destinatario, reconstruido o construido; éste muy bien puede construir, del locutor, un ethos que ese locutor no ha querido, como sucede frecuentemente en la comunicación política. El ethos está sujeto a esa paradoja sostenida por la filosofía contemporánea que quiere que –aun sabiendo que el sujeto no es *uno* (Nietzsche), que está dividido (Lacan)– hagamos como si fuese *todo uno*. Se trata de una concepción idealizada de la existencia del sujeto que puede ser aplicada al sujeto del discurso, concepción que suponemos que guía la comunicación social en la que se construye el ethos.

Ethos e imaginario social

Por otra parte, cabe recordar que la cuestión de la identidad del sujeto pasa por representaciones sociales: no hay otra realidad del sujeto hablante que la permitida por las representaciones que circulan por un grupo social determinado, representaciones configuradas como «imaginarios sociodiscursivos»[13]. Cuando D. Maingueneau, retomando la noción de «tono» propuesta por R. Barthes –quien, por su parte, toma la noción de «aires» de Aristóteles[14]–, propone «una concepción más

---

[11] Barthes (1970, p. 212).

[12] *Ibid.*

[13] Véase la 4a parte, capítulo I.4.

[14] Barthes, *op. cit.*

bien "encarnada" del ethos» como atribución –a lo que él llama el «garante»– de un «carácter» y una «corporalidad»[15] subjetiva, se trata aún de la representación social, dado que la visión que una sociedad tiene del cuerpo depende de los imaginarios colectivos que ella se construye. Diremos que el ethos se basa en un doble imaginario corporal y moral; o que es un imaginario el que, aquí, se «corporiza».

Al mismo tiempo, se halla resuelto el segundo punto anteriormente señalado en lo concerniente al ethos colectivo. Como el ethos es una cuestión de percepción, a través de las representaciones sociales que tienden a esencializar esta visión, puede concernir tanto a individuos como a grupos. En este último caso, tratamos con el juicio emitido por un grupo sobre otro grupo en cuanto a un rasgo de su identidad. A causa de su pertenencia a un grupo, los individuos comparten con los demás miembros unos rasgos similares, lo que da la impresión, visto desde afuera, de que ese grupo representa una entidad homogénea. Una vez más, es esencializado por una mirada exterior, lo que genera estereotipos[16] como los que hacen decir que «los franceses son *chauvinistas*, los ingleses *socarrones*, los italianos *charlatanes*, los alemanes *austeros*, etc.». El ethos colectivo corresponde a una visión global; pero, a diferencia del ethos singular, sólo es construido por atribución apriorística, atribución de una identidad que emana de una opinión colectiva con respecto a otro grupo.

El ethos es, efectivamente, el resultado de una puesta en escena sociolingüística que depende de los juicios cruzados que los individuos de un grupo social determinado emiten unos sobre otros en tanto que actúan y hablan. «Las ideas son construidas por maneras de decir que pasan por maneras de ser»[17], dice D. Maingueneau; hay que añadir la recíproca, que dice que las maneras de ser controlan las maneras de decir y, por lo tanto, las ideas.

No se puede decir que haya marcas específicas del ethos. Más que revelarse, éste se trasluce a través de diversos tipos de comportamientos

---

[15] Maingueneau (2002).

[16] Formas fragmentadas y, al mismo tiempo, endurecidas de imaginarios sociales.

[17] Conferencia celebrada en Gram, el 23 de noviembre de 2001. Véanse también los diferentes tipos de ethos que define D. Maingueneau (2002), clasificándolos en: «ethos efectivo», «ethos prediscursivo» y «ethos discursivo», «ethos dicho» y «ethos mostrado».

del sujeto (el tono de la voz, los gestos[18] y las maneras de hablar), pero también a través del contenido de sus palabras. No hay que separar el ethos de las ideas, ya que la forma de plantear éstas puede ser constructora de imagen. Desde este punto de vista, J.-M. Le Pen construye su ethos tanto con su cuerpo enorme, su comportamiento físico, su voz de orador estruendoso, la espectacularidad de sus apariciones, sus palabras que interpelan, insultan e injurian al adversario, como con sus ideas, cuyo contenido guarda conformidad con la imagen de potencia que quiere darse. A veces los actores políticos, para explicar la derrota de su líder en una elección, dicen: «sus ideas son buenas, pero el personaje no tiene suficiente carisma»[19].

Separar las ideas del ethos es siempre una coartada que impide ver que, en política, las ideas sólo valen por el sujeto que las trae, las expresa y las aplica. Es necesario que éste sea creíble y que, al mismo tiempo, sea soporte de identificación con su persona. Creíble, porque no existe el político sin que se pueda creer en su capacidad de hacer; soporte de identificación, porque –para que adhieran a sus ideas– es necesario que adhieran a su persona. De ahí el despliegue de las figuras identitarias del discurso político, que se agrupan en dos grandes categorías de ethos: los ethos de *credibilidad* y los ethos de *identificación*. Los primeros, basados en un discurso de razón: «Para ser creíble, hay que...»; los segundos, en un discurso de afecto: «¡He ahí un jefe!».

2. Los ethos de credibilidad

La credibilidad no es, a semejanza de la legitimidad, una cualidad ligada a la identidad social del sujeto. Por el contrario, es el resultado de una construcción; una construcción llevada a cabo por el sujeto hablante de su identidad discursiva, de modo tal que los otros se vean inducidos a considerarlo *digno de crédito*. El sujeto hablante –y, en este caso, el político– debe intentar, entonces, responder a la pregunta: ¿cómo hacer para que me crean? –y para eso, debe fabricar una imagen de sí mismo que se corresponda con esa cualidad.

---

[18] Véase el trabajo de G. Calbris (2003) sobre la gestualidad de Lionel Jospin.

[19] Ésa fue una de las críticas enunciadas luego de la derrota de L. Jospin en abril de 2002.

De forma general, una persona puede ser considerada creíble si se puede verificar que lo que dice se corresponde siempre con lo que piensa (condición de sinceridad o transparencia), que posee los medios de poner en aplicación lo que anuncia o promete (condición de desempeño), que a lo que anuncia y pone en aplicación le sigue un efecto (condición de eficacia). En sentido contrario, revelarse como mentiroso, incapaz de honrar sus promesas o de obtener los objetivos perseguidos sólo puede desacreditar al sujeto. Estos tipos de condición varían en importancia según lo que esté en juego en cada situación comunicativa. Por ejemplo, en el discurso publicitario, el sujeto anunciante apenas si necesita mostrarse creíble, ya que lo que está en juego en esta situación comunicativa es provocar en el consumidor potencial un *deseo de creer*: éste no necesita que la promesa se realice, basta con que haga que se lo sueñe. En el discurso de los medios informativos, en cambio, el sujeto informador necesita credibilidad, dado que lo que está en juego en esta situación es transmitir una información que debe ser comprobada, no truncada y, sobre todo, aceptada como tal por un público que espera que el acontecimiento informado sea auténtico y que la explicación que se da de él sea honesta (condición de transparencia). Podríamos pensar que en el discurso científico no se plantea la cuestión de la credibilidad, dado que el sujeto investigador supuestamente expone una verdad; al ser ése el objetivo, su credibilidad está como presupuesta. Sin embargo, algunos investigadores son considerados más o menos creíbles por sus pares según los resultados de sus investigaciones y la índole de sus escritos (condición de eficacia). En otras palabras, la credibilidad descansa en un *poder de hacer*, y mostrarse creíble es mostrar o aportar la prueba de que se tiene ese poder.

En el discurso político, la credibilidad es fundamental, dado que lo que está en juego consiste en tratar de persuadir a cierto público de que se tiene cierto poder. Sin embargo, esta credibilidad es particularmente compleja , pues debe satisfacer a la vez las tres condiciones que acabamos de mencionar: la condición de *sinceridad*, que —como ocurre con el discurso informativo—, obliga a decir la verdad; la condición de *desempeño*, que —como ocurre con todo discurso que anuncie decisiones y haga promesas— obliga a llevar a cabo lo que se promete; y la condición de *eficacia*, que debe probar que el sujeto posee los medios de aplicar lo que promete y que los resultados son positivos. Por eso, para responder a estas condiciones, el político procura construirse ethos de *seriedad*, *virtud* y *competencia*.

El ethos de «seriedad»

El ethos de «seriedad» depende, evidentemente, de las representaciones que se tiene, en cada grupo social, de lo que es serio o no. Se construye a través de diversos indicios. Indicios corporales y mímicos: una cierta rigidez en la postura corporal, una expresión raramente sonriente del rostro. Indicios comportamentales que revelan una capacidad de control de sí frente a las críticas, de sangre fría frente a la adversidad sin dejarse llevar a accesos de cólera, o mostrar que ésta es contenida –e incluso calculada– con fines tácticos; dando muestras de gran energía y capacidad de trabajo, mediante una omnipresencia en todos los frentes de la vida política y social, particularmente ante los que sufren –cosas que son, todas ellas, susceptibles de ser divulgadas por los medios. No estar en situaciones frívolas (un programa de televisión cualquiera), no dar la impresión de estar burlándose constantemente por cualquier motivo ni poner un tono desenvuelto en las entrevistas, las reuniones de pasillo, los apartados extra-institucionales. En su vida privada, no dejar que floten sospechas de infidelidad matrimonial o indiferencia con respecto a su familia[20]. Indicios verbales: un tono firme y mesurado; pocos efectos oratorios, «aspavientos» [«*effects de manche*»] que a menudo desacreditan aunque susciten admiración; una elección de palabras simples, adecuadas, y construcciones de frases sencillas; un flujo elocutivo impregnado de serenidad.

Este ethos también se construye a través de declaraciones hechas sobre sí mismo, sobre el espíritu que anima al político. L. Jospin, entrevistado por un periodista en un período de turbulencia política[21], dice de sí mismo que lleva «una vida bastante sana, una vida personal feliz», que tiene «la impresión de cumplir honorablemente con [su] deber, de trabajar para el país, de pensar únicamente en ello al margen de todo lo que anima su vida de hombre»[22]. Raymond Barre, por su parte, cultivó

---

[20] Aunque, como hemos visto, esto sea variable según las culturas.

[21] Una agitada reanudación de sesiones, en octubre de 2000, con diferentes casos en proceso: Córcega, el cassette de J.-C. Mery, la implicación de D. Strauss-Kahn, etc.

[22] *Le Monde*, octubre de 2000.

a lo largo de su carrera esa imagen de seriedad, ayudado en ello por el hecho de que era al mismo tiempo un universitario activo (profesor de economía), al punto de hacerla explícita en los eslóganes de la campaña presidencial de 1988: «Barre Presidente. Seriedad. Solidez. Verdad», «Barre - Confianza»[23].

Sin embargo, hay un límite a esta imagen de seriedad para que no sea percibida de manera negativa. El límite es el de la *austeridad*. Efectivamente, es preciso que la persona seria no pase por una persona demasiado austera, ya que correría el riesgo de perder su capital de simpatía entre los ciudadanos (y, particularmente, entre los electores). Es preciso que la seriedad, que no debe ir en contra de la atención que se les debe prestar a los otros, tampoco sea interpretada como una marca de distancia, lo que daría la imagen –contraproducente para un político– de una persona soberbia, fría o pretenciosa[24], que no se preocupa por sus administrados, que apenas si tiene compasión por los sufrimientos que padecen los pobres y que no ve las dificultades que experimentan los ciudadanos en su vida cotidiana.

También es conveniente que las palabras pronunciadas en diversas declaraciones no contengan promesas o compromisos considerados como difícilmente realizables. En reacción al compromiso, tomado por el candidato J. Chirac en la elección presidencial de 2002, de reducir los impuestos en un tercio, algunos competidores declararon: «[Los que proponen una reducción de impuestos en un tercio] son o bien irresponsables o bien impostores, o a lo mejor fantoches, pero no son gente seria»[25]; o aún más: «El anuncio de Jacques Chirac de una reducción en un tercio del impuesto sobre la renta obliga a que nos preguntemos por la seriedad de su programa y su candidatura»[26].

A la inversa, las palabras que expresan la mesura, la toma de consciencia de las limitaciones, el rechazo a ser demagógico y la necesidad de ajustar los proyectos a los medios de los cuales se dispone ciertamente tendrán un efecto un tanto decepcionante respecto de una aspiración social, pero son susceptibles de garantizar el espíritu de seriedad que

[23] Vion (1988, p. 159).

[24] Ése fue el caso de V. Giscard d'Estaing, quien tomó consciencia demasiado tarde y lamentó que los franceses no lo hayan querido.

[25] Noël Mamère, *Le Monde,* 2 de marzo de 2002.

[26] Christiane Taubira, *Le Monde,* 2 de marzo de 2002.

conviene a un político y construir la imagen de quien –reivindicando cierto pragmatismo– se preocupa de manera realista por el bien público, en relación con las otras dos posturas que serían la del inmovilismo o el sueño utópico irrealizable: «A mi juicio, el pragmatismo al que hago alusión no es una filosofía en sí, un enfoque del mundo, sino una manera de ser que se aplica al ejercicio de las responsabilidades. Para mí, el pragmatismo es la transcripción a los actos de un pensamiento o de proyectos que se inspiran en ideas generales e incluso, a veces, en utopías. Es el paso a lo real. Es gobernar»[27].

El ethos de «virtud»

El ethos de «virtud» también es necesario para el político, ya que, como representante del pueblo, supuestamente tiene que dar el ejemplo. Este ethos exige que dé muestras de sinceridad y fidelidad, a lo cual se debe agregar una imagen de honestidad personal.

Esta clase de imágenes se construye a través del tiempo. Para juzgar la fidelidad, por ejemplo, y en especial la fidelidad a sus compromisos, es necesario haber constatado que el político haya seguido siempre una misma línea de pensamiento y acción. Jean-Pierre Chevènement, al renunciar por primera vez a su cargo de ministro de Defensa, durante la Guerra del Golfo («Cuando se es ministro, hay que callarse la boca o renunciar»), y luego, por segunda vez, a su cargo de ministro del Interior en el marco de los acuerdos de Matignon sobre la situación de Córcega, dice que no es posible seguir formando parte de un gobierno que aplica medidas contrarias a sus propias ideas y muestra que actúa en nombre de valores que están en la base de su proyecto político, que éstos no son ni discutibles ni negociables, que son los que siempre inspiraron su acción. Es dejar que se perciba cierta fuerza de convicción.

A veces, estos actos son explícitos, en el marco de entrevistas o debates: «Lo que es yo, no soy como otros. No abjuro de mis compromisos», o en una declaración de candidatura electoral: «Es sumamente importante para un presidente de la República que proponga un proyecto, que tome compromisos y, posteriormente, los respete. Es lo que llamo, efectivamente, presidir de otro modo»[28]. A veces, son los colaborado-

---

[27] Lionel Jospin en una entrevista para el diario *Le Monde*, 2 de marzo de 2002.

[28] Lionel Jospin, *Le Monde*, 25 de febrero de 2002.

res de un político los que lo describen con esa cualidad: «[...] Sus actos concretos lo demuestran: no es de los que rompen su programa electoral como un pedazo de papel [...] La verdadera moral en política es ser responsable de sus actos»[29].

A estas imágenes virtuosas de fidelidad y coraje del sujeto político se les debe añadir la de *honestidad personal*. Esta imagen –opuesta a la del espíritu de astucia[30]– remite a la rectitud y a la sinceridad, tanto en la vida pública como en la vida privada: decir lo que se piensa, tener una vida transparente (no tener nada que ocultar), no haber estado implicado en asuntos sucios y mostrar que su compromiso político no está motivado por una ambición personal. Esta honestidad también puede expresarse con respecto a los adversarios en términos de *lealtad*: aquel que lucha contra su adversario sin asestarle nunca golpes bajos y que, llegado el caso, es capaz de reconocer la validez del juicio del otro[31] e incluso los propios errores.

Pero estas imágenes de transparencia, desinterés y lealtad están investidas de sospecha cuando se sabe que los políticos se dejan guiar por asesores, expertos y otros sondeadores de opinión. La sospecha invade también entonces a la opinión pública, la cual –no tan crédula como se dice– llega a poner en duda la sinceridad, el desinterés y la honestidad de los políticos: «¿Y si todo esto sólo fuese un juego?». La opinión pública es influenciada por las críticas de las partes adversas que tratan de denunciar estas apariencias de virtud introduciendo la semilla de la duda: «La cuestión que nos planteamos todos es qué papel representará ahora, de qué va a disfrazarse, qué personaje querrá encarnar en esta campaña, sabiendo que en los últimos años cambió frecuentemente de disfraz»[32]. El ethos de virtud es una respuesta a la expectativa fantasmática de la instancia ciudadana, en la medida en que ésta –al delegar un poder– trata de hacerse representar por un hombre o una mujer que sea un modelo de rectitud y honorabilidad, al menos en una visión noble de la política.

---

[29] Jack Lang, por entonces ministro nacional de Educación, entrevistado por el diario *Le Monde*, el 6 de noviembre de 2001; y hablaba de su primer ministro, Lionel Jospin.

[30] Véase más adelante: 3. «Los ethos de identificación».

[31] La declaración de Jospin: «Acepto el juicio de los otros, del pueblo».

[32] A propósito de la candidatura de J. Chirac a las presidenciales de 2002.

Generalmente, el ethos de virtud va acompañado de una señal de respeto hacia el ciudadano: el político está obligado a ser transparente, a no utilizar engaños, a ser directo. Por eso a veces lo oímos reivindicar para sí una transparencia tal: «Lo que es yo, les digo a los franceses lo que deben saber», «Lo que es yo, hablo sin vueltas», «Lo que es yo, no me ando con rodeos», «Mis queridos ciudadanos, seré claro y les hablaré sin vueltas». Ciertamente, no basta con decir para ser, ni siquiera para parecer. Muchos políticos lo aprendieron a expensas suyas. En Francia, por ejemplo, Michel Rocard siempre quiso hacerse el campeón del «hablar claro» [«*parler vrai*»]; y, sin embargo –con ayuda de la prensa–, se le atribuyó la imagen de alguien que razona demasiado y cuyas palabras son difíciles de comprender porque están más destinadas a especialistas en economía o en política que al público en general.

El ethos de «competencia»

El ethos de «competencia» exige que alguien posea a la vez saber y saber-hacer: debe tener un conocimiento exhaustivo del ámbito particular en el que ejerce su actividad, pero también debe probar que tiene los medios, el poder y la experiencia necesarios para realizar concretamente sus objetivos y obtener resultados positivos. Por lo tanto, los políticos deben mostrar que conocen todos los engranajes de la vida política y que saben actuar de manera eficaz. Se puede evaluar un grado de competencia teniendo en cuenta una trayectoria política en su conjunto (lo que es un problema para los jóvenes que se inician en la política y que aún no pueden presumir de una larga trayectoria). Hay ocasiones en que el propio político es el que, con sus declaraciones, pone de manifiesto las características de su trayectoria para evocar este ethos de competencia: una herencia, estudios, funciones ejercidas, la experiencia adquirida:

> Nací hace sesenta y cuatro años (la experiencia de la edad) en la Isla de la Reunión, donde mi familia se había establecido desde hace más de un siglo (la herencia de una tradición). Soy universitario (estudios y adquisición de un saber académico). Doy clases desde hace treinta y siete años (saber y experiencia profesorales). También desempeñé funciones públicas (servidor del Estado). En 1967, el general De Gaulle (padrinazgo de un gran hombre) me envió a Bruselas a ocupar la función de vicepresidente de la Comisión de las Comunidades Europeas.

Permanecí allí cinco años (experiencia adquirida en materia de política europea). En 1976, en enero de 1976, pasé a ser ministro de Comercio Exterior (experiencia adquirida en materia de política económica); y luego, en agosto de 1976, el presidente Valery Giscard d'Estaing me nombró primer ministro, función que ejercí hasta mayo de 1981 (experiencia como jefe de Gobierno). La experiencia indispensable para aspirar a la función presidencial, la adquirí a lo largo de mi carrera universitaria (saber) y de las funciones nacionales e internacionales que asumí (saber-hacer). En ellas nunca me comporté como hombre de partido (ethos de virtud). Soy un hombre mesurado (ethos de seriedad), tolerante, abierto (ethos de virtud)[33].

El discurso de justificación: un arma de doble filo

En el campo político, la credibilidad de sus actores es frecuentemente dañada o bien por los hechos que contradicen las intenciones declaradas o bien, como hemos dicho, por los adversarios que no se privan de ponerla en duda. El político, entonces, se ve llevado a producir un discurso de justificación de sus actos o declaraciones para limpiarse de las críticas o acusaciones que se le dirigen. Esto puede hacerse a *priori*, por anticipación, o *a posteriori*.

Sin embargo, esta actitud no es muy confortable y la elección del tipo de justificación no es fácil. En efecto, el sujeto que se justifica reconoce, por eso mismo, la existencia de la crítica o la acusación –de lo contrario, ¿por qué responder?–; y, al mismo tiempo, reconoce al adversario que lo critica. La justificación, hablando con propiedad, no es una confesión; pero lleva a reafirmar la idea de que, efectivamente, se cometió un error, equivocación o falta. Acusado, criticado, el político se encuentra ante un dilema, ya que no justificarse puede hacer que se crea que no hay defensa posible frente a la acusación, pero justificarse deja flotar tras de sí la sombra de la duda o de la incertidumbre. Además, cada una de estas actitudes puede acarrear efectos secundarios más o menos positivos: no responder puede producir un efecto de inocencia (no darse por aludido), de sabiduría (no polemizar, no mantener una discusión estéril) o, a la inversa, de desprecio (no rebajarse a replicar); justificarse puede producir un efecto contraproducente de debilidad.

---

[33] Declaración de candidatura a la elección presidencial de 1988 de Raymond Barre.

El discurso de justificación consiste en maniobrar entre la intención y el resultado. Es la contrapartida de la crítica que lo provocó. En efecto, la crítica puede referirse o bien a los motivos que rigieron la acción –y entonces el sujeto es criticado con respecto a su intencionalidad– o bien al resultado de la acción –y entonces es criticado por el lado de su falta de saber-hacer.

En el primer caso, el sujeto puede defenderse sosteniendo la legitimidad de su intención, a pesar del resultado obtenido, aunque reconociendo que éste no se corresponde con el proyecto inicial. Recurrirá a una explicación que ponga de relieve los imponderables o los efectos perversos no previsibles de toda acción: la intención era buena, pero nadie es completamente dueño de las consecuencias; y, en todo caso, más vale actuar que no hacer nada. En el segundo caso, puede cuestionar que el resultado sea considerado negativo y recurrir a una explicación que, a la vez que reconozca los límites de ese resultado, muestre su aspecto beneficioso: más vale un resultado restringido que ningún resultado en absoluto.

Como hemos dicho, una justificación no es una confesión. En la confesión, el sujeto reconoce la falta y, en ese mismo instante, pide que ese acto de reconocimiento sea tenido en cuenta para que se le otorgue el perdón. En la justificación, por el contrario, se reivindica la legitimidad del acto, el hecho de asumirlo, y ello no va acompañado de ningún pedido de perdón. El discurso de justificación se acaba implícitamente con un «si pudiera volver atrás, lo volvería a hacer». A veces, es cierto, vemos combinarse estos dos discursos, como en el caso de que el acto cometido fuese considerado legítimo en el momento de su realización e ilegítimo posteriormente. Surge entonces el *arrepentimiento*, que corrige la justificación primera con un: «si pudiera volver atrás, no lo volvería a hacer (o lo haría de otro modo)».

Sea como fuere, para el sujeto político es importante responder a la acusación de culpabilidad o responsabilidad si quiere salir indemne de ello. La culpabilidad designa al autor del acto considerado delictivo como si hubiese actuado de forma consciente y voluntaria; justificarse, entonces, consiste en negar el carácter consciente y voluntario del acto y en recusar que haya podido ser malintencionado. La responsabilidad designa al autor como si hubiese formado parte de la cadena de causalidad que desembocó en el acto delictivo, aunque de manera no voluntaria; justificarse, entonces, consiste en minimizar el papel propio en esa cadena de causalidad, en poner de manifiesto el carácter no intencional del acto y en declararse inocente: fue el famoso «responsable pero no culpable» espetado por una funcionaria política en el caso de la sangre contaminada, en Francia. Por eso, al político que desee conservar su crédito justificándose se le ofrecen tres estrategias: la *recusación*, la *razón superior*, la *no-intencionalidad*.

La recusación

La recusación consiste en negar la imputación misma, en impugnar la acusación y declararla nula y sin validez, lo que implica el hecho de que no sea procedente justificarse. Fue el caso de la respuesta del presidente de la República Francesa a la pregunta que le hicieron sobre el caso de los contratos públicos de Île de France, en el que parecía estar implicado:

> Si se comprueba (...) les diré francamente una cosa: ¡no lo puedo creer! Que haya habido acuerdos con una empresa aquí, una empresa allá, es absolutamente probable (...) ¡Pero que haya habido un sistema, en el cual los partidos políticos de la mayoría y de la oposición hayan actuado conjuntamente para repartirse una torta! Si se demuestra, seré el primero en condenarlo. Pero, honestamente, no me convence mucho[34].

Si la acusación está respaldada por el aporte de una prueba o un testimonio –por ejemplo, en el caso citado, las declaraciones de J.-C. Mery, que imputaban directamente a J. Chirac–, negar la acusación puede pasar por una inversión de roles y valores:

> Cuando se afirma que fui a la oficina de uno de mis colaboradores para asistir a la entrega –por parte de alguien con quien nunca me relacioné personalmente– de una valija con billetes, en un primer momento, me quedo estupefacto; y, en un segundo momento, me siento profundamente ofendido[35].

Poniéndose en víctima, transforma al acusador en perseguidor; y al acusado, por su parte, en perseguido, lo que exime de toda justificación.

---

[34] *Le Monde*, 16 de diciembre de 2000.
[35] *Le Monde*, 16 de diciembre de 2000.

Por último, la acusación puede ser impugnada con un *discurso generalizador* que destaca el carácter prematuro de aquélla; y, finalmente, se da vuelta la imputación:

> Que no se condene a la gente antes de que se haya pronunciado la Justicia. Que el Parlamento cree las leyes, que los jueces hagan justicia. Que se deje de mezclar todo. No somos un país en crisis, ni moral ni política[36].

Una razón superior

Otra estrategia, ya mencionada a propósito de la mentira, consiste en responder a la acusación diciendo en nombre de qué se realizó el acto. Puede ser en nombre de la *razón de Estado*. La razón de Estado garantiza la identidad de un pueblo, su integridad, su grandeza y su territorio (sus fronteras), gracias a lo cual éste se reconoce en una identidad nacional. El político que se justifica en nombre de esta razón dice que está en su derecho de actuar como lo ha hecho para preservar esa identidad, aun si el pueblo no se lo pide. La historia nos muestra que, en nombre de esta misma razón, se desencadenaron muchas guerras en las fronteras de ciertos países, con el pretexto de conservar la integridad de un territorio, cuando la intención era crear un sentimiento de solidaridad colectiva en torno al jefe. Ése fue el discurso sostenido por los militares argentinos, en la guerra de Malvinas, y por otros jefes de Estado para justificar acciones de «purificación étnica»[37] o de aplastamiento de una minoría disidente[38]. A veces, incluso, estos actos se justifican con unos: «Hice lo que tenía que hacer, en consciencia», «No tengo nada que reprocharme», como si los autores de estos actos estuviesen inspirados por la fe o una voz superior, al punto de ofrecerse en sacrificio a la vindicta popular[39].

Pero sin llegar a estos extremos, muchos jefes de Gobierno o de Estado frecuentemente han alegado una razón superior para explicar decisiones que parecerían ir en contra de las orientaciones políticas por

---

[36] *Ibid.*

[37] Por ejemplo, Milosevic en la ex-Yugoslavia, con respecto a Bosnia y Kosovo.

[38] Putin en Rusia, con respecto a Chechenia.

[39] Según algunos comentaristas, sería el caso de George W. Bush; y, en menor medida, de T. Blair y J. M. Aznar.

las cuales habían sido elegidos, tratando, al mismo tiempo, de fortalecer su legitimidad[40]. Sin embargo, esta justificación mediante la razón de Estado puede tener un efecto negativo. Ya que el Estado puede ser percibido como un monstruo frío y calculador, apartado de los intereses particulares de los individuos o de los grupos; y el recurso a éste para justificar acciones puede producir un efecto de elitismo: estos actos serían obra de una pequeñísima minoría que decide en su nombre por los demás, y sólo servirían, en última instancia, a los intereses de sus autores.

La justificación también puede efectuarse en nombre de *la ley*. Se trata, entonces, de defender no el derecho de matar al otro –como en los *westerns* estadounidenses–, sino la idea de que las instituciones son la garantía de la vida en sociedad, de que ellas existen con el consentimiento de los ciudadanos y de que, al respetarlas, los miembros de la colectividad respetan también su consciencia social de pueblo perteneciente a una misma entidad ciudadana. Por consiguiente, el político puede valerse de la legalidad de su acción para justificarla. El ministro de Finanzas francés –sospechado por un diario de estar en contradicción con la Comisión de Secreto de Defensa a propósito de la investigación de ciertas prácticas contables de la empresa Elf– se justifica de este modo:

> Contrariamente a lo que indica su título, no hay contradicción alguna entre mi posición y la de la Comisión consultiva de Secreto de Defensa nacional. Como ya he tenido ocasión de señalar varias veces, aplico estrictamente la ley del 18 de julio de 1998, que prevé que, habiendo recibido una solicitud de levantamiento del secreto de defensa por parte del juez, el ministro informe sobre éste a la Comisión para conocer su opinión[41].

Es este mismo discurso el que sostuvo el presidente de la República, en la misma presentación televisiva, para justificar su negativa a comparecer ante los jueces: «Si fuese citado a declarar por parte de un juez, desgraciadamente no podría aceptar (…) El jefe de Estado recibe su po-

---

[40] Mitterrand, quien tomó partido por Europa y la solidaridad francoalemana después de haber criticado esta misma orientación en su predecesor V. Giscard d'Estaing. Y, también, la política de L. Jospin, cuyas medidas de modernización administrativa y económica de Francia iban en contra de la opinión de cierta fracción del pueblo de izquierda.

[41] *Le Monde*, 18 de noviembre de 2000.

der de los franceses en su conjunto. Es el que garantiza la continuidad del Estado»[42].

A veces la ley puede ser un *estado de hecho*, y al propio presidente le resulta fácil valerse de él cuando responde a la pregunta por los efectos nefastos de la cohabitación en Francia, espetando: «¡Pero son los franceses los que quisieron la cohabitación! ¿En nombre de qué habríamos podido jugar mal el juego? Lo único que cuenta es tener en mente que estamos ahí para servir a los franceses»[43]. La justificación en nombre de la ley –que a veces se confunde con la que se hace en nombre del Estado, como en este último ejemplo– es evidentemente irrefutable, ya que si la acción que depende de ella tiene resultados negativos, la responsabilidad es de la ley; por consiguiente, habría que cambiar la ley y no al que la aplica. Ésa es una de las trampas del legalismo, ya que entonces no se discuten las modalidades de aplicación de la ley.

Otra justificación es la que se hace en nombre del *realismo*[44]. El discurso de justificación se desplaza yendo del lugar de los principios al de la aplicación y la forma de actuar. Consiste en persuadir al interlocutor de que no hay buenas ideas en sí, de que las ideas sólo tienen valor en la medida en que es posible aplicarlas. Trata de hacer que se acepte la idea de que realizar un proyecto político, sea cual fuere su valor trascendental, pasa necesariamente por limitaciones. El realismo excluye toda posición extremista y radical. Afirma que más vale el resultado conseguido que ningún resultado en absoluto, a semejanza de la postura quirúrgica, que afirmaría: «Hay que saber sacrificar un miembro para salvar el cuerpo». Al concluir la cumbre de Niza, que reunía a los miembros de la Unión Europea, Francia –que presidía la reunión– fue objeto de numerosas críticas acerca de la preparación, la gestión y los resultados de la cumbre. El presidente de la República Francesa se justificó por ello varias veces. Primero, ante el Parlamento de Estrasburgo: «Es el mejor acuerdo posible, habida cuenta de las limitaciones que había [...] es el mejor avenimiento posible [...] representa un avance significativo

---

[42] *Le Figaro*, 15 de diciembre de 2000.

[43] *Le Figaro*, 15 de diciembre de 2000.

[44] El «realismo» coincide con el ethos de seriedad a través de un afán de «pragmatismo».

para Francia y para Europa, [y...] este semestre vio consolidarse nuestra Unión»[45]. Luego, en una intervención televisiva:

> La cumbre de Niza quedará en la historia de Europa como un acuerdo muy positivo y, por cierto, considerado como tal en el mundo y en particular en los países que desean ingresar en la Unión Europea [...] Se puede tener una visión bucólica de Europa, pero para hacer Europa hay que ponerse de acuerdo y es preciso que –de un modo u otro– los países miembros ratifiquen lo que se decidió. Si no es ratificado, ya no hay acuerdo[46].

Todo está ahí: realismo por el resultado (hay acuerdo), por la cualidad de éste (es positivo), por el consenso (considerado como tal por los otros) y, finalmente, por el (supuesto) aval de la historia. El discurso de justificación en nombre del realismo –a la inversa del que es en nombre de los principios– es un discurso restrictivo al cual hay que conferirle la nobleza de la *verdad verdadera*, la que no es ni confusa ni utópica.

La no-intencionalidad

Una tercera estrategia consiste, para el sujeto político, en alegar el carácter *no intencional* del acto, lo que debe tener como efecto eximir a su autor de la postura de acusado. Pero esto no elimina, sin embargo, el resultado negativo de la acción. Tratar de mostrar que el acto no era deseado por su autor es reconocer, al mismo tiempo, que la acción es mala y, a la vez, una posible responsabilidad en ésta. Así es como el discurso de justificación trata aquí de compensar (blanquear) esta posible responsabilidad. Aquel que se justifica puede hacerlo arguyendo su *inocencia*, su *ignorancia*, unas *circunstancias* o la *responsabilidad colectiva*.

El argumento de inocencia puede expresarse de dos maneras. Declarando no entender lo que a uno se le reprocha, porque no se ha hecho más que seguir «el orden natural de las cosas». Frente al pedido –efectuado por algunas asociaciones de defensa de los derechos humanos– de desbautizar una de las calles de la comuna de Trimbach, al norte de Alsacia –una calle que lleva el nombre de Marcel Bigeard–, el alcalde de la comuna justifica la existencia de esa placa, diciendo: «El general quería ver su calle antes de morir. Por consiguiente, le hemos

---

[45] *Le Monde*, 14 de diciembre de 2000.
[46] *Le Figaro*, 15 de diciembre de 2000.

dado oficialmente la bienvenida». Y añade que le asombran esas reacciones, recalcando que «hay otras calles, rotondas y plazas Bigeard en Francia»[47].

Otra forma de declararse inocente consiste en invocar «la obediencia a las órdenes»: el principio que guía la obediencia a las órdenes es no preguntarse por el objetivo de la orden dada ni por su consecuencia, por fatal que ésta sea. Es la línea de defensa que ya se ha vuelto clásica de los políticos, los militares y otros funcionarios del Estado. Comenzó con los grandes juicios de la Segunda Guerra Mundial (Eichmann, Barbie, Bousquet, etc.) y prosigue aún en la actualidad ante la Corte Penal Internacional de crímenes contra la humanidad. Este discurso de justificación juega con la separación entre la intención de hacer y la aplicación de la intención. El único responsable, y eventualmente culpable, sería aquel que concibiese un atropello y diese la orden de llevarlo a cabo; y no su ejecutor, que no haría más que cumplir su deber aplicando aquélla. ¿Es necesario decir que esta justificación, que recuerda la distinción predicada por la Iglesia Católica entre «pecar en intención» y «pecar en acto», es origen de numerosos efectos perversos?

El *argumento de ignorancia* le quita a la acusación la posibilidad de atribuirle al sujeto acusado la intención voluntaria de cometer un acto que cause daño a los otros. Al declarar «yo no sabía», el sujeto alega inocencia, lo que lo redime parcialmente de su responsabilidad.

La ignorancia puede concernir a *los hechos*; lo que declara, por ejemplo, Jacques Chirac a propósito del caso del pago de comisiones, por parte de algunas empresas, a los partidos políticos: «No lo sabía, por una sencilla razón: en tanto que presidente del RPR, no me ocupé nunca –no era mi función, como tampoco la de otros dirigentes de un gran partido político– de los problemas de financiamiento»[48]. Ésa fue también la línea de defensa de F. Mitterrand cuando se lo interrogó por su pasado en el Gobierno de Vichy a propósito de las deportaciones.

La ignorancia puede residir en la *participación no consciente* del autor del acto, una participación que se habría producido a pesar de él, como si hubiese sido manipulado. Al mismo tiempo, evidentemente, tal justificación perjudica al político, ya que revela que éste careció de

[47] *Le Monde*, 21 de julio de 2000.

[48] J. Chirac interrogado durante un programa televisivo.

la envergadura necesaria para evitar tal manipulación. Por eso es poco utilizada por los grandes líderes políticos, ya que linda con la confesión de impotencia y corre el riesgo de serle fatal.

Por último, la ignorancia puede provenir de un *error de cálculo*: la no-previsión del resultado negativo, por falta o por exceso. El discurso se refugia, entonces, detrás del hecho de que se habría producido una deriva no deseada de la acción que desembocó en efectos inesperados. Evidentemente, esto también resalta una falta de dominio por parte del responsable de la acción. Cabe pensar que es por esta razón que, durante los conflictos del Golfo y de Kosovo, las potencias occidentales se esforzaron para enmascarar los efectos negativos de sus bombardeos sobre las poblaciones civiles hablando de «guerra limpia» –retomado por los medios en términos de «guerra quirúrgica». El discurso de justificación por la ignorancia deja intacta la cuestión de saber si ésta es real o fingida, si es sustentable o no en vista de lo que era la posición del sujeto y si ésta le quita toda responsabilidad. Gran parte de los debates durante el caso de la sangre contaminada trataron de esta cuestión.

El *argumento de las circunstancias* consiste en hacer que se desplace la acusación desde las personas hacia lo que rigió la toma de decisión o la realización de la acción. Aquí se invocan las características propias de una situación social y política de cierta época que hacen que no se pudiese haber hecho otra cosa. Ningún juicio crítico emitido sobre hechos pasados podría ser establecido sin tener en cuenta esas circunstancias; y, al mismo tiempo, no se le puede reprochar a alguien lo que hizo en el pasado en nombre de lo que sabe ahora. El discurso de justificación consiste, entonces, en poner de relieve que lo que es incriminado sólo lo es *a posteriori*; y que, desde entonces, se produjeron muchos cambios que no permiten juzgar el comportamiento actual a la luz del pasado. El sujeto al cual se le reprocha que actúa de cierta forma no puede ser acusado en nombre de un pasado que ya no es relevante. Lo que de algún modo se alega es la no-fatalidad de los actos del pasado. Ése fue el otro aspecto de la línea de defensa de F. Mitterrand a propósito de su pasado vichista, que puede resumirse en sustancia de la forma siguiente: «El hombre construye su destino. En ningún caso debe considerarse prisionero de su pasado». Fue también la defensa de los funcionarios políticos directamente relacionados con el caso de la sangre contaminada, los cuales alegaron a la vez su ignorancia y las circunstancias diciendo que el estado del saber de la época era tal que nadie podía prever los efectos desastrosos de las transfusiones sanguíneas. El famoso «responsable pero no culpable» ya citado sustrae a los actores incriminados del lugar de la culpabilidad para ponerlos en un lugar de responsabilidad, pero de una responsabilidad sin saber. Evidentemente, este discurso de justificación en nombre de las circunstancias del pasado también es frágil, ya que se le podría objetar que es preciso asumir el pasado propio incluso si se lo rechaza y reconocer, por consiguiente, al menos su responsabilidad.

Por último, el *argumento de la responsabilidad colectiva* equivale a preguntar: «¿Por qué yo, cuando fuimos varios?». De este modo, no sólo no se podría acusar al individuo sino que además su responsabilidad se diluiría como consecuencia de esta pluralidad de actores. Fue, una vez más, una de las estrategias de J. Chirac para responder a su imputación en el caso del financiamiento de los partidos políticos:

> Los hechos de los que se trata tuvieron lugar a fines de la década de los ochenta, comienzos de los noventa, y están relacionados con el financiamiento de los partidos políticos –de todos los partidos políticos. Hubo una desviación que condujo a estos partidos a buscar plata por todos los medios [...] ¿Dónde? Ahí donde había, es decir, en las empresas. Por lo tanto, fue un fenómeno peligroso [...] de cuyas posibles consecuencias en el plano de la ética, de la moral, no tomamos consciencia a tiempo[49].

Al sólo hablar de partidos, diluye su responsabilidad en tanto que individuo; al remitir estos casos a antes de 1995, invoca el contexto; al invitar a estos partidos a que asuman sus errores del pasado, se pone en posición de árbitro, sustrayéndose de la posición de responsable.

Los discursos de justificación no siempre dan sus frutos. Pueden producir un efecto de ridiculez si la justificación linda con la autosatisfacción: declararse satisfecho de una situación, de los resultados de una acción particular incluso cuando éstos son negativos, puede prestarse a risas. El ejemplo más recurrente es el de las noches electorales en las que hasta los líderes políticos derrotados comentan los resultados de las elecciones de manera positiva y encuentran la forma de ver en ellos un motivo de satisfacción. Es cierto que reconocer su fracaso mediante un discurso de confesión sería contraproducente, ya que, en el mundo

---

[49] *Le Monde*, 15 de diciembre de 2000.

político, circula la idea de que confesar su derrota es suicida para un político[50].

Constataremos, sin embargo, que los discursos de justificación no siempre llegan a restablecer la imagen de credibilidad que ha sido mermada por declaraciones desafortunadas. Lionel Jospin lo experimentó amargamente durante la campaña presidencial de 2002, cuando trató de rectificar dos de sus declaraciones: aquella mediante la cual tildó a su adversario, presidente de la República en ejercicio, de «usado», y aquella que calificaba a su proyecto político de «no socialista». Quiso rectificar la primera enmendándose: «Lo lamento. Yo no soy así»; y la segunda, acusando a la prensa de haberla deformado: «Soy un candidato socialista. Fue *Le Monde* el que tiró de esa frase hacia el centrismo, pero no era ése su sentido...»[51]. Tanto en un caso como en el otro, su discurso de justificación no pudo borrar las declaraciones anteriores; y ello, a pesar del ethos de seriedad que se le atribuía.

El ethos de credibilidad es a la vez un constructo y un atribuido: o, más precisamente, un constructo sobre un atribuido. Un constructo por la forma en que el sujeto pone en escena su identidad discursiva. Un atribuido por la identidad social que posee el sujeto y que depende, a la vez, de su estatus y de la forma en que el público lo percibe. Es evidente que el crédito que se le puede otorgar a George W. Bush, al declarar la guerra al terrorismo y a Bin Laden, depende de su función de presidente de los Estados Unidos, de su pertenencia al Partido Republicano –de reputación belicista– y del poder militar de su país. En cambio, ¿qué crédito se le puede otorgar a ese mismo presidente cuando declara, en la conferencia celebrada por las Naciones Unidas en Monterrey (México), sobre el desarrollo: «La pobreza persistente y la opresión pueden llevar a la desesperación [...] Debemos enlazar una mayor ayuda a las reformas políticas, jurídicas y económicas. Insistiendo en las reformas, hacemos un trabajo de compasión»[52], si se tiene en mente que su objetivo principal es eliminar a Saddam Hussein? Y de forma más general, en vista del consenso manifestado en esta cumbre a favor de los países pobres, ¿se debe otorgar el mismo crédito a las declaraciones de todos

---

[50] Véase el ethos de «humanidad».

[51] *Le Monde*, 2 de marzo de 2002.

[52] *Le Monde*, 23 de marzo de 2002.

sus participantes? El posicionamiento de cada país en el tablero político mundial, las relaciones de fuerza existentes entre ellos y los valores que defienden sus representantes intervienen de forma evidente en el juicio de credibilidad. El ethos de credibilidad se construye en una interacción entre identidad social e identidad discursiva, entre lo que el sujeto quiere parecer y lo que él es en su ser psicológico y social.

3. Los ethos de identificación

Como hemos dicho, el ethos político es el resultado de una alquimia compleja, hecha de cualidades personales, corporalidad, comportamientos, declaraciones personales; y ello en relación con las vagas expectativas de los ciudadanos a través de los imaginarios que atribuyen valores positivos o negativos a esas formas de ser. Toda construcción de ethos se realiza en una relación triangular entre el *sí-mismo* [**soi**], *el otro* y un *tercero* ausente, portador de una imagen ideal de referencia: el sí-mismo trata de asumir esa imagen ideal; el otro se deja llevar por un movimiento de adhesión a la persona que se dirige a él por medio de esa misma imagen ideal de referencia. En el discurso político, las figuras de ethos están a la vez orientadas hacia uno mismo, hacia el ciudadano y hacia los valores de referencia. Éste es el caso de los ethos de credibilidad, y éste es también el caso de los ethos de identificación cuyas imágenes esta vez se nutren del afecto social: el ciudadano, a través de un proceso de identificación irracional, fusiona su identidad con la del político.

Tratar de describir y clasificar los tipos de imágenes que caracterizan el ethos de identificación es una cuestión delicada. Estas imágenes están destinadas a conmover a la gran mayoría, y hemos visto que esa gran mayoría es heterogénea y vaga desde el punto de vista de los imaginarios. Ésa es la razón por la cual los políticos, conscientes de ello, juegan con valores opuestos e incluso contradictorios: tal político querrá mostrarse, a la vez, como hombre *tradicional* pero también *moderno*, como *sincero* pero asimismo *astuto*, como *poderoso* pero al mismo tiempo *modesto*, etc., sin contar que algunas imágenes –que podrían creerse negativas en sí– pueden hacerse positivas en algunas circunstancias. Por ejemplo, cabría pensar que la imagen de *duplicidad* fuese más bien negativa; y, sin embargo, puede ser considerada positiva si se la ve como uno de los rasgos que deben caracterizar a los poderosos de este mundo[53]. En otras ocasiones, los políticos juegan con imágenes de sí mismos que a veces remiten a la vida política (allí se definen en tanto que personaje) y otras veces a la vida privada (allí se definen en tanto que persona) –y las imágenes de una reafirman a las de la otra. Por ejemplo, la imagen de «humanidad» que remite a las relaciones entre el representante electo y los ciudadanos (hay que preocuparse por aquellos que viven en la precariedad) debe ser reafirmada por una imagen personal de individuo bueno y sensible en la vida privada así como en todas las circunstancias de la vida[54].

A pesar de esta polivalencia de las imágenes, es posible señalar algunas de ellas –entre las más recurrentes– que caracterizan el ethos de identificación del discurso político. Algunas están más orientadas hacia el sí-mismo, ya que supuestamente reflejan rasgos que definen y esencializan a los políticos en tanto que persona: el ethos de «potencia», el ethos de «carácter», el ethos de «inteligencia» y el ethos de «humanidad». Otras, como el ethos de «jefe», están más orientadas hacia el ciudadano, en la medida en que se basan en una necesaria relación entre el sí-mismo y el otro.

El ethos de «potencia»

El ethos de «potencia» [«*puissance*»] es visto como una energía física que brota de las profundidades terrestres, mueve e impulsa el cuerpo a la acción. Nos refleja la imagen de una «fuerza de la naturaleza», fuerza telúrica contra la cual poco se puede. No debe confundirse este imaginario con el del poder [*pouvoir*]; este último resulta de una acción coordinada que tiene como finalidad la organización de la vida colectiva: «El poder no es nunca una propiedad invididual; pertenece a un grupo y sigue perteneciéndole mientras ese grupo no se divida»[55], en tanto que la potencia es relativa al individuo.

---

[53] También variable según las culturas.

[54] A veces, especialmente en la víspera de las campañas electorales, se exhuman documentos o testimonios (verdaderos o falsos) que revelan desmanes moralmente censurables de tal político en su vida privada (en relación con su vida conyugal, sus hijos, sus amigos), con la intención de producir un efecto de rechazo con respecto a la persona, para descalificar al personaje político.

[55] Arendt (1972).

El ethos de potencia puede expresarse a través de una figura de *virilidad sexual*, no siempre explícitamente declarada. Así es como algunos políticos dejan que se les haga una reputación de «mujeriegos» o tienen aventuras extraconyugales. Evidentemente, es necesario que exista –en el contexto cultural en el cual se expresa este ethos– un sistema de valores que valorice el espíritu de conquista (y de éxito en la conquista), marca por excelencia de la potencia masculina: ese ethos es más masculino que femenino. De ahí, ciertas desviaciones populistas, en la medida en que se exalta el compromiso del cuerpo como prueba de verdad; compromiso del cuerpo que puede llegar al punto de «andar a los puñetazos» en el marco de una manifestación o un acto[56], realizar proezas físicas personales[57], organizar actos con puestas en escena glorificadoras de la fuerza, mostrarse insolente con la voz y la palabra («Lo que es yo, cuando me encuentro con la gentuza, la miro a la cara. Le digo: "Estoy orgulloso de ser francés", ¿te molesta?»[58]), ejercer una violencia verbal (insultos, amenazas o fanfarronadas[59]) con respecto a los adversarios políticos.

Felizmente, hay figuras más atenuadas del ethos de potencia; mostrando, por ejemplo, la determinación a actuar: no se es sólo un hombre de palabras, se es también un hombre de acción. Se muestra que se es activo, que se está presente en todos los frentes, pero de manera coordinada, casi militar o deportiva (los maratones de las campañas electorales: «¡Qué salud!») y no desordenada. A esta imagen de potencia hay que acreditarle las proezas verbales de Fidel Castro y otros jefes de Estado africanos[60], quienes pueden dar discursos de ocho a diez horas.

---

[56] El líder de extrema derecha, J.-M. Le Pen, fue condenado en varias ocasiones por tales desmanes.

[57] Por ejemplo, bañarse en el mar en pleno invierno, como hizo también J.-M. Le Pen.

[58] El delegado nacional en la presentación y propaganda del Frente Nacional de la Juventud (FNJ), en: *Le Monde*, 22 de octubre de 2002.

[59] Recordemos las numerosas declaraciones de J.-M. Le Pen dirigidas a políticos: M. Durafour («Durafour-crematorio»), L. Stoléru («Usted es judío»), B. Tapie («Usted sabe, hice boxeo en la categoría peso pesado»).

[60] Véase también Buyart (1996, p. 158).

El ethos de «carácter»

El ethos de «carácter» participa de este otro imaginario de fuerza que, sin embargo, no hay que confundir con el precedente. Aquí se trata más de la fuerza del entendimiento que de la del cuerpo, como cuando se dice de alguien que «tiene carácter». Esto puede manifestarse a través de diversas figuras.

La *vituperación,* que reprueba, critica y se indigna expresándose mediante «invectivas» [«*coups de gueule*»]. No se debe confundir esta figura con la del «insolente» [«*fort en gueule*»], correspondiente al ethos de potencia. Esta última resulta de una manifestación irreprimible del cuerpo que proviene de pulsiones no controladas. Aquí, por el contrario, la invectiva está dominada, evidencia una indignación personal y proviene de un juicio del entendimiento que necesita ser expresado con fuerza. Hallamos esta figura en algunos políticos denominados de fuerte personalidad. Se manifestó en un De Gaulle que, después de Mayo del 68, declaró: «Se acabó el despelote»; en un Michel Debré, cuyos memorables accesos de ira le granjearon el apodo de «*Michou, la colère*»; en un Claude Allègre, ministro nacional de Educación de L. Jospin, cuyas violentas declaraciones le trajeron problemas hasta que renunció; en un François Mitterrand, cuyo ethos dominante casi no se manifestaba mediante invectivas y que, sin embargo, lanzó una en el marco de la ceremonia de entierro de Pierre Berégovoy[61].

Vemos que para vituperar, para lanzar invectivas –calculadas– que tengan un efecto político, hay que encontrarse en una posición que las justifique. Es por eso que éstas son siempre reactivas, reacciones casi inmediatas a las declaraciones, decisiones o comportamientos de alguien más, generalmente un adversario: miembros de la oposición frente al Gobierno, ministros frente a las declaraciones de sus opositores (partidos de la oposición, sindicatos, prensa), jefes de Estado frente a las declaraciones de otros jefes de Estado u otros opositores cuya importancia justifica que se replique –ya que no hay que rebajarse a replicarles a aquellos que son de rango inferior.

También cabe destacar que esta actitud puede ser problemática para los otros miembros del grupo al cual pertenece aquel que vitupera. Ya que esta actitud, al poner de relieve la personalidad del individuo, pue-

---

[61] «El honor de un hombre echado a los perros».

de producir un efecto de desolidarización por parte de aquel que así se expresa, y generar malestar entre los otros miembros del mismo grupo. Eso es lo que sucedió en el panorama político francés con Jean-Pierre Chevènement con respecto a la llamada «mayoría plural». Sus invectivas a propósito de Córcega y de los jóvenes delincuentes de los suburbios, a los que llamó «salvajes», crearon tal malestar en la izquierda plural que se vio llevado a renunciar a su cargo de ministro del Interior.

Las variantes de esta figura son la *provocación* y la *polémica*, sin que siempre sea posible diferenciar entre ambas. La *provocación* está constituida por declaraciones que tienen como objetivo exclusivo hacer que alguien reaccione, al punto de que nunca se sabe si las palabras pronunciadas deben ser consideradas como si reflejasen el pensamiento de aquel que las enuncia. Evidentemente, siempre puede subsistir la duda, ya que para que una provocación sea eficaz es preciso que tenga, al menos, apariencia de sinceridad. ¿Cómo evaluarla, entonces? Mediante las explicaciones que el autor de la provocación podría dar *a posteriori*. Pero ¿esto no sería una recuperación retrospectiva? O bien mediante los análisis de comentaristas experimentados, que conocen a la persona o han tenido derecho a confidencias. Pero ¿ésta no es también una forma de recuperación por persona interpuesta? Sea como fuere, es posible encontrar muchas de estas declaraciones provocadoras en el discurso político: un ministro francés, durante las negociaciones con Alemania, espetando que «los alemanes no se han curado de la desviación totalitaria de su pasado»[62]; un ministro (el mismo), después de renunciar al Gobierno, preguntándose en voz alta en presencia de los periodistas: «¿tiene tanta importancia, acaso, participar en el equipo [gubernamental]?» –e incluso los partidarios del mismo ministro, denunciando una alianza entre dos partidos (Verdes-Partido Socialista) que están unidos, sin embargo, por una solidaridad gubernamental: «En muchas regiones, los Verdes perderán más votos que los que aporten a la mayoría»[63]–; u otro ministro, durante unas difíciles discusiones sobre el ajuste de las divisas de la Serpiente Monetaria Europea con los socios de la

---

[62] Declaración de J.-P. Chevènement.
[63] *Le Monde*, 2 de septiembre de 2000.

Comunidad (1983), hablando frente a los periodistas de la «arrogancia» de uno de los socios para obligar a éste a revaluar su divisa[64].

La *polémica*, por su parte, aparece especialmente en los debates, ya que los que debaten –al ser adversarios– se hallan en situación reactiva unos en relación a otros –contradiciendo, cada uno de ellos, los argumentos de su adversario. Pero esta contradicción no se centra tanto en la validez de las palabras del otro como en el cuestionamiento –e incluso la acusación– de la persona misma, en cuanto a su moralidad («Usted no es honesto, leal, sincero»), su carácter («No se ponga a gruñir como un perrito rabioso»)[65] o su comportamiento («Usted no tiene el monopolio del corazón»[66], «Usted no es mi profesor»[67]). Una vez más, una estrategia semejante es un arma de doble filo, pues depende de los límites del insulto y de la forma en que se valore la polémica en un grupo, ya que ésta puede volverse en contra de su autor.

Sin llegar a la provocación directa, el político que quiere mostrar que tiene carácter puede recurrir a la estrategia de la *advertencia*. La advertencia es una modalidad enunciativa que consiste en anunciar por adelantado cuál es la posición del sujeto, lo que ha de ser su límite («No iremos más allá de...») y, eventualmente, cuáles son las consecuencias negativas para el sujeto advertido («Usted corre el riesgo de...»). Esta amonestación, cuando se presenta como condición previa no negociable, puede poner al sujeto que advierte en una posición difícil si por casualidad se viese obligado a ir más allá del límite declarado. Su prestigio acusaría el golpe, a menos que salga del paso argumentando que esa declaración estaba destinada a preservar lo esencial, que estaba en otra parte. El riesgo de la pérdida de prestigio es aún mayor si la advertencia llega al punto de tomar el cariz de una amenaza: una organización patronal que amenaza con retirarse de la mesa de negociaciones si los sindicatos no ratifican el acuerdo[68]; los ultimátums que fueron dirigidos, en varias ocasiones, al Gobierno de Belgrado durante las guerras de Bosnia y de Kosovo –y, posteriormente, de Irak.

---

[64] Declaración efectuada en marzo de 1983.

[65] De Chirac a Fabius (debate televisado).

[66] De Giscard a Mitterrand (debate televisado).

[67] De Mitterrand a Giscard (debate televisado).

[68] Es el caso de la organización patronal Medef, a propósito de negociaciones sobre la política social.

Otra gran figura del ethos de carácter es la de la *fuerza tranquila*. «La fuerza tranquila», eslogan de la campaña presidencial de F. Mitterrand en 1981, evoca el tiempo y la virtud de la duración («Hay que darle tiempo al tiempo»), la tenacidad combativa de aquel que no renuncia nunca a sus compromisos y tiene la voluntad de llegar a buen puerto, la confianza en sí mismo de aquel que calcula y apuesta al futuro, la fuerza protectora de aquel que guía al rebaño, con la lentitud del pastor que sabe dónde va (aunque esta imagen esté orientada hacia el ciudadano y coincida con el ethos de jefe[69]). Correlativo de la fuerza tranquila es el *control de sí*, que supuestamente denota un carácter equilibrado que no se deja llevar por una tontería, que conserva la cabeza fría en toda circunstancia y no se entrega a una agitación irreflexiva, que no hace declaraciones a cada instante y se mantiene apartado de la agitación mediática. El político que da muestra de esta clase de actitud se construye una imagen de hombre que piensa antes de actuar y toma decisiones después de haber sopesado los pro y los contra de una situación[70].

Otras figuras más caracterizan este ethos. La del *coraje*, que le da a entender al ciudadano que el político que lo tiene sabrá enfrentar la adversidad sin desfallecer y sin ceder a la demagogia. Fue la imagen que presentaron los afiches del candidato Jacques Chirac en las elecciones presidenciales de 1988, exaltando «¡El Coraje! ¡La Voluntad! ¡¡El ahínco!»[71]. La del *orgullo*, del cual Voltaire dice que es «el principal instrumento con el que se ha construido el bello edificio de la sociedad»[72]. Ya que el político no puede ser sólo bueno y generoso. Aun cuando no osemos admitirlo, porque parecería ir en contra de cierta idea de la democracia que espera que los dirigentes respondan a las aspiraciones del pueblo y no obren con ambición personal, sabemos —y lo saben los ciudadanos— que no hay mejor jefe que aquel al que lo mueve la ambición de realizar una gran obra.

---

[69] Véase más adelante.

[70] S. Bonnafous y M. Tournier (2001) dirigieron una investigación que pone de manifiesto estas características de equilibrio de L. Jospin, observadas tanto en su forma de responder a los periodistas (evitando ciertas trampas de las preguntas) como en su gestualidad.

[71] Véase Vion (1988, p. 163).

[72] Voltaire (1961, capítulo VIII, pp. 286-288).

Esta figura es necesaria para el político porque garantizaría –al menos eso se cree– su deseo de defender los valores y la integridad identitaria de su pueblo hasta el sacrificio (y a veces, por desgracia, hasta el absurdo). Sin embargo, la figura del orgullo tiene su lado negativo al conducir a quien está provisto de él a comportarse de forma implacable e incluso cruel: no modificar su juicio, ni sus decisiones, cualesquiera fuesen las circunstancias; castigar a «los enemigos del pueblo» mediante ejecuciones ejemplares para disuadir al enemigo de todo capricho de oponerse al príncipe, y hacer que éste sea temido por todos. Allí encontramos uno de los consejos de Maquiavelo: «El príncipe debe hacerse temer de modo que, si no se granjea el amor, evite el odio; ya que ser temido y no ser odiado pueden muy bien ir juntos»[73].

Pero sin llegar al extremo de semejante actitud –que quizá se justifique en ciertos regímenes políticos– esta figura tiene una versión más atenuada y más moral que se llama *altivez*. El ethos de carácter fuerte se caracteriza, entonces, por una actitud de reivindicación de la acción realizada, que da muestras de firmeza enérgica (que no es ni irritación ni agresividad)[74] e incluso de dureza inquebrantable –todo lo cual sería característico de los grandes políticos[75]: «El país que dirijo, y del cual soy responsable, me llevó a ser severo y justo»; «De lo que hice por mi pueblo, no reniego»; «La grandeza de mi país justifica el papel que me atribuí y que asumiré hasta el final»[76].

Finalmente, una última gran figura del ethos de carácter: la *moderación*. No la moderación como virtud cardinal, sino la actitud de intermediación entre interlocutores en conflicto. Puede manifestarse por medio de declaraciones que atemperen acciones o palabras que se presten a polémica. Después de un cuestionamiento de la política del Gobierno por parte del presidente de la República, y de una réplica incisiva del primer ministro, un ministro del Gobierno –para calmar las cosas– declara a los periodistas: «Cuando hay desacuerdo, el presidente

---

[73]   Maquiavelo (1980, capítulo XVII, obra escrita en 1513).

[74]   Guylaine Martel, quien le dedicó un estudio al «Debate político televisado» (2000), describe de este modo a J. Charest, uno de los debatientes: «Es enérgico pero jamás nervioso; firme, pero jamás agresivo» (p. 245).

[75]   No olvidemos que se trata de «representaciones sociales» y no de filosofía moral.

[76]   Declaración de Jean Charest, político canadiense, citado por Guylaine Martel (2000, p. 243).

de la República se tomó la libertad, desde que estamos en funciones, de emitir críticas u objeciones al accionar del Gobierno. Y no es poco razonable que el primer ministro le responda»[77]. Como vemos, aquí se aplica el arte de pronunciar frases que protegen la cara de los interlocutores de la polémica. La figura de moderación también puede aparecer en el transcurso de negociaciones difíciles entre diferentes interlocutores sociales: para no cerrar la puerta a la prosecución de éstas, y a pesar de la insatisfacción de unos y otros, por un lado se declara: «Estamos llenos de esperanza» y por otro lado se comunica la satisfacción propia; por otra parte, también se aprecia «la franqueza de las relaciones» o se destaca la voluntad de las partes implicadas de llegar a un acuerdo; e incluso, después de una constatación de desacuerdo, se declarará que «fue bueno que haya habido explicaciones»[78].

La moderación en el discurso político es una actitud de conveniencia táctica que tiene como objetivo desbloquear situaciones de conflicto para llegar a un acuerdo. Contrariamente a lo que podríamos pensar, es preciso tener un carácter fuerte para ser un buen conciliador en política. Es cierto que, a menudo, esto es propio de hombres que actúan en la sombra, tras bambalinas de la política espectáculo; pero recordemos que parte del aura que le permitió a G. Pompidou acceder a la presidencia de la República en 1969 se basó en su acción de moderador-conciliador-negociador durante los acontecimientos de Mayo del 68.

El ethos de «inteligencia»

El ethos de «inteligencia» forma parte de los ethos de identificación en la medida en que puede generar en el otro admiración y respeto, y hacer que se adhiera a la persona que da muestra de aquél. La inteligencia es una característica humana muy difícil de definir, pero aquí se trata de considerarla como un imaginario colectivo que da indicios de la forma en que los miembros de un grupo social la conciben y la valoran. Tratándose del político, la inteligencia es percibida a través de la forma en que él actúa y habla en el marco del surgimiento de los acontecimientos políticos, pero también a través de lo que podemos enterarnos de su comportamiento en su vida privada. En este ethos, dos figuras

---

[77] Declaración proveniente del gabinete del primer ministro, Lionel Jospin.

[78] *Le Monde*, 9 de septiembre de 2000.

un tanto opuestas se disputan el lugar, aunque a veces coexisten en un mismo individuo.

Una, de larga tradición –al menos en Francia– es la del *hombre culto honesto*, con esa idea de que «un hombre de cultura sólo puede ser un hombre de bien». Esta figura depende del capital cultural que el político ha adquirido por su origen social y su formación, pero debe ser reafirmada por sus estratagemas presentes. Esto explica que los políticos escriban libros, que respondan a las invitaciones de los medios para que participen de programas culturales, que frecuenten exposiciones y otras manifestaciones artísticas. De ese modo, unos se destacan por un notable estilo de escritura[79]; otros sacan provecho de sus títulos universitarios, de su paso por las grandes escuelas[80]; y otros, durante su función, siguen rodeados del aura que les confiere la notoriedad adquirida en el mundo intelectual y artístico antes de que se les confiara un mandato político[81].

El otro, más sutil y difícil de determinar, es la *astucia*, o más bien el *espíritu de astucia*. El espíritu de astucia denota un saber actuar entre el ser y el parecer: saber disimular ciertas intenciones, hacer creer que se tiene ciertas intenciones para lograr mejor los propios fines. Esta actitud es impuesta por el hecho de que todo político tiene diferentes tipos de adversario (los partidos adversos; las fuerzas sindicales, patronales, económicas, industriales y otras asociaciones de ciudadanos cuando le son hostiles) y de que, para realizar ciertos proyectos, no puede revelar todas sus intenciones. A veces, incluso, fingirá que va en cierta dirección, aunque tomará la opuesta. La astucia va siempre acompañada de cierto engaño, como bien lo han ilustrado algunas fábulas de La Fontaine.

---

[79] Ése fue el caso de De Gaulle y Mitterrand, aunque con estilos muy diferentes. Se lo puede advertir a través de sus escritos – *Les Mémoires* de De Gaulle, *La Paille et le Grain* de Mitterrand– y de sus presentaciones en conferencias de prensa, entrevistas, conversaciones, ceremonias y declaraciones políticas.

[80] Georges Pompidou, presidente de la República, era egresado de la Escuela Normal Superior de la calle Ulm y catedrático de letras clásicas; François Bayrou, ministro de Educación nacional, era catedrático de gramática.

[81] André Malraux, escritor, primer ministro de Cultura del general De Gaulle; Jack Lang, jurista y hombre de teatro, antes de ser nombrado ministro de Cultura por François Mitterrand; Luc Ferry, filósofo, ministro nacional de Educación bajo el gobierno de Jean-Pierre Raffarin.

La vida política es una perpetua confrontación entre fuerzas antagónicas, a veces una verdadera guerra (especialmente en período electoral, donde todos los golpes parecen estar permitidos); y, en esta guerra, hay que dar muestras de espíritu de astucia. Sin contar que, en la vida moderna, los medios han tomado gran importancia; y, dado que ellos mismos juegan con falsas informaciones o informaciones exageradamente dramatizantes, el político debe prever una utilización deformada de sus propias declaraciones y fabricar frases vagas que sean interpretables de diversa manera –una de las fuentes de lo que se llama «lenguaje acartonado».

Este espíritu de astucia puede ser percibido de manera positiva o negativa. De manera positiva, cuando demuestra la sutileza y la habilidad del político: los eventuales engaños de su autoría le serían perdonados en nombre de su carácter venial y/o de su necesaria eficacia: fingir que se presenta como candidato a un mandato electoral para servir mejor a un candidato del mismo signo político que se presentará después, y luego retirarse; hacer como que le da la razón a un adversario y aplicar, sin embargo, una decisión inversa. Este espíritu de astucia también es percibido de manera positiva cuando, en situación de crisis internacional, los representantes de un Gobierno deben emprender una lucha armada contra un enemigo y se difunden, con fines estratégicos, informaciones parciales, vagas e incluso engañosas. El espíritu de astucia será percibido de manera negativa cuando la astucia esté puesta al servicio de la disimulación o la simulación moral que le permite al político involucrarse en casos de corrupción o malversación del bien público, aunque fabricándose una imagen de virtud, al punto mismo de vociferar contra los que actúan de ese modo: en América Latina, en países de África e incluso en Europa, hemos visto políticos que se presentaban como «Don Moralista» y de los que finalmente se descubrió que malversaban bienes del Estado en beneficio suyo.

No es cuestión de justificar semejantes estratagemas, sino de constatar que las apreciaciones positivas o negativas acerca del espíritu de astucia están lejos de ser claras. Juzgado en forma negativa, el espíritu de astucia recibe el nombre de «doblez»; en forma positiva, es tildado de «habilidad»; pero, a veces, lo que es apreciado de manera negativa por unos lo es de manera positiva por otros, y a la inversa. Una tradición intelectual en Europa –y quizá más específicamente en Francia, debido a una particular propensión a cultivar el secreto– volvió imprecisa esa división en nombre de la razón política. Desde «la honesta disimulación» de Platón hasta «la virtud de la insinceridad» –alabada por Baltasar Gracián[82], para quien la sutileza de la inteligencia pasa por el arte del saber decir entre la ficción, el fingimiento y la disimulación (Hamburger)[83]–, este comportamiento siempre fue objeto de un juicio ambivalente variable según las culturas[84], ya que si la razón lo justifica, la moral lo reprueba. Pero una vez más, al ser el ethos una cuestión de imagen de sí, todo consiste en saber lo que ésta enmascara. Maquiavelo, quien se rehúsa a confundir las cualidades que debe tener el príncipe con lo que debe mostrar, tiene plena consciencia de ello: «No es preciso, pues, que un príncipe tenga todas las cualidades citadas, pero es muy necesario que aparente tenerlas»[85], dando a entender que se puede ser a la vez astuto y digno de fe, lo que constituye un valor del poderoso.

El ethos de «humanidad»

El ethos de «humanidad» también es un imaginario importante para la imagen del político. «Ser humano» se mide por la capacidad de dar muestras de sentimientos, de compasión para con los que sufren, pero también es saber confesar sus debilidades y mostrar cuáles son sus gustos, hasta los más íntimos: «No por ser hombre público se deja de ser hombre».

La figura del *sentimiento* es difícil de manejar, porque el político no debe pasar por débil: en política, hay que «saber controlar los sentimientos». Por lo tanto, esta figura no hace más que visulmbrarse en diversas ocasiones: en el marco de visitas a necesitados o personas que sufren; en el marco de dramas (catástrofes naturales, accidentes, hambrunas, etc.) que hacen que los políticos se presenten en el sitio y les dirijan palabras de compasión a las víctimas manifestando su propia aflicción y prometiendo ayudas. A veces, expresión de los sentimientos y objetivo político coinciden, como en esa declaración de François

---

[82] Gracián B. (1998).

[83] Hamburger (1986).

[84] Católica, protestante, arábigo-musulmana, asiática, etc. Sin contar que es siempre desde el exterior que se le atribuye al otro, de manera negativa, el defecto de disimulación o de doblez.

[85] Maquiavelo (1980, p. 142).

Mitterrand al arribar al aeropuerto de Sarajevo en el momento álgido del conflicto serbio-bosnio para romper su bloqueo y declarar: «¡Hay momentos en que la urgencia asfixia!». Allí el acto político estaría motivado por una angustia personal. Esta mezcla también puede producirse durante ceremonias conmemorativas de acontecimientos dramáticos del pasado: los muertos de las guerras, los genocidios; o, a la inversa, la celebración de los héroes de la guerra y la resistencia, y de aquellos que se sacrifican por causas humanitarias.

La figura de la *confesión*, por su parte, es igualmente difícil de manejar, ya que confesar también puede ser una marca de debilidad. Esto, es cierto, depende de las culturas; basta con comparar los discursos que han acompañado acusaciones políticas en diferentes países. En Estados Unidos, por ejemplo, el caso Watergate concluye con las confesiones de Nixon; y el caso Clinton-Lewinsky también concluyó con confesiones, parciales, de Bill Clinton. En Francia, el presidente de la República en ejercicio, V. Giscard d'Estaing, incriminado en el caso llamado de los «diamantes de Bokassa», nunca confesó; y Jean Tiberi, alcalde en ejercicio incriminado en el caso llamado de los «falsos electores» de la Ciudad de París, nunca admitió nada. Esta figura es bastante rara en el mercado político; sin embargo, la vemos aparecer cuando un político quiere desbaratar las críticas de sus adversarios reconociendo que no hizo lo suficiente para resolver una situación de crisis. Se diferencia, así, de la clase política, que generalmente trata de replicar de manera más agresiva.

Pero esta confesión sólo es posible con la condición de que sea limitada: reconocer que no se hizo lo suficiente en relación con lo que sería una situación ideal. Se sobrentiende, así, que nadie lo habría hecho mejor, que aún es posible hacer algo y que el político no se siente impotente. La eventual debilidad que la confesión podría revelar es contrarrestada por un ethos de coraje y sinceridad[86]. A veces, la confesión aparece en ciertas declaraciones, como en una campaña electoral, cuando el candidato se ve obligado a hacer el balance de su actividad pasada y confiesa no haber tenido éxito en todos los frentes. En la campaña presidencial de 2002, L. Jospin, primer ministro en ejercicio

---

[86] Se lo puede observar en las declaraciones que hizo B. Kouchner, en el caso de la sangre contaminada y en el de la guerra de Kosovo.

y candidato a la presidencia de la República, declara a propósito del tema de la inseguridad –una de las cuestiones más importantes de la campaña–: «Pequé un poco de ingenuo. Me dije, quizá, durante cierto tiempo: "si hacemos que disminuya el desempleo, eso va a hacer que disminuya la inseguridad. Hicimos que disminuyera el desempleo –hay 920.000 desocupados menos–, pero eso no tuvo un efecto directo sobre la inseguridad"»[87].

Vemos allí también las protecciones que se instalan para evitar que esa confesión tenga un efecto de retorno negativo sobre el ethos del candidato: mostrar que un cálculo había regido la implementación de una política contra la inseguridad y, por lo tanto, que la persistencia de ese fenómeno no es obra de un irresponsable; que ese cálculo tiene cierta lógica y que, si resulta erróneo, hay que admitirlo, ya que «¿quién no se equivoca?»; los adversarios mismos habrían podido equivocarse, dado que errar es humano. Además, esta declaración destaca de paso que, si bien no la inseguridad, disminuyó el desempleo, elemento positivo en la posible negatividad de la confesión. De este modo, la falta podría ser perdonada a medias, ya que es a la vez admitida (coraje y honestidad), analizada (inteligencia y responsabilidad) y compensada por una acción positiva (de algo malo sale algo bueno). Evidentemente, esto no impide que los adversarios traten de explotar el lado frágil de la confesión replicando que «La ingenuidad no es excusa. En este caso, es una falta»[88]. *A posteriori*, se puede decir que esa confesión tuvo efectos muy negativos sobre la campaña de L. Jospin. Por último, vemos aparecer la confesión en los escritos de los políticos que terminan su mandato o se retiran de la actividad política, lo que les permite, con el pretexto de hacer el balance de su actividad pasada, extenderse con mayor o menor complacencia en libros personales o entrevistas, en revelaciones, confesiones y confidencias destinadas a justificar una vida política y hacer que el balance, ante la mirada de la Historia, no sea totalmente negativo.

El *gusto* se relaciona con lo concerniente a la vida privada e íntima del político: sus gustos en materia literaria y artística, en materia culinaria, en materia de indumentaria, en el ámbito de los pasatiempos, etc. Sin embargo, el político no puede hacer alarde de ello, ya que podría

---

[87]   Declaración en TF1, entrevistado por Claire Chazal.

[88]   J. Chirac, al día siguiente.

serle reprochado como un gesto de demagogia o frivolidad[89]. Se produce entonces una especie de alianza objetiva entre los medios y los políticos; se crean programas, por parte de los primeros, para que los segundos revelen un aspecto de su vida privada.

En Francia, en la década de los ochenta, el programa de televisión *Question à domicile*[90] se desarrollaba, como su nombre lo indica, en el domicilio del político, con una primera parte dedicada a descubrir su espacio de vida, los objetos que se encontraban allí, las formas de ordenar, la decoración, el lugar de trabajo, el dormitorio, etc., de modo que se dejaba vislumbrar lo que podían ser sus gustos, sus placeres, sus hábitos de vida, si tenía sentido del orden o no, si le gustaban los lugares más bien cerrados o más bien abiertos, si le gustaban los animales, la naturaleza, los objetos antiguos o modernos. A veces, incluso, podíamos ver en él al anfitrión, vestido de cocinero, preparando pequeños platos[91]. Así se construía la figura del gusto del político –preparada, por lo demás, por el propio interesado. La figura del gusto también puede vislumbrarse por la presencia del político en manifestaciones artísticas, en ceremonias festivas: se deja fotografiar y entrevistar por los periodistas de revistas famosas; hace declaraciones al producirse el fallecimiento de una personalidad del mundo artístico[92]; participa, en tanto que escritor, de los programas de televisión literarios en los que tendrá ocasión de mostrar su cultura y sus preferencias literarias[93].

La figura de la *intimidad* es complementaria de la precedente, construida con la complicidad de los periodistas. El político sabe que éstos se pasean por los pasillos de la Asamblea Nacional o del Senado, que

---

[89] Verosímilmente, razón por la cual esto no fue beneficioso ni para Valéry Giscard d'Estaing, por entonces presidente de la República (quien, queriendo desacralizar –o hacer más familiar– la función presidencial, se esforzaba para aparecer en televisión vestido de manera informal), ni para Jack Lang (quien, en cierta época, ostentaba camisas de color llamativo –rosa, verde, azul, amarillo–).

[90] Programa creado por el director Alexandre Tarta y los periodistas Anne Sinclair y Pierre-Luc Séguillon; y emitido de 1985 a 1989 por TF1.

[91] Éste fue, específicamente, el caso del programa dedicado a Jack Lang.

[92] François Beyrou fue uno de los primeros en lamentar la desaparición de un gran artista al producirse la muerte del violinista Yehudi Menuhin.

[93] No olvidemos que los dos mandatos de François Mitterrand como presidente de la República estuvieron marcados por espectáculos mediáticos que le permitieron aumentar su crédito sentimental ante los ciudadanos.

interrogan al entorno (doméstico, incluso) de los funcionarios políticos para registrar «indiscreciones». Es por eso que hasta llega a hacer reflexiones confidencialmente pero haciendo que éstas lleguen a los periodistas a través de los colaboradores, cuando no tira él mismo unos «comentarios» [«*petites phrases*»] para que sean difundidos en los medios. Estas pequeñas declaraciones, entonces, serán presentadas como lo que el político realmente piensa y no se atreve a decir en público. Para él, es bueno mostrar que puede tener reacciones de indignación, de cólera o de confidencia que supuestamente revelan su verdadera naturaleza, con la esperanza de que han de tener un efecto positivo sobre la opinión. A veces, son los medios los que tratan de provocar esta revelación de lo íntimo de los políticos.

Un programa de televisión como *Le vrai journal de Karl Zéro*, nacido en 1995, invita a los políticos para someterlos a una entrevista que se parece más a un interrogatorio que a una conversación periodística civilizada: tuteo como norma, preguntas sobre el comportamiento íntimo cuando tiene que ver con un tabú (a Cohn-Bendit: «El hachís, ¿lo empleas más bien en las tartas de chocolate?»), preguntas sobre las creencias (a Christine Boutin: «Es la Primavera de los Poetas y, curiosamente, has elegido como poeta a Verlaine [...] Sin embargo, es el autor de "Glande": "Ven, eleva tu caricia de cálido satén violeta..."»); utilización de un lenguaje familiar, incluso grosero, en todo caso no habitual en las entrevistas periodísticas («¡Pone los pelos de punta!», «Hubo una gran farra por el nacimiento de la Alianza», «Qué jodido», «Si no entiendo mal, ¡hay que tener huevos!»); uso de juegos de palabras más o menos finos («Dany el Rojo se convirtió en Dany el Verde, ¿esto les gusta a los daltónicos?»); preguntas provocadoras según el estilo de la persona que se tiene enfrente (a Édouard Balladur: «¿Acaso la campaña va a ser particularmente joven y divertida?»; a Marie-France Garaud: «Una mujer al frente de un partido opositor: pinta muy bien, ¿no es cierto?»; a Noël Mamère: «¿Por qué dejaste la tele para hacer política? ¿Estás chiflado, o qué?»). Es el político o la política quien debe revelarse en tanto que persona mostrando su capacidad de réplica, humor, paciencia, elegancia. El ethos puede salir de ahí aumentado o disminuido.

No olvidemos tampoco la importancia del humor y de la caricatura para la construcción de este ethos, especialmente en lo relativo a los rasgos de carácter. Pero aquí se trata de un ethos atribuido por los otros.

Humoristas y parodistas[94], exagerando y haciendo reír, construyen imágenes estereotipadas (a veces deformantes) que terminan por perseguir al político: François Mitterrand como Dios-rana que domina al populacho político; Valéry Giscard d'Estaing como personaje altanero y convencido de su persona; Raymond Barre como un tierno oso de peluche que parece no entender nada aunque hace observaciones llenas de sensatez; Jacques Chirac como tipo alegre, de lenguaje directo y áspero, y hasta libertino, expresándose siempre con familiaridad y exhalando simpatía hasta en sus tics[95]. Esto siempre fue un modo de construcción de la imagen psicológica de los políticos cuyo verdadero impacto sobre la opinión pública es difícil evaluar, pero cuya influencia es innegable.

El ethos de «jefe»

Más que los precedentes, este ethos está orientado hacia el ciudadano. Como hemos dicho al comienzo, el ethos está a la vez orientado hacia sí y hacia el otro. Es una construcción de sí para que el otro adhiera, siga y se identifique con ese otro ser que supuestamente representa otro sí-mismo idealizado. En el ámbito político, y en un régimen democrático, esta relación de uno con otro se caracteriza por una reciprocidad entre la instancia política y la instancia ciudadana: lo que el político es se lo debe al pueblo y debe restituírselo. El ethos político que está sujeto a esta relación de reciprocidad orienta más abiertamente el espejo: unas veces, hacia el sujeto político; y otras, hacia el sujeto ciudadano. Es por eso que algunas figuras son ambivalentes. Por ejemplo, la *honestidad* es una figura orientada hacia el sujeto político, que da de sí mismo la imagen de un ser moral, recto y sincero; pero también está orientada hacia el ciudadano en la medida en que, dado que el político recibe su mandato de aquél, le debe a cambio esta honestidad. Pero es posible considerar que el ethos de jefe, por su parte, requiere propiedades que pongan de relieve esta relación de dependencia, como una imagen ofrecida de manera explícita al ciudadano. Se manifiesta a través de diversas figuras: de *guía*, de *soberano*, de *comendador*.

---

[94] De larga tradición en Francia son los «humoristas» [«*chansonniers*»], los «imitadores», los «caricaturistas» de la prensa y, más recientemente, los programas televisivos como *La Bébête Show*, de S. Collaro, y *Les Guignols de l'info*, transmitido por Canal+.

[95] Uso de yerros de dicción.

La figura de *guía supremo* es una necesidad para la supervivencia de un grupo social. Como si, consciente de su incapacidad para determinarse por sí mismo y para ver cuál es su destino, éste necesitase suscitar la existencia de un ser superior que sea capaz de guiarlo en medio de los azares del tiempo, las vicisitudes de la vida y las peripecias del mundo. Este guía puede ser originario del grupo o exterior a éste. En el primer caso, está hecho de carne y hueso pero con cualidades que lo convierten en un ser fuera de lo común, en un héroe. En el segundo caso, es un ser abstracto, una voz que indica el camino a seguir, revela un destino, dice cómo obtener la salvación eterna; sin embargo, esta voz necesita ser figurada, y es por eso que a veces se la representa pictóricamente (excepto cuando está prohibido) y está siempre encarnada en un personaje mítico cuyos hechos y gestas ejemplares y sobrenaturales (mitos, leyendas y textos sagrados) son narrados por un relato. Esta figura conoce diversas variantes: el *guía-pastor*, el *guía-profeta*, el *guía-soberano*.

El *guía-pastor* es un aglutinador: el que reúne el rebaño, lo acompaña precediéndolo e ilumina su camino con tranquila perseverancia. Camina con paso lento y regular, y sólo se detiene en ciertas etapas determinadas de antemano. Transpuestos a una moral humana, estos rasgos se convierten, metafóricamente, en los del conductor de hombres que sabe hacerse seguir, el sabio que tiene una vida interior y el hombre determinado que sabe hacia dónde va. Así es descripto François Mitterrand, durante el peregrinaje que hace todos los años ascendiendo la Roca de Solutré: «El hombre que marcha al frente de la procesión, bastón en mano, con un sombrero de tela estilo pescador, parece sereno, como libre por un instante de preocupaciones»[96]. Fue también lo que la campaña presidencial de 1988, del mismo François Mitterrand, ponía de relieve con los eslóganes: «La generación Mitterrand» y «Francia unida». El primero —en un afiche en el que se veía a un niño mirando delante de él, hacia lo alto, y extendiendo su mano hacia una mano de adulto que la tomaba entre sus dedos— sugería la confianza en aquel que iba a guiarlo hacia su destino[97]; el segundo —al lado de un retrato del candidato de perfil, mirando delante de él con confianza, determi-

---

[96] *Le Monde*, 24 de mayo de 1986. Véase también el estudio de Marc Abélès (1991, p. 137).

[97] Alusión al Dios de Miguel Ángel de la Capilla Sixtina.

nación y esperanza– sugería: «el hombre que marcha a la cabeza de Francia»[98].

El *guía-profeta* es aquel que, a la vez, es garante del pasado y está orientado hacia el futuro, hacia el destino de los hombres. Se asemeja al guía-pastor en su función de aglutinador, pero el pastor está más arraigado en este mundo, mientras que el profeta se encuentra en el más allá. Además, el pastor es un ser de silencio, mientras que el profeta es una palabra, una voz: «Soy una voz que clama en el desierto» (Juan 1,23). No todos los rasgos que caracterizan al profeta son adecuados para construir el ethos del político: a menudo, el profeta está consagrado a la errancia y la soledad, ya que su mensaje es tan exigente que es rechazado, lo cual hace de él un ser incomprendido. Pero otros rasgos le son más adecuados. El político podrá aspirar tanto más a ocupar una posición de *liderazgo* en la escena política en la medida en que aparezca como un ser «inspirado», como un «visionario», como el depositario de una fuente de inspiración misteriosa, como el portador de la voz de un tercero que se encuentra en la omnipotencia del más allá: «Los profetas son figuras carismáticas en las cuales recae la responsabilidad de recibir y transmitir la palabra divina» –dice el *Diccionario enciclopédico del judaísmo*[99].

No se debe pensar que esta figura de profeta esté reservada a los líderes de las sociedades denominadas arcaicas o en vías de desarrollo[100], allí donde faltan la educación en general y la educación política en particular. Efectivamente, en ellos encontramos –a semejanza del presidente Macías Nguema, quien declaró: «No hay más Dios que Macías»[101]–, líderes con tendencia a dárselas del mismísimo Tercero divino. Pero sin llegar a ese extremo, es posible afirmar que la figura del profeta es una tentación permanente para todo político en la medida en que construye, a la vez, una imagen de «padre» e «inspirador genial» que le propone al pueblo una posible redención a condición de que lo siga.

Entre los políticos franceses contemporáneos, el general De Gaulle fue un ejemplo de ello: visionario sobre lo que debía ser la guerra mo-

---

[98] Véase Vion (1988).

[99] *Dictionnaire encyclopédique du judaïsme*, Cerf-Robert Laffont, París, 1996.

[100] J.-F. Bayart lo muestra bien (1996, p. 118).

[101] Juego con el nombre «Macías» que recuerda la palabra «Mesías», que significa *messie* en español. [La frase de Macías se halla en español en el original (N. del T.)].

derna; convencido de su misión de padre salvador de Francia (como Juana de Arco); habitado por una fe indestructible en la resistencia y el triunfo de Francia frente a la ocupación alemana; visionario, una vez más, y guía frente a los imperios coloniales y la reivindicación de independencia de Argelia[102]. Pero es posible afirmar también que François Mitterrand, al abolir la pena de muerte y al obrar mediante actos simbólicos en ciertos momentos clave de la vida política francesa e internacional[103], contribuyó a fabricarse una imagen semejante. En el propio ritual de la marcha hacia la Roca de Solutré que acabamos de mencionar, podemos ver signos del hombre profético: la elección del día de Pentecostés, que anuncia una nueva era con la aparición del Espíritu Santo sobre los apóstoles; el hecho de hacerse seguir por sus fieles (familia, amigos, allegados) como si se tratase de sus discípulos y hacer declaraciones más o menos sibilinas que pretenden ser otros tantos mensajes anunciadores de acontecimientos futuros –una forma de invocar la República, valor supremo de la historia de Francia. He aquí dos ejemplos del éxito de un ethos de jefe-profético, pero hay otros intentos que conocen éxitos variables y circunstanciales: Jacques Chirac con el eslogan de la «fractura social»; Jean-Marie Le Pen defendiendo, de manera violenta, los valores de la «Francia profunda» y la «preferencia nacional» contra la invasión del territorio nacional por parte de los inmigrantes[104].

La figura del *jefe-soberano* es levemente diferente de la de guía; aunque ambas pueden, en ciertos momentos históricos, fusionarse entre sí (Napoleón). La soberanía, como hemos señalado, es lo que funda la legitimidad del político. Es un imaginario cuyas características hemos de ver más adelante. Aquí, se trata de ver cómo el político puede construirse un ethos que le hace tomar una posición de garante de los valores y llega al punto de hacerlo fusionarse con esos valores. Puede hacerlo de diferentes maneras.

---

[102] El descubrimiento de su diario personal nos informa que, a los 14 años de edad, ya sabía que estaría llamado a salvar a Francia.

[103] En Sarajevo, o durante la ceremonia de celebración de la reconciliación franco-alemana (tomado de la mano con Elmut Kohl).

[104] Un profeta también puede verse llevado a alertar a su pueblo sobre los peligros que lo amenazan.

Por una parte, haciendo declaraciones que recuerden cuáles son sus valores, a fin de *encarnarse* en éstos: hablar de la democracia, de la soberanía del pueblo, de la identidad nacional del pueblo, de lo que deben ser las grandes metas de un proyecto político; alabando al pueblo, al país, al régimen institucional: «Los franceses esperan que se aporten respuestas a las preocupaciones constantes [...] de nuestra época [...] Por mi parte, seguiré estando atento al buen funcionamiento de las instituciones de la República [...]»[105]; «La República es una e indivisible». De paso, puede recordar que sólo hay soberano honesto, desinteresado, dotado de probidad y generosidad: «[la democracia] se basa, en todo momento, en la exposición de los problemas, los compromisos asumidos por los hombres que se proponen hacerse responsables y el mandato otorgado por el país a esos hombres para la ejecución de esos compromisos. Así pues, si esa probidad y ese respeto fundamental de la verdad no existen, no hay, por consiguiente, democracia»[106].

Por otra parte, al tomar posición *por encima de la discusión*. El político debe mostrar que no entra en el juego de las pequeñas peleas politiqueras, que se niega a polemizar cuando está directamente involucrado, a fin de darse una estatura de hombre que domina[107] la escena política: no rebajarse al nivel de los protestatarios, no comprometerse en vanas controversias; y, por el contrario, elevarse por encima de todo lo que podría considerarse como conflictos estériles. En la vida política francesa, el general De Gaulle es, una vez más, el que brinda el más acabado ejemplo de esta figura: provoca la ruptura con el Gobierno de Vichy y se sitúa por encima de las peleas políticas haciendo su llamamiento del 18 de junio a todos los franceses de buena voluntad; toma partido contra la colonización y lanza su ambiguo «los he comprendido» a quien quiera escucharle; y luego, en varias ocasiones durante su mandato como presidente de la República, se declara por encima de los partidos[108].

Adoptar una actitud semejante no deja de tener ciertos riesgos. El de parecer demasiado distante con respecto al pueblo, indiferente a sus reivindicaciones; y ser, por lo tanto, tildado de personaje soberbio, in-

---

[105] Declaración de J. Chirac publicada por *Le Monde*, 4 de enero del 2001.

[106] Pierre Mendès-France, citado en *Le Monde*, 11 de noviembre de 2000.

[107] Véase el estudio de Bernard Pirat (2002) sobre el vocabulario espacial que, en Francia, sitúa al jefe de Estado en posición de dominación.

[108] Aunque apoyándose, en verdad, en los partidos de derecha.

sensible e incluso arrogante. El de pasar por idealista, incapaz de darse cuenta de la gravedad de los verdaderos problemas que se le plantean a la nación; y ser, por lo tanto, tildado de utópico, en su sentido negativo –es decir, incompetente e impotente, por falta de realismo («Hay que tener los pies sobre la tierra»).

En situación de competencia, los políticos tratan de mostrar que el adversario carece de la «amplitud de miras» suficiente como para querer dirigir la nación, y compiten en estrategias que tienden a mostrar que, por su parte, se sitúan por encima de las contingencias políticas. A veces, utilizando la estrategia de la crítica indirecta; otras, guardando silencio frente a una crítica; y otras, dejando que los otros hablen por ellos. En el marco de los deseos del Gobierno para el Año Nuevo en el Palacio del Eliseo en enero de 2001, el presidente había espetado, en presencia de su primer ministro: «[...] las francesas y los franceses esperan de sus dirigentes que cumplan con su misión respetando la Constitución y los valores de nuestra democracia, teniendo siempre en mente la preocupación por el interés general y la dignidad del diálogo democrático». Hay ahí dos ingredientes que deberían ser indicio de una cierta amplitud de mira del jefe de Estado; pero, en estos tiempos de cohabitación, eso sólo puede interpretarse como una crítica indirecta del Gobierno. Frente a este ataque, en una circunstancia en la que el primer ministro no podía replicar, éste optó por expresarse poco después: «La responsabilidad consiste en partir de lo que se quiso hacer, hacer lo que uno se propuso y considerar que se está obligado a ponerlo en práctica y dar cuenta de ello. No consiste en saltar de discurso a discurso, de promesa a promesa, sin pensar jamás que es en el balance donde un proyecto adquiere credibilidad»[109]. Declaración un tanto alambicada que tenía como objetivo volver a poner la pelota en campo rival. Luego se eligió una actitud de silencio para tratar de «banalizar [al adversario], confinarlo a su papel de comentarista de la vida política»[110]. Pero no replicar cuando se es cuestionado, guardar silencio en los momentos de crisis, puede ser contraproducente desde el punto de vista del ethos. Otra estrategia: dejar que la imagen propia sea construida por las declaraciones de una tercera persona; por ejemplo, Jack Lang diciendo

---

[109] Publicado por *Le Monde*, el 4 de enero de 2001.
[110] *Ibid.*

del primer ministro, Lionel Jospin, que demoraba en declarar su candidatura a la elección presidencial debido a la situación de cohabitación: «Constato que el primer ministro, por su parte, pone el interés superior del país por encima de las peleas partidarias».

La figura de *comendador* participa de las precedentes pero de manera más autoritaria, incluso agresiva. Aquí, se trata de la imagen del jefe de guerra, de aquel que puede verse obligado a declarar guerras en sus fronteras (aunque sea para desviar la atención del pueblo de sus propias miserias), a hacer declaraciones de guerra contra enemigos cercanos o lejanos, circunscriptos a un país o conformantes de una coalición más o menos determinada. Pensamos en las declaraciones de George W. Bush contra Bin Laden, después del atentado a Nueva York del 11 de septiembre («Vivo o muerto»), o en las numerosas declaraciones de Tony Blair erigiéndose como primer combatiente contra el terrorismo; y, anteriormente, en el «Los enterraremos» espetado por Nikita Kruschev a los estadounidenses. El comendador debe tener una visión clara de lo que constituye la diferencia entre el bien y el mal; y, en consecuencia, diciéndose iluminado por una fuerza sobrenatural, señala el camino que hay que seguir para combatir a las fuerzas del mal. G. W. Bush, al denunciar «el Eje del Mal» y los «Estados canallas», al preconizar que se le haga la guerra a Irak para reorganizar la región de Medio Oriente e introducir la democracia en ella –todo ello con la protección de Dios–, se amolda perfectamente a esta figura de comendador con un toque de mesianismo profético.

Numerosos líderes de países orientales, africanos o latinoamericanos procuraron construirse esta figura de comendador[111]. Con toda razón se los llamó o se los llama aún «líderes populistas», ya que esta imagen está destinada a conducir a todo un pueblo tras de sí, hacia su salvación. Slobodan Milosevic lo utilizó como argumento durante su juicio ante el Tribunal Penal Internacional para Yugoslavia, al declarar que se lo acusaba injustamente de «haber defendido [a su] nación contra la agresión criminal exterior y haber defendido [a su] pueblo contra el terrorismo»[112]. Esto muestra la incómoda posición en la cual se coloca el líder político que juega con esta imagen: si juega demasiado al gran

---

[111]   El general Khadafi, el imán Khomeini, Saddam Hussein, Perón y otros.

[112]   Publicado por *Le Monde*, 31 de octubre de 2001.

jefe, esto podrá serle reprochado en nombre de la soberanía popular, la cual se encargará de recordarle que no es más que un representante electo del pueblo que debe dar cuenta a este último; si, por el contrario, se muestra demasiado modesto en su papel de líder, o si se retira después de un fracaso, esto podrá serle reprochado en nombre de que «un jefe no abandona a su ejército en plena derrota. Un jefe muere con su ejército»[113].

Por último, imagen suprema de la soberanía: el acto de *arrepentimiento*. Aquel que se convierte en su adalid hace alarde, al mismo tiempo, de una imagen de soberano absoluto. En efecto, no perdona el que quiere. Para ello hacen falta ciertas condiciones. El acto de arrepentimiento es un acto colectivo que sólo puede ser expresado por uno de sus representantes con el debido mandato (si no esto se convierte en un acto singular o una usurpación), que tenga una posición simbólica fuerte ante la mirada de esa colectividad: un jefe de Estado, el jefe supremo de una Iglesia. El acto de arrepentimiento es un discurso que, por su enunciación misma, implica a la vez el reconocimiento de una falta cometida en el pasado y el pedido de perdón a las víctimas.

Para que haya reconocimiento de una falta ante la mirada de la historia y pedido de perdón colectivo, es preciso que aquel que profiere el arrepentimiento se fusione con un poder cuya soberanía provendría de la colectividad misma (las democracias) o de un derecho divino (las instituciones religiosas). De este modo, el *yo [Je]* que declara este acto[114] se pone en posición de mensajero entre la entidad culpable (un país, un pueblo, una nación, una Iglesia) y la entidad víctima, en nombre de una entidad que está por encima de la entidad culpable y, al mismo tiempo, la salva: ese mismo país, ese mismo pueblo, esa misma nación, esa misma Iglesia. Jacques Chirac lo hizo con respecto al pueblo judío en nombre de Francia y los franceses; y Lionel Jospin, en ese mismo nombre, con respecto a los fusilados de Chemin des Dames: se convierten, entonces, en «Francia». La Iglesia católica lo hizo acudiendo a Dios (ya que sólo Dios puede perdonar) pero tomando al pueblo judío como testigo: se confirma, entonces, como «Iglesia de Dios». Willy Brandt, en

[113] Declaración hecha por un político de izquierda, Georges Frèche, reprochándole a L. Jospin haber abandonado la escena política después de su fracaso electoral del 21 de abril de 2002 (*Le Monde*, 5 de junio de 2002).

[114] Aquí se trata de un «acto performativo».

su momento canciller de la ex-Alemania Occidental, lo hizo arrodillándose en Varsovia como homenaje a las víctimas del ghetto: se convierte, entonces, en «el pueblo alemán». Este efecto de retorno sobre el que se constituye en el portavoz del acto de arrepentimiento es el que nos hace afirmar que se construye un ethos de soberanía absoluta: por su rol de mediación, se constituye a la vez en el portador de un deber sagrado señalado por la historia, en el portador de una voz omnipotente, portavoz de ese gran Otro de la soberanía que dice la «expiación»; y reafirma, al mismo tiempo y de manera absoluta, su posición de legitimidad con respecto a los que representa, los cuales pueden identificarse con él sin sentirse culpables.

Sin embargo, cabe señalar que, en sentido contrario, la *negación del perdón* también es susceptible de construir un ethos de soberanía, aunque de manera más autoritaria. En efecto, es necesario que esta negación esté justificada, y sólo puede estarlo si la falta cometida es considerada como «inexpiable». Por consiguiente, aquel que niega el perdón sólo puede hacerlo decretando que lo exige la más elevada concepción de la moral; y, por lo tanto, que su juicio es el único que se impone y debe ser compartido por la colectividad en su conjunto (lo que es un golpe de fuerza, ya que, la mayoría de las veces, hay opositores a semejante procedimiento). El general De Gaulle, al negarle a Pétain una sepultura nacional, ponía de relieve lo inexpiable de la falta de traición y se enaltecía a sí mismo constituyéndose en el portador de un valor sagrado supremo: «el honor de un país». Aquí, lo que entra en conflicto es el «deber de perdón» con el «deber de memoria». El primer deber es una incitación al olvido, mientras que el segundo obliga a no olvidar (en el campo de Drancy, entre las vías que conducen a un vagón de deportados, se puede leer: «Acuérdate»). Por eso, algunos políticos han tratado recientemente de hacer coexistir estos dos deberes:

> La reconciliación exige el fin del apartheid y las medidas que lo apoyan. Exige que controlemos las consecuencias de ese sistema humano que sobrevive en nuestros comportamientos mutuos, así como en la pobreza y la desigualdad que abruman a millones de seres [...] Pienso en aquellos que el apartheid trató de encerrar en las cárceles del odio y el temor. Pienso también en aquellos a los que les dio un engañoso sentimiento de superioridad para justificar su actitud cruel hacia otros, así como en aquellos a los que enroló en las máquinas de destrucción,

exigiendo de ellos un pesado tributo del cuerpo y el alma, proporcionándoles un corrompido desprecio por la vida. […] Los sudafricanos deben recordar el terrible pasado para poder manejarlo, perdonar cuando el perdón es necesario pero jamás olvidar. Al recordar, nos aseguramos de que nunca más seremos víctimas de una barbarie semejante, y suprimimos una peligrosa herencia que sigue siendo una amenaza para nuestra democracia[115].

Una actitud semejante hace que coincidan, en la misma persona, el ethos de *soberanía sagrada* –que le es conferido a cambio por el acto de arrepentimiento– y el de *autoridad humana* –que le es conferido por el carácter combativo de quien ha luchado por la libertad.

Por último, no confundamos el acto de arrepentimiento con el acto de *redención*, aunque sea posible un desplazamiento entre ambos. El acto de redención se basa en un sacrificio consentido por aquel que lo lleva a cabo, sacrificio que lo constituye en portador de la falta colectiva –aunque él mismo no la haya cometido– y le permite repararla. Es el esquema de la redención crística: la reparación del pecado de los hombres mediante la muerte de Cristo en la cruz. Acto gratuito que no supone ningún retorno sobre aquel que es su autor. En el arrepentimiento no hay sacrificio, pero estos dos actos coinciden en el efecto de salvación que ambos producen, aunque de manera diferente. La redención salva a la comunidad de los hombres a través del sacrificio consentido. El arrepentimiento actúa de manera más restringida, ya que sólo salva a una comunidad definida, pero la salva doblemente: la salva de sí misma en la medida en que, sin ese jefe, no habría tenido la iniciativa; y la salva de una parte de sí misma, de aquellos que estarían en contra de esa iniciativa.

El ethos de «solidaridad»

El ethos de «solidaridad» hace del político un ser que no sólo está atento a las necesidades de los otros, sino que las comparte y se responsabiliza. La solidaridad se caracteriza por la voluntad de estar juntos, de no diferenciarse de los otros miembros del grupo y, especialmente, de formar cuerpo con ellos desde el instante en que éstos se encuentren amenazados. El que es solidario no está en una posición diferente a los demás; comparte las mismas ideas, los mismos puntos de vista que los

[115] Nelson Mandela, en: *Le Monde*, 7 de agosto de 1999.

de su grupo; y ello, en contra de las ideas y los puntos de vista de los otros grupos. Solidaridad no es compasión, ya que ésta se caracteriza por un movimiento asimétrico entre una persona que sufre y una persona que, sin sufrir, es conmovida sin embargo por el sufrimiento del otro, mientras que aquélla pretende ser igualitaria y recíproca.

En el ámbito político, la figura de solidaridad se construye en una relación de reciprocidad entre actos y declaraciones. Se puede manifestar la solidaridad de manera silenciosa, asociándose a manifestaciones (la Marcha Blanca en Bélgica, las concentraciones silenciosas contra el terrorismo de la ETA en el País Vasco español), lanzando eslóganes («¡Nunca más!», «¡Basta ya!»). Mostrarse solidario, para un político, es mostrar que se comparte y defiende las opiniones (o las decisiones) de los miembros de su grupo. La cuestión que se plantea, entonces, consiste en saber cuál es la índole de este grupo. Ya que un político puede sentirse solidario de su partido político, de su gobierno, de su familia de pensamiento ideológico, de su país y, aún más allá –en circunstancias extremas–, de su cultura (latina, germánica, anglosajona, angloestadounidense), de su civilización (occidental, oriental, asiática). Por lo tanto, para que se manifieste esta solidaridad, hacen falta una *idea* que defender, un *grupo* que se identifique como portador de esa idea y unas *circunstancias* (especialmente cuando el grupo es amenazado) que pongan en marcha ese movimiento identitario. Todo movimiento de solidaridad pasa por un proceso de identificación con un grupo a través de una idea, a través de un valor.

Vemos manifestarse ese proceso identitario en los actos electorales, en los que se da muestra –de manera enfática– de la cohesión del grupo en torno a cierto número de ideas fuertes: con declaraciones radiales, televisivas o a la prensa que afirman la existencia y la voluntad de un grupo: «Nosotros, mujeres y hombres de derecha/de izquierda...», «Nosotros, los gaullistas, somos una familia de pensamiento...», «Nosotros, los herederos de Jaurès...»; con eslóganes callejeros como el famoso «Somos todos judíos alemanes», de Cohn-Bendit en el 68, frase que sirvió de matriz a numerosas variantes hasta el «Somos todos estadounidenses», después del atentado del 11 de septiembre de 2001.

Al político que quiera parecer solidario le convendrá mostrar que es consciente de las responsabilidades que les incumben a él mismo y a su gobierno, sin lo cual su imagen, en tanto que persona, podría verse afectada. Durante las inundaciones que experimentaron algunas regiones de Francia[116], en enero de 2001, el representante electo local, A. Madelin, alcalde de Redón –y, al mismo tiempo, presidente de Democracia Liberal–, había declarado: «[...] a menos que se construya una muralla china, resistente al agua, alrededor de Redon, no se puede hacer nada», queriendo decir de ese modo, entre otras cosas, que el poder local –así como el Estado– no podía hacer nada ante esa situación; y dando a entender, incluso, que no se podría hacer nada en el futuro contra la fuerza de los elementos. El primer ministro, L. Jospin, al presentarse en el sitio para constatar los daños –y haciendo, por lo tanto, acto de solidaridad con los habitantes de las comunas damnificadas–, siguió la dirección contraria, declarando: «Hay que sacar algunas consecuencias, a la vez sobre las formas de urbanización y sobre los barrios en los que se desarrollan actividades, en los que se autoriza a construir. También hay que realizar una reflexión de fondo sobre la evolución de la agricultura»[117]. De este modo, daba a entender que el Estado tenía una responsabilidad de solidaridad y que no debía aceptar el «fatalismo» de un Estado liberal. Uno, so pretexto de hablar claro, se mostraba partidario de un desentendimiento de los poderes públicos frente a ciertos acontecimientos de la vida social; el otro se mostraba preocupado por el papel que debían desempeñar los poderes públicos en esas mismas circunstancias: se mostró solidario. Esto supone, por lo tanto, que el político «escuche» a sus administrados.

La *escucha* siempre es valorizada, particularmente en las sociedades en las que prolifera la palabra. «Escuchar», «saber escuchar», «estar a la escucha» son expresiones que denotan una actitud de tomar en consideración a los otros, a sus problemas, a sus sufrimientos, pero también a sus demandas. Esta actitud tiene la virtud de mostrar que se respeta al otro por lo que es, sin que parezca que se lo está juzgando y confiriéndole su legitimidad de ser. También podemos decir que «escuchar es hacer existir».

Esta actitud se manifiesta esencialmente por el silencio, lo que, evidentemente, es un problema para el político que debe reafirmar su credibilidad con discursos. Debe saber manejar sus declaraciones

---

[116] En Ille-et-Vilaine y en Finisterre.

[117] Publicado en *Le Monde*, 11 de enero de 2001.

imaginando, según las circunstancias, los efectos que aquéllas podrían producir. En primer lugar, con respecto a sí mismo: hablar demasiado puede crear una imagen negativa (el charlatán que no actúa, hace promesas y no las sostiene, hace declaraciones estruendosas pero es impotente); pero no hablar, o hablar demasiado poco, corre el riesgo de hacerlo desaparecer de la escena política o de hacer que se le atribuya una imagen de impotencia: justificar su silencio afirmando que se trabaja de manera eficaz en el silencio de los gabinetes ministeriales y que no es necesario perderse en grandes declaraciones no siempre da muy buen resultado con respecto a los administrados, que necesitan que se los tranquilice[118]. Y después, con respecto a los adversarios: replicar inmediatamente a las declaraciones de los adversarios para no dejarles libre el terreno del comentario, para no dejar pasar nada de sus críticas, puede construir una imagen positiva, de luchador, pero también negativa, del político que se deja llevar a las polémicas estériles de la política politiquera y que no da muestras de ninguna amplitud de mira; pero no replicar, dejarle al otro el campo libre para que ejerza su actividad crítica sin límites, es asumir el riesgo de dar muestras de sumisión[119].

Por eso el político se ve obligado a decir que escucha al pueblo: «Viajé a través de Canadá, y esto es lo que la gente me dijo»[120]; que ha consultado a las autoridades locales, recogido la opinión de las asociaciones de ciudadanos, etc.: «un jefe de Gobierno debe escuchar, no cerrarse»[121]; y que decide llevar adelante tal política con conocimiento de causa, teniendo en cuenta a la opinión pública. Esto también puede ponerse de relieve en carteles electorales como los de Jacques Chirac en 1988, cuyo eslogan, situado arriba del retrato del candidato, mirando de frente y sonriente, declaraba: «Él escucha».

[118] Ése fue el caso de Lionel Jospin, quien repitió sin parar que él y su equipo «trabajaban» y que no necesitaba hacer grandes declaraciones. «Tengo la impresión –afirma él mismo– de cumplir honorablemente con mi deber, de trabajar para el país, de pensar únicamente en ello al margen de todo lo que anima mi vida de hombre» (*Le Monde*, 21 de octubre de 2001).

[119] Ése fue, también en este caso, el problema de Lionel Jospin, quien, en una situación de cohabitación, debía resolver el problema de saber cuándo debía replicar y cuándo permanecer en silencio. A menudo, las réplicas provenían de su gabinete para evitar estar demasiado presente en tanto que persona.

[120] J. Charest en debate electoral, citado por Martel (2000, p. 243).

[121] Entrevista a L. Jospin en TF1, 19 de octubre de 2001.

En términos generales, no hay discurso político que no vaya acompañado de fórmulas como «Los franceses quieren más justicia», «Las francesas y los franceses reclaman más seguridad», «Francia necesita respirar», etc.; fórmulas que de ningún modo garantizan que se haya consultado al pueblo, pero que dicen «los he escuchado».

CAPÍTULO II
Sobre algunos procedimientos lingüísticos

Empleamos el término de «procedimiento» por comodidad. No debe deducirse de ello que los medios discursivos a través de los cuales se pone en escena el ethos sean todos producto de una intención y un cálculo voluntarios de parte del sujeto hablante. Éstos son empleados por el sujeto hablante de forma más o menos consciente, y son más o menos percibidos y reconstruidos por el interlocutor o el público.

Los procedimientos discursivos que contribuyen a fabricar ethos son numerosos y diversos. Además, cada uno de ellos sólo vale por la manera en que se combina con los otros –pudiendo un mismo procedimiento producir varios efectos a la vez: en el mismo instante en que podría impactar en el afecto del auditorio, es susceptible de construir una imagen positiva del orador o una negativa del adversario. De este modo, las palabras ya citadas de un J.-P. Chevènement: «Alemania aún no se ha curado del descarrilamiento que fue el nazismo en su historia» –en reacción a una declaración del ministro alemán de Asuntos Exteriores, Joschka Fischer, quien proponía la construcción de una Europa federal– conmovieron la fibra patriótica de algunos franceses para los que todo intento de federalismo es una amenaza para la integridad de la nación; y, a la vez, escandalizaron a los partidarios de la reconciliación alemana y de una Europa con predominio franco-alemán, y construyeron una imagen suya de *fiel republicano* para unos, de *provocador* para otros, o, para otros más, de *republicano viejo y anticuado*.

Cabe añadir que no se debe confundir estos procedimientos con una técnica de persuasión tal como se la emplea en el marketing político. Los procedimientos pueden ser utilizados en cualquier momento; pero, para poder juzgar su eficacia, es preciso tener en cuenta el conjunto de circunstancias que rigen su empleo (valores de la época, situación comunicativa, personalidad del orador, etc.). Es por eso, por cierto, que la mayoría de las veces esa eficacia es evaluada *a posteriori*. Cabe afirmar, por ejemplo, que el ethos de «inteligencia» que parecía mostrar V. Giscard d'Estaing (el "cachorro" brillante que lo sabe todo, da lecciones y adopta una posición de superioridad) le fue favorable en las elecciones presidenciales de 1974, en su cara a cara con F. Mitterrand, y desfavorable en 1981, frente al mismo candidato; y explicar que es por eso que el público era sensible a un ethos de «superioridad» en 1974, y estaba saturado de éste en 1981. Asimismo, cabe constatar que los discursos alarmistas que tratan de conmover al público inoculándole temor con respecto al extranjero, porporcionándole al que los pronuncia una imagen de jefe combativo y de salvador, sólo tendrán posibilidades de llegar a su audiorio en situaciones políticas de crisis (desempleo, inseguridad, crac financiero, malestar social)[1].

Aquí no se trata, pues, de hacer una lista exhaustiva de estos procedimientos, ni de describir una especie de retórica del discurso político, sino de poner en evidencia algunos de los modos de expresión susceptibles de producir efectos de ethos, sabiendo que no se puede garantizar el resultado de antemano. Ya hay numerosas monografías que se han dedicado a describir algunos de éstos[2]; y en ellas nos basaremos para proponer esta tipología.

1. Los procedimientos expresivos

Aquí se trata de lo que caracteriza la enunciación de la palabra bajo su forma oral. Cada locutor tiene una manera de hablar que le es propia pero que, al mismo tiempo, depende de comportamientos y roles sociales bien catalogados. De ese modo, oiremos decir de alguien que habla a veces con un tono «autoritario, doctoral, meloso o embaucador», y otras veces como «profesor, militar, campesino, jurista, etc.». Evidentemente, todos estos son juicios intuitivos; representaciones que, sin embargo, se basan en diversos factores –entre ellos, el carácter vocal

---

[1] Se podrá observar que la audiencia de un Jean-Marie Le Pen, quien preconiza «la preferencia nacional», una policía violenta o la baja impositiva, aumenta o disminuye según estas situaciones de crisis.

[2] Véanse, entre otros, diferentes estudios de la revista *Mots,* Fondation des sciences politiques y ahora Éditions de l'ENS, Lyon.

de las producciones verbales: la manera de hablar de un locutor se caracteriza siempre por cierta *vocalidad*.

La vocalidad, como sabemos, puede ser estudiada a través de diversos aparatos acústicos que permiten medir la velocidad de elocución, la escansión del desarrollo de las frases, el ritmo, o describir la manera de articular las sílabas, acentuarlas, hacer uniones o pausas, etc. Pero la opinión popular se basa en la percepción global, empírica, de las características de estos componentes para emitir (con o sin razón) esos juicios. En esta opinión popular nos basaremos nosotros mismos para categorizar la vocalidad[3] de los políticos, distinguiendo: el «hablar bien», el «hablar fuerte», el «hablar tranquilo» y el «hablar local».

El «hablar bien»

El «hablar bien» resulta de la idea que posee un grupo lingüístico acerca de lo que debería ser una manera de hablar elegante, culta, con estilo. Todos calificativos que, lejos de referirse a un hablar estándar, designan a la vez las cualidades del orador y su posición elevada en la jerarquía social. En el político, el efecto del hablar bien puede ser variable. Si este hablar bien es percibido como si fuese muestra de un «capital cultural» elevado[4], legitima al mismo tiempo la posición de élite de aquel que habla. El efecto ante el público, entonces, será positivo; y éste podrá identificarse con el discurso del orador –o al menos adherir a él. Pero si este hablar bien es percibido como si denotase una clase social contra la que se lucha («Habla como un burgués»), como una manipulación («Habla demasiado bien para ser honesto») o como una señal de impotencia («Habla, habla; eso es todo lo que sabe hacer»), entonces el efecto será negativo.

El hablar bien se expresa a través de diversos procedimientos semiológicos, pero posee ciertas características de vocalidad: un *tono* de voz, ni demasiado fuerte ni demasiado débil (un político no debe dar señales de timidez o de temor); una *velocidad de elocución* lenta, indicio de control de sí y de un interés en ser escuchado, y no demasiado lenta, sin embargo, para no parecer demasiado «profesoral» y no dar la impre-

---

[3] Señalemos que D. Maingueneau (2000 y 2002) utiliza este concepto de «vocalidad» en un sentido más amplio, una parte del cual abarca la nuestra.

[4] Según las nociones de Bourdieu.

sión de infantilizar al público; un *ritmo* del desarrollo de las frases bien cadenciado, dosificando pausas fuertes y débiles con una acentuación adecuada de las sílabas sin que éstas sean, no obstante, recalcadas, ni que el ritmo sea percibido como el de una recitación (el que aprende y recita de memoria puede ser sospechado de artificialidad); una *articulación* de las sílabas también en este caso mesurada, que evite, por un lado, una articulación recalcada como la de las órdenes militares, y por el otro, una falta de firmeza articulatoria que obstaculizaría la comprensión y denotaría, de parte del orador, una actitud de indiferencia con respecto a su público, como una persona que «habla entre dientes»; por último, una *dicción* propia de una elocución cuidada que denota, aquí también, el control de sí y recuerda, al mismo tiempo, que estamos tratando con un orador culto interesado en hacerse escuchar por su público. Con la condición, sin embargo, de evitar hacerlas de más dejándose llevar a cometer yerros de dicción que podrían hacer que el orador quedase en ridículo[5].

Por lo tanto, la vocalidad de este hablar bien contribuye a fabricar un ethos de élite culta y profesional. Pero puede haber contraejemplos. Se podría pensar que un hombre (o una mujer) de voz débil, monocorde y apagada no tendría ninguna posibilidad de triunfar en la escena política, la cual exige que, por lo menos, uno se haga oír. El ethos aquí sería demasiado negativo. Sin embargo, se ha visto triunfar a muchos políticos con escasas cualidades oratorias. En Francia, ése fue el caso de Gastón Defferre, quien, a pesar de su «vocecita», fue un brillante abogado y tuvo una carrera política aún más brillante, particularmente al frente de la alcaldía de Marsella, que gobernó durante unos treinta años, y luego como ministro del Interior. En aquel entonces, el diario *Le Monde* decía de él: «Un hombre que no brilla pero que pesa». Se produjo, por lo tanto, una inversión del ethos para que, sobre la base de características *a priori* negativas, éste sea percibido de manera positiva. Un ethos de «potencia» fue sustituido por un ethos de «inteli-

[5] Cabe destacar el desfase que puede producirse entre la opinión popular sobre la forma en que hablan los políticos y el análisis técnico que puede hacerse de ella. Un estudio ha demostrado que «la dicción, en J. Chirac, no es exagerada» (Afoutou y Renault, 1995, p. 56). Sin embargo, los comentarios sobre la «mala dicción» de Jacques Chirac progresaron con ímpetu, al punto de que fue caricaturizado en televisión por *Les Guignols de l'info*. [Hemos optado por traducir *liaisons* como «dicción» y *liaison mal-t-à propos* como «yerro de dicción» (N. del T.)].

gencia» y «carácter», según el comentario que en aquel entonces decía: «El hombre bajo de sobretodo gris y sombrero flexible que sabe lo que quiere y que seduce». La discreción y la modestia pueden convertirse en demostraciones de voluntad y saber-hacer[6]. Podríamos destacar también el efecto perverso de las características del «hablar demasiado bien», cuando éstas son percibidas como el resultado de un aprendizaje sistemático y arduo. Se vuelven contra el orador político que es considerado, entonces, como artificial e inauténtico. Ése fue el caso de Jean Lecanuet, quien después de haber causado sorpresa en la primera campaña electoral por la televisión francesa –ya que el público aún no había aprendido a decodificar la semiología de las presentaciones televisivas– más adelante fue desacreditado: su gestualidad, sus muecas y su tono de voz fueron percibidos como los de un títere más que como los de un político auténtico.

El «hablar fuerte»

El «hablar fuerte» evoca un imaginario de «potencia». Evidentemente, el orador debe presentar un físico importante: un tamaño y una cierta corpulencia que deben emanar fuerza (a un personaje bajo y enclenque le costará evocar fuerza); una gestualidad amplia y enérgica así como cierta puesta en escena de la presentación oratoria (estrado, escenografía, multitud, etc.), tal como se las pudo ver en las imágenes de ciertos actos.

Pero también es necesaria una voz fuerte (estentórea) proveniente del fondo del pecho, bien timbrada, que se expele hacia un gran auditorio con resonancia (a veces el ajuste sonoro contribuye a ello). Aquí es necesario que la velocidad de elocución no sea ni demasiado lenta ni demasiado acelerada. Puede ser relativamente acelerada, pero debe estar compensada por una pronunciación bien articulada para evitar la inaudibilidad de las palabras del orador. Conocemos el caso de algunos líderes latinoamericanos, como Fidel Castro, cuyos discursos en públi-

---

[6] En un discurso diferente del político, esto recuerda al escritor Patrick Modiano, a quien se le hace difícil decir tres palabras coherentes cuando lo entrevistan; y que posee, sin embargo, una pluma firme. Una investigación pone de manifiesto que la gente dice de él: «se expresa mal, pero ¡qué bien escribe!». De este modo, lo salva un ethos que habríamos creído negativo. A la inversa, por cierto, un muy buen orador puede ser sospechado de vacuidad.

co pueden llegar a ocho horas sin pausa; pero, en Francia, conocemos también el caso de oradores como J.-M. Le Pen o B. Tapie (cuya teatralización, no obstante, es diferente). Esto muestra que los juicios acerca de la vocalidad son una cuestión cultural; y que, al mismo tiempo, el hablar fuerte es percibido en todas partes como lo contrario de «una oralidad débil»[7]: construye un ethos de líder político poderoso y combativo.

El «hablar tranquilo»

El «hablar tranquilo» es susceptible de evocar varios ethos: de «carácter», de «inteligencia», de «jefe», para los cuales se requiere una fortaleza interior. Se caracteriza por una velocidad de elocución lenta pero acompañada de un tono de voz que no sea ni monótono ni estruendoso. Se asemeja a la conversación familiar o, incluso, a la confidencia amistosa. Sin embargo, la articulación –sin ser exageradamente marcada– debe hacerse comprensible, con un fraseo hábilmente interrumpido por incisos, por paréntesis, pero controlado para evitar el balbuceo y para dar impresión de una gran sencillez natural. Políticos franceses como Georges Pompidou o François Mitterrand se habían convertido en maestros en el arte de esta sencillez natural. Para observarlo, no hay más que volver a escuchar sus declaraciones televisivas y volver a ver los debates televisivos en los que participaron.

Esta vocalidad del hablar tranquilo contribuye a construir una figura de *soberano paternal*. En efecto, expresar esta fuerza tranquila remite a la idea de una persona que es capaz de controlar sus pulsiones primarias y que alberga, en lo más hondo de sí, una fortaleza fuera de lo común, susceptible de hacerse cargo de los problemas del mundo.

El «hablar local»

El «hablar local» también puede ser citado como procedimiento expresivo, aunque éste no puede ser voluntariamente fabricado (excepto por los humoristas). Por esta misma razón, probablemente, este hablar es portador de una marca de autenticidad. Al mismo tiempo que revela la región a la que el orador pertenece, establece una relación de proximidad con los que pertenecen a esa misma región.

---

[7] Groupe Saint-Cloud (1995, p. 81).

Se manifiesta por el llamado *acento regional*; y el empleo de éste, no contento con evocar una región de pertenencia, recuerda que el país (o más bien la nación, ya que es la región la que, antaño, era llamada país[8]) se compone de varias entidades regionales que, a menudo, son ocultadas u olvidadas por «esos señores de la capital». A éstos se les reprocha a menudo que niegan sus orígenes provinciales (al punto de perder su acento) y que regentean el país sin tener en cuenta las realidades de la vida local. En sentido contrario, hablar con un fuerte acento regional puede aportarle ciertas ventajas al político.

Éste es el caso de un Charles Pasqua, cuya carrera política no se vio frenada por su fuerte y ronco acento meridional. Es cierto que este hablar local se combina, en él, con un hablar fuerte, lo que le permitió jugar hábilmente con esa doble vocalidad para construirse una figura de *defensor de la soberanía nacional*: la defensa de los valores primeros de la nación como valores de autenticidad de la región.

Es cierto que el hablar local puede tener un efecto inverso. Todo depende del contexto cultural. En un país como Francia, cuya historia está marcada por una revolución que, con un propósito igualitario –quizá excesivo–, aminoró las diferencias regionales y condenó durante mucho tiempo el uso de las lenguas regionales, relegándolas al rango de dialectos, la identidad nacional está marcada por un superyó republicano unitario. De este modo, hablar francés con acento regional fue considerado durante mucho tiempo –al menos en algunos medios– como poco serio. Posteriormente, fue admitido por los artistas y los narradores porque «da color local»[9]; pero es poco recomendado para los periodistas de radio o televisión (excepto para los presentadores del tiempo), para algunos puestos de responsabilidad en la Administración, y difícilmente viable para representantes políticos que deseen tener una carrera nacional. Se dirá que, en lo concerniente a Francia, esto ha cambiado; pero, ¿no se dice aún, cada vez que Charles Pasqua habla por televisión, que da la impresión de estar escuchando al actor cómico Fernandel? La vocalidad del hablar local construye un ethos ambiguo

---

[8]   *«Volem viure al país».*

[9]   Aunque muchos actores y cantantes hayan borrado su acento al «subir a París» –conocemos el caso de Yves Montand–; acento que pudieron recuperar, llegado el caso, después de haberse hecho famosos.

–unas veces, de «autenticidad» y de «humanidad»; otras veces, de «espíritu de astucia»; y otras, lamentablemente, de «campesino»[10].

Los políticos, al tratar de convencer y seducir a la gran mayoría de sus ciudadanos, no se privan de valerse de todos los medios posibles. Esto puede traducirse por el recurso a varios de esos procedimientos expresivos para construirse un ethos adaptado a la situación comunicativa: De Gaulle recurrió, según las circunstancias, unas veces a un hablar bien y otras a un hablar fuerte («el despelote»); Giscard d'Estaing, a un hablar bien sencillo y eficaz; Pompidou y Mitterrand, a un hablar bien elegante y culto, a un hablar tranquilo, pero casi nunca a un hablar fuerte.

2. Los procedimientos enunciativos

Los procedimientos enunciativos le permiten al que habla ponerse a sí mismo en escena (enunciación «elocutiva»), implicar a su interlocutor en su acto de lenguaje (enunciación «alocutiva») o presentar lo que se dice como si nadie estuviese implicado (enunciación «delocutiva»)[11].

La enunciación «elocutiva»

La enunciación elocutiva se expresa a través de los pronombres personales de primera persona, acompañados de verbos de modalidad, adverbios y calificativos que revelan la implicación del orador y describen su punto de vista personal: «*Yo* cuestiono»; «*Yo estoy seguro* de que tendremos éxito juntos», «*Nosotros somos* capaces de modernizar nuestro país», «*Yo decidí* ser candidato», «*Yo les confieso* que...», «*Ésa es, al menos, mi opinión*».

Algunas de estas modalidades elocutivas contribuyen a fabricar un ethos que se corresponda con las imágenes y figuras precedentemente descriptas. La modalidad de *compromiso*, por ejemplo, coincide con la figura de *guía supremo*: «Ésa es la razón por la cual *yo quiero* unir a los franceses. *Yo les propongo* un gran anhelo...»[12]; «Si soy electo, *me comprometo* a bajar los impuestos»; «Y con todas *mis fuerzas*, y con todo *mi*

---

[10]   De «pueblerino», habría que decir –por lo despectivo que es, a veces, este juicio.

[11]   Por lo que respecta a estas categorías, véase Charaudeau (1992, capítulo 14).

[12]   Palabras de R. Barre, citadas en Groupe Saint-Cloud (1995).

corazón, quiero hacer de Francia, para cada uno de nosotros, un país más fuerte, más libre, más justo, más unido y más fraternal»[13]. La modalidad de *convicción* guarda relación con el ethos de «virtud»: «Cuando se cree, como *yo creo*, en el genio de Francia, no se puede aceptar –y *yo no lo acepto*– que un francés, hombre o mujer, se quede al borde del camino...»[14]; «El primero de esos objetivos, es Europa [...] *Yo nunca dejé de creer* en ello, nunca dejé de quererlo»[15]. La modalidad de *confesión* puede evocar el ethos de «humanidad»: «Esta noche, querría recordarles *quién soy, lo que hice*, y cuál es el sentido de *mi compromiso*. [...] *Yo soy un hombre* medido, tolerante, abierto»[16].

La enunciación elocutiva expresada a través del «nosotros» contribuye a menudo a implementar un ethos de «solidaridad» en la convicción, el deber o la acción: «Pero sólo habrá una Francia unida [...] si, al mismo tiempo, luchamos contra las injusticias, si *corregimos* las desigualdades, si *elegimos* la solidaridad»[17]; «Pero *sólo podremos salir ganando* juntos si Francia recupera su puesto en Europa, ya que ahí se juega *nuestro destino*».

La modalidad de *rechazo* (negación o rectificación de las palabras del otro, el adversario) evoca, a la vez, el ethos de *seriedad* que se opone a la mentira, la figura del *combatiente* que enfrenta a un adversario, el ethos de *jefe* que no admite que se engañe al pueblo. Esta modalidad se emplea frecuentemente en los debates políticos: «[...] en ese punto, *yo cuestiono* sus palabras; pero dejo, una vez más, que quienes nos escuchan las rectifiquen por sí mismos»; «[...] de verdad, *yo no acepto* –se lo digo a los franceses que nos escuchan– las recriminaciones de las cuales usted se ha hecho portavoz»[18]; «[...] pero *yo me niego a la demagogia*; los franceses son gente seria, responsable, adulta, [...]»[19]. En varias ocasiones, durante un debate televisivo que oponía a Jean-Marie Le Pen con Bernard Tapie, el conductor del programa discutió las cifras citadas por

---

[13] Palabras de J. Chirac, citadas en Groupe Saint-Cloud (1995).

[14] *Ibid.*

[15] Palabras de F. Mitterrand, citadas en Groupe Saint-Cloud (1995).

[16] Palabras de R. Barre, citadas en Groupe Saint-Cloud (1995).

[17] Palabras de F. Mitterrand, citadas en Groupe Saint-Cloud (1995).

[18] Palabras de F. Mitterrand, citadas por Trognon y Larue (1994).

[19] Palabras de J. Chirac, citadas por Trognon y Larue (1994, p. 88).

el primero a propósito del número de inmigrantes en Francia y propuso otras menos abultadas; a cada momento, Jean-Marie le retrucaba: «*Yo cuestiono* […] *yo cuestiono*, […] *yo cuestiono* las cifras, [...]», para terminar con: «*Yo discuto* sus cifras, que son en efecto […] que son las cifras oficiales del Ministerio del Interior»[20].

La enunciación «alocutiva»

La enunciación alocutiva se expresa a través de pronombres personales de segunda persona, también acompañados por verbos de modalidad, calificativos y diversas denominaciones, que revelan a la vez la implicación del interlocutor, el lugar que le asigna el locutor y la relación que se instaura entre ellos: «Usted debe saber que...», «Usted no puede no querer que...», «Tenga la seguridad de que...», etc. Por consiguiente, esta manera de implicar al interlocutor tiene como efecto fabricar como contrapartida cierta imagen del locutor. También aquí diversas modalidades alocutivas contribuyen a fabricar ciertas figuras de ethos.

En primer lugar, las modalidades *vocativas*[21] (o de interpelación) que, identificando al público como ciudadano participante de la escena política, legitiman al mismo tiempo al que habla: «Mis queridos compatriotas...», «Queridos ciudadanos...», «Francesas, franceses...», son vocativos obligados de toda declaración política. A veces, el tratamiento especifica la pertenencia del orador a un grupo particular o a un partido: «Queridos camaradas...» en el caso del Partido Comunista Francés, «Queridos compañeros...» en el caso del partido gaullista. Se trata de un *vocativo legitimante* que construye una figura de *jefe soberano*. A veces, el político se ve llevado a interpelar a su propio público para hacer que adhiera mejor a su argumentación: A. Madelin, durante un encuentro-debate con jóvenes de los suburbios, al ver que su discurso no parecía ser entendido, interpela directamente a uno de esos jóvenes tomándolo como ejemplo: «Cuando te llamas Ahmed Lo-que-sea y dices que vienes de este barrio, me imagino que tu CV no está arriba de la pila»[22]. En los debates, la modalidad de interpelación está orientada,

---

[20]   Palabras de J.-M. Le Pen, citadas por Trognon y Larue (1994, p. 81).

[21]   Véase Charaudeau (1992, §590).

[22]   *Le Monde*, 12 de diciembre de 2001.

la mayoría de las veces, hacia el adversario. Combina tratamientos y calificativos siempre despreciativos para este último. A veces, toma formas atenuadas, indirectas, ya que hay que mostrar que se mantiene el *control de sí* y que se sabe respetar al adversario: «¡Oh! Pero sea educado, señor...»[23], «Pero... señor Mitterrand, refiérase a lo que está publicado...»[24]; a veces, una forma más directa y agresiva, cuando hay que dar muestras de *carácter*: «Señor Fabius, como siempre, los socialistas y usted mismo tienden a mentir con las cifras»[25], «[...] no diga barbaridades así y no me amenace físicamente, señor Tapie; le va a costar caro»[26], «[Chirac]... entonces haga el favor, haga el favor de dejarme hablar, de dejar de intervenir incesantemente como si fuera un perro rabioso, ¿o no?... / [Fabius] Escuche, le recuerdo que está hablando con el primer ministro de Francia»[27]. A veces, el empleo de algunos tratamientos muestra la índole de la relación de fuerza que establecen los debatientes: de *autoridad*, por un lado; de *rival*, por el otro. Ése fue el caso en el debate televisivo entre J. Chirac y F. Mitterrand al cual ya hemos aludido, en el marco de las elecciones presidenciales de 1988. El segundo interpelaba constantemente al primero con un «Señor primer ministro»; momentos después, el primero –excedido por ese tratamiento repetido– le recalcó a su adversario que en ese debate no había ni primer ministro ni presidente de la República, a lo que F. Mitterrand replicó: «Tiene toda la razón, señor primer ministro».

La modalidad de *solicitación*[28] del interlocutor por parte del locutor se manifiesta a menudo en forma de interpelación retórica. Un planteamiento de preguntas que toma al auditorio de testigo y que permite ya sea valorizar a éste, o criticar al adversario, o incitar a que el público despierte su consciencia. Al mismo tiempo, al orador podrá acreditársele la imagen positiva de aquel que no quiere que le tomen el pelo:

---

[23] Debate televisivo Le Pen/Tapie, 8 de diciembre de 1989.

[24] Debate televisivo Chirac/Mitterrand, 28 de abril de 1988.

[25] Debate televisivo Chirac/Fabius, 27 de octubre de 1985.

[26] Debate televisivo Le Pen/Tapie, 8 de diciembre de 1989.

[27] Debate televisivo Chirac/Fabius, 27 de octubre de 1985.

[28] Charaudeau (1992, parágrafo 598).

«Francesas, franceses, ¿qué hacemos con la democracia? ¿Qué se opinará de ustedes?»[29].

Generalmente, las enunciaciones elocutivas y alocutivas se combinan. Al utilizar unos «yo», «ustedes», «nosotros», «los franceses», el orador hace una especie de llamamiento a la confianza, y se fabrica así una figura de *guía*: «En lo que a mí respecta, confío en su inteligencia y su sentido del deber»[30]; «Eso es lo que les propongo, mis queridos compatriotas, en nombre del inmenso movimiento de las fuerzas de la juventud, las fuerzas del trabajo y las fuerzas de la creación»[31]; «Ésa es su responsabilidad; y si lo desean, juntos, podemos reconstruir Francia...»[32]; «Me dirigiré a su inteligencia, a su razón, a su corazón, para que puedan –con total conocimiento de causa– efectuar la elección que comprometerá el porvenir de Francia»[33].

La enunciación «delocutiva»

La enunciación delocutiva presenta lo dicho como si las palabras expresadas no estuviesen bajo la responsabilidad de ninguno de los interlocutores presentes y sólo dependiesen del punto de vista único de una tercera voz, voz de la verdad. Decir: «Estoy seguro de que el porvenir de nuestro país está en manos del pueblo» es enunciar una certeza desde el punto de vista del que habla; pero decir: «[Es evidente que] el porvenir de nuestro país está en manos del pueblo» es enunciar una verdad que no depende ni del *yo* ni del *tú*, ya que tiene un valor en sí. La enunciación delocutiva introduce al auditorio en un mundo de evidencia; y, empleada en el discurso político, engalana al orador con una figura de *soberano*, porque al situarse por encima de la discusión se convierte en portador de una verdad establecida. Es la razón por la cual el discurso político es adornado con «enunciados-eslogan» y con «palabras» que los medios recogen: «La elección de la vida», «La gene-

---

29 Declaración televisiva de G. Pompidou, en el marco del referéndum por Europa, el 12 de abril de 1992 [La alocución de Pompidou tuvo lugar el 11 de abril de 1972. Disponible en línea en: http://www.ina.fr/video/CAF89003288 (N. del T.)].

30 *Ibid.*

31 Declaración de F. Mitterrand en las elecciones presidenciales de 1988.

32 Declaración de J.-M. Le Pen en las elecciones presidenciales de 1988.

33 Declaración de R. Barre en las elecciones presidenciales de 1988.

ración Mitterrand», «Francia unida», «Chirac. El coraje, el ahínco, la voluntad»[34].

La enunciación delocutiva se expresa a través de frases que eliminan todo rastro de los interlocutores, para presentarse de forma impersonal: «[...] en este final de siglo muy peligroso, Francia corre grandes riesgos»[35] (frase definicional); «Por hábil que sea la presentación, arrastrar a la abstención es una mala acción [...]»[36] (frase infinitiva); «Sólo hay una consigna: modernizar [...]. Pero para modernizar el instrumento, hay que formar a aquellos que lo utilizan. Prioridad, por lo tanto, a la educación nacional, a la formación profesional, a la investigación científica»[37] (frases infinitiva, impersonal, nominalizada). Expresado así, de forma afirmativa, este modo de enunciación es susceptible de construir una figura de *grandeza* (por encima de la discusión), pero también puede revelar una distancia, una frialdad soberbia, una posición de arrogancia o bien un espíritu dogmático de parte del orador. Expresada de forma negativa, esta enunciación es susceptible de construir la figura de un enunciador *combativo* que se alza contra lo que él considera como contraverdades: «No hay que dejarse seducir por las sirenas del socialismo»; «Dejar que nuestro país se hunda en el marasmo económico es inaceptable».

Conclusión: el ethos, imágenes versátiles

Así, mostrarse a uno mismo como emocionado, conmovido, conmocionado, estupefacto o escandalizado; expresar desprecio, alegría o compasión; dar la impresión de escuchar a los otros, ponerse por encima de la discusión, defender valores históricos, valerse de la connivencia, contribuiría a construir un ethos de potencia, de inteligencia, de humanidad, de jefe, etc., con el que el público podría identificarse. Tratar de impactar en el afecto del público, dramatizando el discurso, sería predisponerlo a que adhiera a las ideas defendidas. ¿No asistimos, por consiguiente, a una deriva del discurso político? La influencia que

---

[34] Algunos eslóganes de los afiches de la campaña electoral de 1988.

[35] Declaración de J.-M. Le Pen en las elecciones presidenciales de 1988.

[36] Declaración televisiva de G. Pompidou, en ocasión del referéndum por Europa, 13 de abril de 1992 [cfr. nota al pie 306 (N. del T.)].

[37] Declaración de F. Mitterrand en las elecciones presidenciales de 1988.

este último tendría –influencia importante en un régimen democrático, dado que el discurso establece el vínculo entre la instancia del poder y la instancia ciudadana– pasaría más por el afecto que por la razón; más por los sentimientos irracionales que provoca en el ciudadano que por la reflexión; más por la oferta de imágenes personales que se hace circular en el mercado político que por la oferta de argumentos que podrían ser discutidos. De este modo, el ethos tendría una función de encandilamiento que oculta el logos mediante su apariencia de evidencia que no se discute.

Hablar de deriva supone que se tenga una idea firme de lo que sería un discurso político de referencia, idealmente organizado sólo por la razón y desprovisto de todos sus ingredientes pasionales. Ahora bien, si lo observamos, no hay ejemplo de logos puro. Y es que la comunicación humana y los discursos que le dan forma difícilmente separan, en su realización empírica, la razón del afecto, el discurso demostrativo del discurso de seducción, la imagen de sí de la imagen del otro. Por esta misma razón, el individuo a veces se esfuerza en denunciar esta situación de hecho y trata de proporcionarse los medios de distinguir entre lo que es del ámbito de la razón y lo que es del ámbito del afecto. Pero eso depende de la forma en que cada grupo social se representa estas categorías de pensamiento y las maneras en que éstas pueden ser configuradas como «modelos para una conducta adecuada, coherente, elegante y bien articulada»[38]. Por consiguiente, la cuestión que se debe plantear no es ya la de una deriva sino la del juego, al cual se entrega el locutor, entre ethos, pathos y logos: según las circunstancias, ¿cuál es dominante?, ¿cuál oculta a los otros?, ¿cuál se muestra con evidencia? En el discurso político, se impone la misma observación: ¿cuándo el político elude una cuestión o la refuta poniendo su imagen en primer plano?, ¿cuándo trata de persuadir utilizando argumentos emocionales?, ¿cuándo, por el contrario, propone argumentos que parecen llevar el sello de la razón? En otras palabras, ¿cómo pone en práctica un juego de máscaras que, a veces, se sustituyen entre sí; otras veces, coexisten; y otras, se confunden entre sí?

El ethos es asunto de representaciones sociales y su valorización en el ámbito político depende de las circunstancias. Por lo tanto, no es sor-

---

[38] Goffman (1973, pp. 238-239).

prendente ver que las diferentes figuras que lo componen se entrecrucen, coexistan, se refuercen o hasta se contradigan. Reforzamiento entre las figuras de *fidelidad* y de *honestidad*, en nombre del compromiso para con uno mismo; de *orgullo* y de *comendador*, en nombre de la potencia combativa; de *fuerza tranquila*, de *pastor* y de *profeta*, en nombre de la inspiración sobrenatural y la fortaleza que deben habitar a aquel que manda. Superposición de diferentes figuras a través de un mismo acto o una misma declaración: asistir a la final de un campeonato de fútbol o de rugby es manifestar su espíritu colectivo, su *solidaridad* con el *orgullo* de su pueblo, su *gusto* por el esfuerzo, y hasta la *fidelidad* para con su propio pasado como deportista.

Desgraciadamente, en la historia de las naciones, hubo más de un dictador que se fabricó una imagen de soberano absoluto asistiendo a diferentes ceremonias, haciendo declaraciones que exaltasen los valores de la familia, la religión, la empresa, y hasta el coraje y la grandeza de espíritu de los pobres. Hay contradicción entre los efectos cuando algunas de estas figuras se invierten y construyen un ethos negativo: las figuras de *virilidad sexual*, *orgullo* y *espíritu de astucia* del jefe pueden producir, en algunas circunstancias políticas, un efecto de frivolidad, arrogancia, hipocresía o autoritarismo; efectos inesperados cuando, por ejemplo, declaraciones torpes o errores garrafales son interpretados como marcas de *sinceridad*, de *sencillez* y hasta de *honestidad*[39].

El ethos es un arma de doble filo. Por una parte, para el político, ya que éste puede perder a causa de su propio ethos; por otra parte, para el debate democrático, ya que la fuerza del ethos puede hacer que los individuos adhieran por fascinación y de forma casi ciega a personas y no a ideas. El debate público, lugar de intercambio y oposición entre valores racionales, es sustituido por una confrontación entre imágenes de personajes políticos.

Por un lado, cabe constatar el relativo éxito de un político de extrema derecha como J.-M. Le Pen, quien, sabiendo transformar el debate público en una escena teatral polémica y a veces cómica, logra inocular el veneno de sus ideas racistas, mientras que su aliado de ayer (B. Mégret) —actualmente disidente pero identificado con las mismas ideas—

---

[39] Hay comentaristas políticos que plantean la hipótesis de que, de este modo, algunos políticos estadounidenses obtuvieron un aura favorable de parte de su pueblo (véase el artículo de Olivier Duhamel en *Le Monde*, 11 de noviembre de 2001).

no consigue situarse en el centro de esa misma escena. Por otro lado, cabe constatar que otro político, esta vez de izquierda (C. Allègre), que hace alarde del ethos del coraje mediante una franqueza no demagógica que se vale de fórmulas efectistas («recortar gastos») [(«*dégraisser le mamouth*»)], se ve no obstante obligado a abandonar la escena política porque ese ethos no se corresponde con el que el público espera de un ministro de Educación nacional en funciones. Y en esa línea, otro, igualmente de izquierda (J.-P. Chevènement) y también arrogante («los salvajes»), se gana las iras de algunos de los partidarios de su propio bando y se ve forzado a renunciar a su cargo de ministro.

Además, no podemos olvidar el efecto de las imágenes difundidas por los medios, las de los humoristas (*Les Guignols de l'info, Le Bébête show,* etc.) y otros caricaturistas (Faizant, Plantu, etc.). Evidentemente, aquí el ethos ya no es construido por el político mismo, sino que la imagen de sí es el resultado tanto de las estrategias propias de aquél como de lo que el público le atribuye a través del rumor y de los medios. A veces, estas imágenes entran en contradicción, como en el caso de M. Rocard («el intelectual incomprensible»); otras, coinciden como fue el caso de De Gaulle («la grandeza altiva») o F. Mitterrand («la esfinge astuta»). A veces, incluso, una imagen negativa se vuelve positiva mediante otra, como en el caso de J. Chirac –en quien cierto ethos de «humanidad deslavazada» y unas estrategias un tanto populistas se vuelven simpáticos mediante la caricatura del personaje sencillo, cálido y directo que los humoristas hacen de él.

La importancia del ethos en el discurso político es innegable, y daremos como prueba de ello lo que estuvo en juego a lo largo de las sucesivas elecciones presidenciales, en Francia, desde que éstas se instalaron en la escena pública del sufragio universal. En cada ocasión, hubo negociaciones tras bambalinas, juegos de alianzas entre los diferentes actores de los partidos implicados, con muchas promesas y amenazas; juegos a los cuales el público jamás asiste: De Gaulle apartó del poder a G. Pompidou; Pompidou, por su parte, despidió a Chaban-Delmas, y Mitterrand se deshizo de M. Rocard. Pero, en cada ocasión, surgieron imágenes de las cuales cabe pensar que contribuyeron al éxito de los representantes electos: en las elecciones de 1959, la imagen de *gran jefe salvador de Francia* –en el caso del general De Gaulle– se impuso frente a la imagen de líder del pueblo de izquierda, proletario e internacionalista, que representaba F. Mitterand –imagen un tanto inquietante para los poderes económicos–; en 1969, la imagen a la vez de *heredero* y de *padre protector*, de la que gozó Pompidou, el pacificador de los desórdenes de Mayo del 68, y que tranquilizaba a una opinión que había sido un tanto conmocionada por esos acontecimientos; en 1974, la imagen del *joven* y *brillante* graduado francés de la ENA de la que había hecho alarde V. Giscard d'Estaing, frente a una imagen un tanto *retrógrada* que él le había atribuido a su adversario F. Mitterrand –imagen de dinamismo que tenía la ventaja de proponerles a los antigaullistas una revancha contra el partido dominante de entonces y alimentar una opinión media en busca de modernidad; en 1981, la imagen de *fuerza tranquila* construida de cabo a rabo por F. Mitterrand, el cual –después de una larga trayectoria y muchas estratagemas políticas– se presentaba como la posible realización de un sueño de alternancia –para una parte de la opinión– y de acceso al poder de los valores de izquierda –para otra parte de la opinión–, frente a una imagen de *arrogancia* que había terminado por asumir V. Giscard d'Estaing; en 1988, la imagen del líder de una generación en relación al mismo político, «la generación Mitterrand», frente a una imagen de *combatiente* pero de *joven tonto*, no confiable, que había adquirido Chirac al término de un período de cohabitación; posteriormente, la imagen de «sencillez, anti-intelectualismo y proximidad ciudadana» estará a favor de J. Chirac, en contraste con la imagen un tanto monárquica y distante dada por Mitterrand en 1995.

Los ethos dependen, para sus efectos, de la confluencia entre las estrategias desplegadas por el actor político y cierta demanda social (difusa e inconsciente) de ethos, de forma que esta última pueda reconocerse en el espejo que se le tiende. A veces, son los ethos de credibilidad los que tienen un fuerte impacto; y otras, los ethos de identificación. Los ethos de credibilidad de los que hizo alarde V. Giscard d'Estaing en 1974 tuvieron cierto impacto, mientras que los que prevalecieron en 1981 y aseguraron el éxito de F. Mitterrand son ethos de identificación. Asimismo, los ethos de credibilidad en los que se basaron E. Balladur en 1995 y L. Jospin en 2002 manifiestamente no han sido lo suficientemente sólidos frente a la fuerza de los ethos de identificación que proponían, cada uno a su manera, J.-M. Le Pen y J. Chirac. En cambio, son ethos de credibilidad los que facilitaron que B. Delanoë conquistase la alcaldía de París; quizá debido a una opinión local saturada de los ethos de identificación con los que habían contado J. Chirac y J. Tiberi y en los cuales se basaba P. Seguin. Por último, como hemos observado, un mal ethos de identificación puede ser destructor: fue el caso de esa imagen de hombre *indiferente al pueblo de izquierda* que terminó por pegársele a L. Jospin durante la campaña electoral de 2002 y que, ciertamente, contribuyó a provocar la dispersión de los votos de izquierda en primera vuelta, causa de su fracaso. Hay un momento para los ethos de credibilidad y otro para los ethos de identificación. Pero, ¿quién puede preverlo?

PARTE IV
Los imaginarios de verdad
del discurso político

CAPÍTULO I
De la ideología a los imaginarios sociodiscursivos

1. El propósito como idealidad de los fines

En todo acto discursivo, el *propósito* es aquello de lo que se habla. Se corresponde, en cierto modo, con el tema del discurso, así como hablamos del tema (o el asunto) de una discusión. Por más que hablar (o escribir) tenga como finalidad esencial establecer una relación entre uno mismo y el otro e influenciar a ese otro tratando de persuadirlo o seducirlo, esa relación carecería de sentido si no tuviese como objeto una cierta visión referida al mundo, es decir, el conocimiento que tenemos del mundo y los juicios que hacemos sobre éste. El hombre es solicitado tanto por un deseo de inteligibilidad del mundo como por el del intercambio con el otro.

Propósito y situación comunicativa

Los conocimientos que tenemos sobre el mundo son múltiples y variados, al igual que los juicios que le aplicamos. Por eso, es necesario descomponerlos, ordenarlos y clasificarlos para poder aprehenderlos conceptualmente. Y a ello se dedica la mente humana, habida cuenta del tipo de sociedad en que vive. Cada una de estas sociedades determina ciertos objetos de conocimiento, los califica de cierta forma, los clasifica en ámbitos de experiencia y les atribuye valores. Esto se efectúa a través de la actividad lingüística que *tematiza* esos objetos y esos ámbitos, *problematiza* la forma en que hay que considerarlos y define el *posicionamiento* del que habla: decir de qué se trata, qué cuestión se plantea y, eventualmente, qué responder. Enunciar: «Hay que acabar con la corrupción» es decir que se trata de un fenómeno social referente a la práctica de ciertos individuos respecto al dinero y al bien público (tematización), que lo que está en cuestión es la honestidad o la deshonestidad de esa práctica (problematización) y que hay que alzarse contra una práctica deshonesta (posicionamiento)[1].

Sin embargo, el sujeto hablante no es totalmente libre de la tematización de su discurso. Depende, como ya hemos dicho, de la situación comunicativa en la que se encuentra cuando habla; situación que les impone, a él y a su interlocutor, cierto número de limitaciones de las cuales el propósito forma parte. Toda situación comunicativa determina por adelantado, en su dispositivo, un campo temático, una especie de «macrotema» que le es propio y que impide que esa situación se confunda con otra. Un consumidor que entra a un bar no puede pedir un medicamento; un paciente que entra al consultorio de un médico no podrá pedirle un consejo sobre la compra de un mueble de estilo (a menos que se dirija al amigo y no al médico); un profesor de literatura que entra al aula para dar una clase no podrá dedicar ésta a la explicación del teorema de Pitágoras (a menos que tenga algo que ver con la novela o el poema que está en el programa); el lector de un cartel publicitario sabe que se le habla de las cualidades de un producto de consumo y no de política ni de moral (aun cuando pueda aludirse a ellas de forma subyacente[2]). El sujeto hablante, suponiendo que quiera comunicarse con su interlocutor o su auditorio, debe tener en cuenta el campo temático que está determinado por la situación en la cual él se comunica. Sin embargo, esto no le impide introducir a su vez otros temas, pero a condición de que estén relacionados con el macrotema impuesto por la situación mencionada: está sobredeterminado por el propósito, aunque sigue siendo libre de tratarlo de una forma adecuada, a menos que busque subvertirlo o transgredirlo. Por su lado, el interlocutor espera ver tratado cierto propósito, según la situación comunicativa en la cual se encuentre, lo que hace que no pueda confundirse el propósito del discurso político con los de los discursos publicitario, didáctico, científico, jurídico, religioso, etc., a pesar de las afinidades que podrían existir entre unos y otros.

[1] Por lo que respecta a esta cuestión, véase nuestro artículo «L'argumentation n'est peut-être pas ce que l'on croît» (1998).

[2] A menos que se lo haga de forma explícita, como hizo Benetton en sus campañas publicitarias.

El propósito de lo político

¿Qué hay, entonces, del propósito del discurso político? Concierne todo lo relativo a la organización de la vida en sociedad y del gobierno de la cosa pública. Ahora bien, como hemos visto al describir el dispositivo, lo que define el contrato del discurso político es que la instancia política y la instancia ciudadana comparten un mismo ideal de sociedad –la instancia política, proponiéndola; la instancia ciudadana, reivindicándola. El objeto de búsqueda de la acción política es un «bien supremo» que vincula estas dos instancias en un pacto de reconocimiento de una «idealidad social» que se debe desear alcanzar y para la obtención de la cual es preciso proporcionarse los medios. La función del discurso político consiste, entonces, en determinar a través de su propósito esa idealidad de los fines como búsqueda universal de las sociedades.

Sin embargo, como bien sabemos, los individuos que viven en un mismo territorio son diferentes y no tienen *a priori* los mismos intereses ni tampoco los mismos objetivos: «La política se basa en un hecho: la pluralidad humana»[3], dice H. Arendt, agregando: «la política trata de la comunidad y la reciprocidad de seres diferentes. Los hombres, en un caos absoluto o bien a partir de un caos absoluto de diferencias, se organizan según comunidades esenciales y determinadas»[4]. La cuestión, entonces, pasa a ser: ¿cómo definir una idealidad que haga que esa pluralidad viva junta en un espacio determinado y que pueda, al mismo tiempo, aspirar a la universalidad? Paradoja que marca a fuego todo discurso político –así como es marcado, a ese mismo fuego, todo discurso de verdad–, entre su alcance local, particularizador, y su alcance general, universalizador. El discurso político pretende ser, en su propósito, un discurso de verdad que dice cuál es el sistema de valores en nombre del cual debe establecerse el vínculo social que reúna a esa diversidad.

¿Cómo abordar, por consiguiente, la descripción de los sistemas de valor? Se lo puede hacer en el marco de una filosofía política, interrogándose acerca de lo que caracteriza a diversos regímenes políticos (monarquías, democracias, totalitarismos); en el marco de una sociofilosofía, describiendo los grandes movimientos ideológicos que surgen en el mundo (socialismo, marxismo, anarquismo, capitalismo, liberalis-

---

[3] Arendt H.(1995, p. 39).
[4] Arendt H. (1995, p. 40).

mo, universalismo) o, incluso, en el marco de una antropología social, estudiando –como propone P. Legendre– «el orden de las leyes», lo que sustenta las instituciones, lo que «fabrica el fundamento de la vida humana, la razón de vivir y la razón a secas en la escena de la cultura» y define al Estado como la escena teatral en la que se representa el deseo de la unidad humana y su perennidad «a través de las generaciones de individuos condenados a la muerte»[5].

Por lo que a nosotros concierne, trataremos de describir unos «imaginarios de verdad» del discurso político. La verdad está estrechamente ligada al discurso. No podríamos afirmar si es sólo discurso, pero sólo podemos representárnosla a través del lenguaje, ya que es el lenguaje el que a la vez funda y configura los sistemas de valor. Ingresamos ahí en una nueva problemática, la de las *representaciones sociales*. Es una amplia cuestión, que mencionamos varias veces en los capítulos anteriores y que aquí trataremos desde el punto de vista del lenguaje tratando de distinguir diferentes nociones (teoría, doctrina, ideología) para proponer *in fine* una definición de lo que llamamos «imaginarios sociodiscursivos».

2. El obstáculo de la ideología

Así como el hombre necesita a la realidad para significarla, la realidad necesita al hombre para ser significada. Foucault trató esta cuestión negándose a poner al hombre y al mundo en un cara a cara en el cual cada uno de ellos fuese exterior al otro. Ya que, por un lado, el hombre es dominado por un mundo que se le impone; pero, por otro lado, él comprende este mundo a través de los sistemas de representación; sistemas de representación que él mismo construye y que, al mismo tiempo, dependen de la experiencia que él tiene del mundo. Al experimentar el mundo, el hombre es solicitado por la experiencia: construye saber acerca del mundo pero bajo la dependencia de éste, ya que sólo puede pensarse a través de las representaciones que se hace del mismo. Por lo tanto, el hombre es a la vez sujeto y objeto, conocedor del mundo y conocido por éste, «soberano sometido, espectador observado»[6].

---

[5]   Entrevista publicada en *Télérama* nº 2555 del 30 de diciembre de 1998 (p. 10).

[6]   Foucault (1966).

tividades sociales específicas o "grupos"», propone distinguirlas de las creencias culturales comunes a todos los grupos de una cultura determinada[12] y lleva a cabo una diferenciación entre ideologías *profesionales*, *sociales* y *políticas*. Pero tan pronto como observamos los ejemplos destinados a ilustrar estas distinciones, nos cuesta mucho discernirlos: ¿el *racismo*, considerado como ideología social, no es también profesional y política? ¿No puede ser común a los diferentes miembros de una misma cultura y, al mismo tiempo, propio de esa cultura? Por consiguiente, ¿cuál es su grado de generalidad y/o de especificidad? ¿Se trata, acaso, de la noción de racismo o de otras nociones conexas; algunas más generales, como el *igualitarismo* o el *esclavismo*, y otras más particulares, como el *antisemitismo*, la *antinegritud* o el *antiarabismo*? Si retomamos el léxico de la psicología social, ¿las ideologías forman parte del *sistema central* o del *sistema periférico*? ¿Es necesario, para el análisis de los discursos, definir estos sistemas de creencias como entidades categorizadas, cuando lo que los caracteriza es su extrema fluidez discursiva, en cuanto surgen y circulan en diferentes grupos, revestidos de diversas formas?

Nos parece difícil tomar prestadas tales cuales estas definiciones, ya que nuestro marco de análisis del discurso no es punto por punto idéntico al de Van Dijk. Pero es evidente que ocasionalmente coincidimos con algunos de sus puntos de vista así como con los de otras disciplinas. Por lo que a nosotros concierne, abordaremos la cuestión partiendo de la noción de representación social como fenómeno cognitivo-discursivo general que genera sistemas de saber en los cuales distinguiremos entre *saberes de conocimiento* y *saberes de creencia*. Luego, nos interrogaremos acerca de la necesidad de llevar a cabo una distinción entre *teorías*, *doctrinas* e *ideologías* para pasar a lo que constituye el basamento de estos sistemas de saber: los *imaginarios sociodiscursivos*.

3. Representaciones sociales y sistemas de pensamiento

El concepto de *representación social* es relativamente reciente en la historia de la filosofía y las ciencias sociales. Primero, hubo que aceptar

---

[12] *Op. cit.* (p. 63).

que frente a la lógica formal existía una lógica natural[13]; aceptar que la lógica de la demostración matemática, construida por fuera del sujeto y de todo contexto social, no era la única posible y que existía una lógica del «pensamiento social, ampliamente determinada por el contexto social en el cual se inscribe»[14] y originada en el sujeto. A continuación, fue necesario que se cuestionase el esquema estímulo-respuesta que prevaleció durante mucho tiempo en psicología para explicar el comportamiento animal y humano (conductismo). Tratándose del comportamiento humano, este esquema fue considerado como insuficiente para dar cuenta del desfase que se produce entre los procesos de transmisión de la información y los resultados del aprendizaje. Este desfase se debería al hecho de que todo aprendizaje depende de conocimientos previos y saberes adquiridos durante el transcurso de la socialización del sujeto, ya que basta con que se modifique estos últimos para que, a procesos de igual transmisión, cambien los resultados. Desde ese momento, podía surgir la idea de que entre la realidad y la percepción que de ella puede tener un sujeto existe un proceso de interpretación, a través del cual se construye esa realidad en función de la posición del antedicho sujeto y de las condiciones de producción derivadas del contexto social en el cual éste se encuentra. A partir de ahí, se desarrollaron diferentes puntos de vista: el de los teóricos marxistas de la ideología, para quienes las representaciones construyen creencias que toman cuerpo en el lenguaje y cumplen una función de enmascaramiento de la realidad, de modo que sobredeterminan por completo al sujeto; el (más subjetivista) de una sociología que se interroga acerca de la manera en que las representaciones pueden cumplir una función de orientación de las conductas del grupo para explicar las resistencias al cambio de los grupos'sociales, o, por el contrario, las innovaciones; el (más cognitivista) iniciado por Piaget y continuado por Moscovici, que se interesa en las modalidades del conocimiento y tiende a mostrar que el sujeto se constituye en y por sus representaciones a efectos de la adaptación a su entorno y de la comunicación con los otros.

La cuestión es demasiado amplia y los puntos de vista son demasiado diversos como para introducirnos aquí en una discusión exhaustiva.

---

[13] Véanse los escritos de J. B. Grize (1995).

[14] Guimelli (1999, p. 3).

Tomaremos algunos puntos de estas diferentes perspectivas para integrarlos en una problemática del discurso.

a) El primero de estos puntos es que el individuo se halla atrapado entre unas *prácticas sociales* concretas, en las cuales se ve obligado a intercambiar con otros, y una actividad de *conceptualización* que tiene como objetivo hacer inteligible el mundo atribuyéndole valores. Esta actividad de conceptualización se basa a la vez en una consciencia afectiva, como consecuencia de la relación de deseabilidad que el sujeto mantiene con los objetos del mundo, y en una consciencia racional, como consecuencia de los discursos de justificación que produce a propósito de su experiencia del mundo apoyándose en los conocimientos que pudo adquirir y en los juicios que heredó. De ahí que las representaciones sociales consten de una triple dimensión: cognitiva (organización mental de la percepción), simbólica (interpretación de la realidad) e ideológica (atribución de valores que cumplen la función de normas sociales).

b) No es posible separar las representaciones sociales de una *teoría del sujeto*. Sujeto individual o sujeto colectivo, éste está sobredeterminado –al menos parcialmente– por las representaciones del grupo al que pertenece o desea pertenecer. Al ser todo acto de comunicación un acto de intercambio entre dos o varios interlocutores, crea un vínculo social, partiendo de las normas de comportamiento, lo que establece representaciones necesariamente compartidas. Esto explica que las representaciones puedan variar de un grupo a otro y cambiar al interior de un mismo grupo.

c) Las representaciones tienen como función «interpretar la realidad que nos rodea, por una parte, manteniendo con ella relaciones de simbolización, y, por otra parte, atribuyéndole significaciones»[15]. Están constituidas por «el conjunto de las creencias, los conocimientos y las opiniones que son *producidos* y *compartidos* por los individuos de un mismo grupo, con respecto a un objeto social determinado»[16]. Para la psicología social, esta definición es producto de un

---

[15] Guimelli (1999, p. 64).

[16] *Op. cit.* (p. 63).

mecanismo que comprende un doble proceso: de «objetivación», consistente en extraer de la experiencia un conjunto de informaciones previamente seleccionadas y filtradas para descontextualizarlas y construir una significación global bajo la forma de un *núcleo figurativo*[17]; de «anclaje», que garantiza «el arraigo de la representación en el sistema de pensamiento preexistente»[18] para dar lugar a una categorización que le permite al grupo reconocerse en un conjunto de semejanzas y diferencias. De este modo, las representaciones sociales organizan los esquemas de clasificación y juicios de un grupo social y le permiten a éste *exhibirse* a través de los rituales, las estilizaciones de vida y los signos simbólicos.

Los tipos de saber

La psicología social, por prudencia o por tradición, parece reducir el alcance de las representaciones al caso del «conocimiento del sentido común»[19] por parte del grupo que las produce a propósito de un objeto social determinado. Pero, por una parte, cuesta diferenciar entre un sentido que fuese común y un sentido que no lo fuese[20]; y por otra parte, el mecanismo de las representaciones que acaba de ser descripto muestra que éstas poseen un alcance más general, ya que tienen que ver con una organización mental cuya función es interpretar los acontecimientos del mundo y las relaciones del sujeto con esos acontecimientos, según un principio de coherencia elaborado por el grupo de pertenencia. Así pues, las consideraremos como la base cognitiva a partir de la cual se construyen sistemas de saber. Es posible que las representaciones tengan diferentes campos de aplicación: de orden *praxeológico*, cuando se trata de comprender y memorizar esquemas de acción normados (los guiones)[21]; de orden *acontecimental*, cuando se trata de ordenar las informaciones en torno a un ámbito de experiencia (un crimen); de orden *situacional*, cuando se trata de juzgar la perti-

---

[17] «Éste sólo constará de algunas nociones que, agenciadas de cierta manera, constituirán lo esencial de la representación» (*op. cit.*).

[18] *Op. cit.* (p. 67).

[19] *Op. cit.* (p. 63).

[20] ¿El sentido «no común» sería el sentido «sabio» [*«savant»*]?

[21] Véase Schank y Abelson (1977).

nencia del contexto en el cual se habla y actúa. Pero cuando se trata de abordar estas representaciones en términos de interpretación creadora de sentido, nos parece que esto siempre pasa por un saber que se ha constituido al mismo tiempo que su aplicación. Así pues, formularemos la hipótesis de que estas representaciones constituyen *maneras de ver* (discriminar y clasificar) y de *juzgar* (atribuir un valor) el mundo, a través de los *discursos* que engendran *saberes*, y de que los sistemas de pensamiento –combinaciones de conocimiento, juicio y afecto– se elaboran con estos saberes.

En esta perspectiva, los saberes no son categorías abstractas de la mente sino *formas de decir* configuradas por el lenguaje que, a la vez, contribuyen a la construcción de los sistemas de pensamiento y son dependientes de ellos. Pueden ser agrupadas en dos tipos.

Saberes de conocimiento y saberes de creencia

Los saberes de conocimiento tienen por objeto establecer una verdad sobre los fenómenos del mundo. Se dan como existentes fuera de la subjetividad del sujeto, ya que lo que funda esta verdad es algo exterior al hombre. Estos saberes conciernen a los hechos del mundo y a la explicación que se puede aportar acerca del porqué y el cómo de estos fenómenos. Por lo tanto, estos saberes participan de una *razón académica* que construye una representación del mundo que equivale al conocimiento mismo del mundo. Esta razón académica, entonces, necesita garantes: utiliza instrumentos de visualización del mundo (microscopio, lentes, telemática), sistemas de medida o de cálculo (estadística, informática), procedimientos de representación codificada (cartografía), y define conceptos y modos de razonamiento que pueden ser utilizados por varios individuos y escapan, entonces, a la singularidad del individuo. De este modo, se construye un discurso que no es privativo de nadie, que sería lo propio de un tercero impersonal (la ciencia, o lo que hace las veces de ella) independiente de todo acto de enunciación personal y cumpliría a la vez la función de referencia y verificador del saber. Queda sobrentendido que estos saberes de conocimiento dependen de las culturas en las cuales surgen. Pero aquí no se trata de discutir la validez de estos saberes. Lo que cuenta es que, si se dice «dos y dos son cuatro», se tenga la impresión de haber recurrido a un enunciado que se da como una verdad demostrada e indiscutible.

Los *saberes de creencia* tienen por objeto emitir un juicio sobre el mundo. No conciernen, pues, al conocimiento del mundo sino a los valores que se le atribuyen. Los conocimientos son un modo de explicación centrado en el mundo y que supuestamente no depende del juicio del hombre (como el enunciado «la Tierra gira alrededor del Sol»), mientras que los valores se derivan de un juicio, no sobre el conocimiento del mundo (la cuestión no consiste en saber si está bien o mal que la Tierra sea redonda) sino sobre los seres del mundo, su pensamiento y su comportamiento (la cuestión consiste en saber si está bien o mal, si es razonable o irracional ir a la Luna, asistir a tal manifestación, solidarizarse con tal acción, etc.). Los saberes de creencia se derivan de un movimiento de evaluación a cuyo término el sujeto determina su juicio a propósito de los hechos del mundo. Esta vez, es el sujeto el que va hacia el mundo y no el mundo el que se impone al sujeto. Debe admitirse, entonces, que existen varios juicios posibles a propósito de los hechos del mundo; juicios entre los cuales el sujeto hablante elige según una lógica de lo necesario o lo verosímil en la que puede intervenir tanto el razonamiento como la emoción[22]. Y como hay varios juicios sobre el mundo, éstos son objeto de confrontación o de un compartir. Todo juicio de creencia se basa en un compartir, y es por eso que se puede afirmar que posee al mismo tiempo una función identitaria (que el saber de conocimiento no necesariamente posee).

De este modo, saberes de conocimiento y saberes de creencia estructuran las representaciones sociales. Unos, construyendo explicaciones satisfactorias del mundo; los otros, axiologizando las relaciones del hombre con el mundo[23]. Pero la frontera entre estos dos tipos de saber es porosa; y ello, tanto más cuanto que muchos sujetos juegan con dicha porosidad, con fines estratégicos, presentando un tipo de saber en lugar del otro, y viceversa. Es el caso del discurso político que trata de

---

[22] Una de sus formas es la fe, que se caracteriza por un movimiento de creencia en la existencia de un más allá, fuente de bendición; movimiento que es el resultado de una combinación de afecto y razón.

[23] Para más detalles sobre esta cuestión, véase P. Charaudeau, «Tiers, où-est tu? À propos du tiers du discours», en: *La Voix cachée du tiers.Des non-dits du discours,* L'Harmattan, París, 2004.

erigir como una norma universal que atañe al conocimiento lo que sólo es una norma moral que atañe a la creencia: trata de hacer que se confunda una verdad de creencia con una verdad de conocimiento.

Los sistemas de pensamiento

Teniendo en cuenta esta distinción, diremos que los *sistemas de pensamiento* son el resultado de cierto ordenamiento de los saberes como sistemas de conocimiento y sistemas de creencia para tratar de suministrar una explicación global sobre el mundo y el ser humano. Es posible afirmar que el mundo se presenta bajo una apariencia sensible ilusoria y que la verdadera vida es «ideal» (Platón); es posible afirmar que los arquetipos del inconsciente son los que gobiernan al hombre (Jung), o que éste es significado en tanto que ser social por los mitos que produce su grupo y que se piensan entre ellos (Lévi-Strauss); es posible afirmar, también, que el conocimiento del mundo es el resultado de una producción del espíritu que construye sistemas de entendimiento según principios de coherencia –siempre se lo debemos a cierto ordenamiento del saber. Por lo tanto, si tomamos como criterio básico los tipos de saber en los que se basan los sistemas de pensamiento, podremos diferenciar entre teorías, doctrinas e ideologías.

Las *teorías* están constituidas por saberes de conocimiento que podemos llamar «saberes académicos [*savoirs savants*]». Se caracterizan por una forma de discurso que se centra en torno a un núcleo de certezas constituido por un conjunto de proposiciones que valen como postulados, principios o axiomas, y de los cuales dependen los conceptos, los modos de razonamiento y el aparato metodológico. Por eso, es posible afirmar que nos encontramos frente a un saber cerrado sobre sí mismo. Pero en la medida en que ese saber es discutido, puede ser objeto de refutaciones y es confrontado con proposiciones opuestas o resultados contradictorios, es posible afirmar que ese saber es abierto, ya que acepta su cuestionamiento mediante la observación o la crítica. Esta aceptación de cuestionamiento está condicionada por las relaciones de poder que se instauran entre los actores del campo teórico (Bourdieu); pero, en ese caso, afirmaremos que los saberes de conocimiento les dejan paso a los saberes de creencia.

Las *doctrinas* están constituidas en parte por saber de conocimiento y en parte por saber de creencia. A diferencia de las teorías, se caracterizan por una forma de discurso exclusivamente cerrado. En realidad, se trata de un saber de opinión que es maquillado como saber de conocimiento y termina por tomar el lugar de éste. En efecto, las doctrinas se autojustifican por referencia a una palabra fundadora transmitida por tradición oral o consignada en textos que poseen un valor más o menos sagrado. A veces, es comunicada por un mediador que posee a su vez un carácter más o menos sagrado (un Cristo; un profeta; un sacerdote, como en algunas religiones; un gurú, como en las sectas). Esta palabra tiene como función transmitir una revelación en relación a la cual no hay otra actitud posible que la adhesión o el rechazo en bloque, dado que ésta posee un valor trascendental. Pero hallamos también una versión menos sagrada de dicha palabra, cuando ésta supuestamente funda racionalmente la adhesión a un sistema de pensamiento absoluto como el marxismo en su versión endurecida por un aparato de Estado. Tanto en un caso como en el otro, las doctrinas sirven de modelo de pensamiento y de comportamiento para los individuos que viven en sociedad. Las doctrinas son insensibles a las contradicciones que podría aportar la experiencia, rechazan la crítica y, frente a éstas, sólo reaccionan de manera dogmática, mediante anatemas, excomuniones u otras formas de exclusión. Son cerradas y no sufren cuestionamientos porque en el fondo se basan en un discurso moral que no expresa el conocimiento del mundo sino el alcance trascendental del ser: la salvación en el más allá o la felicidad absoluta en este mundo.

Las *ideologías* constituyen «un conjunto de representaciones sociales efectivamente unidas en un *sistema de ideas genéricas*. Estarían en la base de las tomas de posición, más o menos antagónicas, basadas en *valores* irreductibles y *esquemas de conocimiento* considerados como universales y evidentes»[24]. Esta definición, procedente de la psicología social, afirma que las ideologías son siempre un intento de suministrar una explicación total o generalizadora de la actividad humana. En calidad de tal, participan de un saber de conocimiento y pueden, de ese modo, aspirar a constituir un sistema de explicación del mundo (así se instituyó el po-

---

[24]   C. Chabrol, «Le tiers du discours dans l'espace idéologique», en: *La Voix cachée du tiers. Des non-dits du discours, ibid.*

sitivismo). Sin embargo, en la medida en que las ideologías están «en la base de tomas de posición más o menos antagónicas basadas en valores irreductibles»[25], también participan de creencias que se deben aceptar o rechazar en bloque, ya que, aquí también, hay a menudo un fundador en su origen. Vemos que las ideologías tienen muchas cosas en común con las doctrinas. Sin embargo, las diferenciaremos afirmando que una ideología se basa en un sistema de valores con sustancia afectiva y normativa que tiende a definir aspiraciones humanas, a establecerlas como principios y a organizarlas en un discurso de racionalización autojustificante. Cuando una ideología se endurece, tiende a convertirse en doctrina (marxismo, capitalismo); cuando es imprecisa, sigue siendo un sistema simple de creencias (socialismo, liberalismo)[26]. En el caso de las doctrinas, el sistema de valores está configurado en un texto inmutable que hace las veces de dogma; en el caso de la ideología, no existe más que una masa discursiva de geometría variable en cuanto a su configuración. En una perspectiva tal, la ideología no es un sistema de valores que tiene como función enmascarar la realidad. Se trata más bien, en caso de que se quiera conservar este término, de *procesos de ideologización* que construyen un conjunto de creencias más o menos teorizadas sobre la actividad social, y tienen como efecto discriminar identidades sociales. Estos procesos constituyen precisamente lo que está en juego en las relaciones de poder; no obstante, no hay que confundirlos con éstas. El poder es un estado de hecho que resulta de una conquista y se ejerce en una relación de dominación variable pero puede toparse, en cualquier momento, con un posible contrapoder. La ideología es un sistema de pensamiento más o menos cerrado sobre sí mismo que está construido en torno a los valores que se impone un grupo social. Ideología y poder se cruzan, a continuación, para determinar múltiples lugares de soberanía parcial y provisoria, pudiendo estas soberanías ser mayoritarias en un grupo pero minoritarias en relación con otro más amplio que incluya al primero.

Un punto de vista tal sobre nuestras nociones permite, por su flexibilidad, dar cuenta de los movimientos que se llevan a cabo con el tiempo en ciertos sistemas de pensamiento. Por ejemplo, el marxismo

---

[25] C. Chabrol, *op. cit.*

[26] Si bien el «socialismo» y el «liberalismo» tienen sus doctrinarios y teóricos.

pudo ser considerado a veces como una teoría, por su intento de explicación sociopolítico-económica de las sociedades occidentales (el materialismo crítico); otras veces como una doctrina, en la medida en que podía referirse a unos textos y a un padre fundador («una religión de la salvación», dice E. Morin, con su profeta, K. Marx); y otras como una ideología, en la medida en que respondía a aspiraciones humanas y establecía principios de vida (una sociedad igualitaria, sin clases). El psicoanálisis también es considerado como una teoría cuando es objeto de discusión científica, y como doctrina cuando es objeto de una polémica que desemboca en la constitución de campos de poder e incluso de cenáculos en los que sólo se puede entrar mediante un espaldarazo y de los que sólo se sale mediante la exclusión. Asimismo, hay teorías económicas que se convierten en nuevas ideologías o incluso en doctrinas; y cabe observar que un sistema de valores como el de los «derechos humanos» termina por erigirse en una doctrina que justifica las intervenciones humanitarias y los tribunales internacionales para juzgar los crímenes contra la humanidad. Además, con una definición extensiva e imprecisa de la ideología, se hace posible aplicarla a diferentes ámbitos y hablar, por ejemplo, de ideologías *economicista, tecnológica, tecnocrática, ecológica* o *mediática*[27], como otros tantos sistemas de creencias que responden a modelos de opinión cuyas características es conveniente describir[28].

Nuestro propósito no consiste en describir las teorías, doctrinas o ideologías pertenecientes al campo de lo político, sino en determinar los saberes de creencia que circulan por él configurándose en diversos «imaginarios sociodiscursivos» –confiando a otros estudios, más filosóficos, la tarea de decir a qué tipo de sistema de pensamiento pertenecen.

[27] Véase un aspecto de la ideología del discurso informativo televisivo en: P. Charaudeau (2001, «Conclusion générale»).

[28] Cabe destacar que Van Dijk (1999) distingue diferentes tipos de ideologías «profesionales», «sociales» y «políticas», pero los ejemplos brindados son muy difíciles de atribuir a sólo una de estas categorías. Además, propone distinguir entre lo que él llama «*common ground*» –una especie de «base general que organiza las actitudes» (p. ej.: el cristianismo)– y las ideologías relativas al grupo (p. ej.: el integrismo); pero, también ahí, resulta difícil discriminar entre ambos.

4. De los imaginarios sociodiscursivos

Definir y clasificar los sistemas de pensamiento no atañe exclusivamente al análisis del discurso: la filosofía, la antropología social, la sociología y la patología social contribuyen a ello cada una por su parte. Sin embargo, ninguna de ellas puede bastar para agotar la cuestión; el punto de vista de pertinencia que cada una aporta debe ser completado por el de las demás. Sólo en esta interdisciplinariedad, entonces –una interdisciplinariedad que aún está por construirse–, hallaremos explicaciones satisfactorias. Por eso, querríamos situarnos allí donde el análisis del discurso puede aportarle su piedra a este inmenso edificio, y de manera operatoria. Ese lugar es el de la organización de los saberes, en el cual se trata de identificar las ideas y los valores que aquéllos ponen de relieve sin prejuzgar el sistema de pensamiento al cual podrían corresponder. En la medida en que esos saberes, en cuanto representaciones sociales, construyen la realidad como universo de significación, según un principio de coherencia, hablaremos de «imaginarios». En la medida en que esos imaginarios son identificables por enunciados lingüísticos que son producidos de diferentes formas, pero semánticamente reagrupables, los llamaremos «imaginarios discursivos». Y por último, en la medida en que éstos circulan dentro de un grupo social instituyéndose como normas de referencia para sus miembros, hablaremos de «imaginarios sociodiscursivos».

El imaginario social

Lo imaginario no es, como da a entender su uso corriente y el diccionario en su primera acepción, lo que se opone a la realidad, lo que es de cabo a rabo inventado: «Que sólo existe en la imaginación, que carece de realidad. V. Irreal; ficticio. *Animales imaginarios*. V. Fabuloso. *Seres imaginarios*. V. Legendario, mítico. *Novelista que crea un personaje imaginario. Peligro imaginario*» (*Le Robert*). Efectivamente, lo imaginario es una imagen de la realidad, pero en tanto que esa imagen interpreta la realidad, la introduce en un universo de significaciones. Al describir el mecanismo de las representaciones sociales, efectuamos con otros la hipótesis de que la realidad no podía ser aprehendida en cuanto tal, por sí misma: la realidad en sí misma existe pero no significa. La significación de la realidad se deriva de una doble relación: la relación que el hombre mantiene con respecto a la realidad a través de su experiencia y la relación que establece con los otros para arribar a un consenso de significación. La realidad, entonces, necesita ser percibida por el hombre para significar; y es esta actividad de percepción significante la que produce los imaginarios, los cuales a su vez le dan sentido a esa realidad.

El *imaginario social* es un concepto que fue introducido por C. Castoriadis entre la década de los sesenta y la de los setenta. Lo discute largamente en *L'Institution imaginaire de la société*[29]. En un primer momento, opone «lo imaginario» a lo «percibido» y a lo «racional» como si constituyesen un conjunto de significaciones específicas, aunque reconociendo que entre los tres conceptos hay «relaciones íntimas»[30]. Luego, termina por fusionarlos en un mismo concepto, en la medida en que «este imaginario no cumple únicamente la función de lo racional; es ya una forma suya, lo contiene en una indistinción primera e infinitamente fecunda y es posible discernir en él los elementos que nuestra propia racionalidad presupone»[31]. De esta larga exposición, tomaremos esencialmente dos cosas:

— El imaginario social es un universo de significaciones fundador de la identidad del grupo en la medida en que «lo que mantiene unida a una sociedad es el mantenimiento conjunto de su mundo de significaciones»[32]. Sin embargo, aportaremos a ello un matiz, ya que Castoriadis parece poner como garantía de este «mantenimiento conjunto» a la institución; mientras que cabe considerar que ésta sólo es la parte emergente del superyó social normado, el cual (y al cual) construye todo grupo social. En efecto, un grupo está constituido por la suma de las relaciones que establecen unos individuos entre sí —relaciones que, autorregulándose, terminan por construir universos de valores y, por ende, imaginarios comunes.

— El sentido que está investido en este imaginario no es «ni verdadero ni falso, ni verificable ni falsable por referencia a "verdaderos"

---

[29] Castoriadis (1975, pp. 204 y 481).

[30] *Op. cit.* (p. 211).

[31] *Op. cit.* (p. 245).

[32] *Op. cit.* (p. 211).

problemas y a su "verdadera" solución [...]»[33]. En efecto, parecería ser que –dado que refleja la visión que el hombre tiene sobre el mundo social– el imaginario fuese del orden de lo verosímil, es decir, de lo que es siempre posiblemente verdadero. Sin embargo –y ésa es la paradoja de lo imaginario–, ¿cómo pensar que el hombre construiría, acerca del mundo, percepciones significantes que no tendría por verdaderas? Debemos agregar, entonces, a las palabras de Castoriadis, que el imaginario no puede no aspirar a poner de manifiesto una verdad; y que, en consecuencia, todo imaginario es un *imaginario de verdad* que esencializa la percepción del mundo en un saber (provisoriamente) absoluto. El imaginario se deriva de una doble interacción: interacción del hombre con el mundo, interacción del hombre con el hombre.

En el cruce de esta doble interacción, se producen «imbricaciones complejas donde los gestos, las pulsiones, las prácticas, los actos y las representaciones se fusionan y se informan entre sí»[34]. Esto da a entender que no todos los imaginarios son conscientes. Algunos pueden ser racionalizados mediante discursos-textos que circulan por las instituciones (escuelas, constituciones de Estados, religiones, Justicia, etc.), lugares de inculcación de estos imaginarios con fines identitarios (así circula por la nación francesa el imaginario de *laicidad*). Otros circulan por las sociedades de manera no consciente, hallándose en los juicios implícitos que transmiten los enunciados, las maneras de hablar, los rituales sociolingüísticos, juicios de orden ético, estético, etc., que están tan incorporados por parte de los miembros del grupo social que funcionan de manera natural, como una evidencia compartida por todos (así, en la sociedad francesa es pregnante el imaginario político del *centralismo jacobino*). Estos imaginarios pueden acceder a la consciencia cuando una situación parece cuestionarlos, y especialmente cuando se trata de definirse con respecto al otro extranjero: la confrontación con la alteridad siempre provoca una toma de consciencia. Otros imaginarios más están ocultos en lo que se llama inconsciente colectivo, porque todas estas imbricaciones complejas se crearon a lo largo de la historia, y constituyen una memoria colectiva a largo plazo que casi no es iden-

---

[33] *Op. cit.* (p. 202).

[34] A. Farge, en: *Libération*, 2 de julio de 1994, citado por J.-F. Bayart (1996, p. 183).

tificable excepto por un enfoque histórico y antropológico (así sucede con el imaginario de *pureza de la raza*).

Esto nos lleva a concluir que los grupos sociales se hallan en una situación paradójica: no dejan de producir, reinterpretar e incluso cuestionar los imaginarios, y al mismo tiempo no pueden evitar esencializarlos, ya que los imaginarios sólo tienen valor por su pretensión de universalidad: las masacres de poblaciones, los genocidios y otras purificaciones étnicas no podrían llevarse a cabo sin el soporte de imaginarios de pretensión universal.

El imaginario sociodiscursivo

Se trata de un concepto que proponemos para incorporar la noción de imaginario en el marco de un análisis del discurso. Ya que, para cumplir plenamente su función de espejo identitario, estos imaginarios fragmentados, inestables y esencializados necesitan ser materializados. Se materializan de diferentes formas: en tipos de comportamientos (los ritos sociales de la vida cotidiana), actividades colectivas (concentraciones, manifestaciones, ceremonias) que tienen como efecto dar cuerpo a los imaginarios; en la producción de objetos manufacturados y tecnologías que le dan al grupo la sensación de poseer y dominar el mundo (la televisión e Internet dan esta impresión de dominio del espacio y el tiempo); en la construcción de objetos emblemáticos que, erigidos como símbolos, «objetalizan»[35] y exhiben hasta la exaltación –y a veces hasta el fetichismo– los valores identitarios a los cuales adhieren los miembros del grupo, mediante un acto de asunción más o menos voluntario (las banderas, las insignias y los eslóganes, como la hoz y el martillo, la cruz gamada, el «*Black is beautiful*», etc.).

Pero esta materialización necesita, por su parte, ser sostenida por una racionalización discursiva, sin que de hecho se sepa cuál de las dos antecede a la otra ni si la segunda cumple una función de promoción o justificación de la primera. Los grupos sociales producen discursos diversamente configurados que les dan un sentido a esas materializaciones. Unos se fijan en textos escritos (o en la tradición oral) de manera más o menos inmutable y pueden, de ese modo, ser transmitidos de generación en generación: las doctrinas de las religiones, las teorías en

[35] Bourdieu (1982).

las ciencias, los manifiestos en política o en literatura. Otros circulan por las comunidades bajo configuraciones variables –a veces más estables, como los proverbios, máximas y refranes; y otras veces menos estables, como giros o frases de circunstancias–, pero cuya variedad no altera su sentido básico contenido en una especie de núcleo semántico más estable; hay, por ejemplo, varias maneras de expresar el imaginario de *potencia* en el discurso político, como hemos visto en las categorías de ethos. Estos textos, estos refranes, estos eslóganes y estos enunciados diversos se presentan de manera sencilla, ya que deben ser comprendidos por la gran mayoría, y cumplen diversas funciones de llamado, manifiesto, anatema, polémica o reivindicación. De ahí el calificativo de «discursivo» para caracterizar estos imaginarios sociales.

Los imaginarios sociodiscursivos circulan, entonces, por un espacio de interdiscursividad. Ponen de manifiesto las identidades colectivas, la percepción que los individuos y los grupos poseen de los acontecimientos y los juicios que aquéllos emiten sobre las actividades sociales. Por el espacio político, por ejemplo, circulan imaginarios sobre la forma en que debe comportarse un político, según se encuentre en situación de campaña electoral, de alocución televisiva, de debate, de acto, etc.: imaginarios sobre el ethos que debe construirse en función de una expectativa colectiva de los ciudadanos; imaginarios de opinión que sostienen los programas electorales, las profesiones de fe o los escritos de análisis. Frecuentemente, estos imaginarios se superponen y construyen especies de arquetipos colectivos inconscientes[36].

Tal definición del imaginario sociodiscursivo coincide con dos de las características del imaginario en general que J.-F. Boyart descaca:

> – La función del imaginario es indisociable del orden de la materialidad: es en virtud de esta propiedad que aquélla es estructurante y que los procesos políticos o económicos se realizan en su dimensión. Como

---

[36] Diversas expresiones y maneras de hablar que circulan por la sociedad francesa son prueba de esta superposición: «mantenerse firme», «la rectitud», «la franqueza», «la brutalidad necesaria de la sinceridad», que se oponen a «la sinceridad torpe», «la torpeza», «no ser de fiar», «estar loco», etc. En una entrevista, (*Télérama*, 5 de agosto de 1998), P. Bourdieu afirma que con la expresión «sostener el cuchillo con la mano derecha» se transmite toda la moral de virilidad, donde, en la oposición entre la derecha y la izquierda, la derecha es «naturalmente» el culto de la virtud como virtud del hombre (*vir*).

corolario, una materialidad sólo puede ser considerada en su relación con el imaginario.

– Por último, en una sociedad determinada, el imaginario no representa una totalidad coherente, dado que abarca una galaxia de figuras heterogéneas, perpetuamente en fuga. Las producciones imaginarias, entonces, no son necesariamente isomorfas. Además, son por definición, en cuanto producciones simbólicas, polisémicas y ambivalentes. Por tal motivo, contribuyen al «mantenimiento conjunto» de una sociedad sin que «el mantenimiento conjunto de su mundo de significaciones» pueda jamás ser demostrado, ni siquiera ser postulado como demostrable[37].

Describir los imaginarios es contribuir a la construcción de Epistemes, esas «matrices de inteligibilidad del campo social»[38] de las que hablaba Foucault. Veremos que, en el campo del discurso político, estos imaginarios a menudo son instrumentados con fines de persuasión.

[37] Bayart (1996, p. 231).
[38] Foucault (1976, p. 122).

CAPÍTULO II
Sobre algunos imaginarios de verdad de lo político

Sea cual fuere la variedad de propósitos de los que trata el discurso político, éstos deben referirse a valores de la vida en comunidad. Evidentemente, estos valores deben ser presentados de manera positiva, dado que conciernen al bienestar social del individuo. Pero como estos valores se hallan en competencia con los también positivos que defienden los adversarios, la cuestión ya no es tanto la de la existencia de esos valores, ni la de su credibilidad, sino la de su *fuerza de verdad*: una fuerza de verdad que debe ser superior a la del adversario o el contradictor, e incluso superior a la de cualquier otro que pudiese alguna vez oponérseles.

Se plantea, por consiguiente, una serie de cuestiones: ¿cómo medimos esa fuerza de verdad?; ¿dicha fuerza se halla en la esencia misma de la verdad o en el efecto que ésta produce entre el público que la recibe? En el primer caso, eso significaría que habría unas verdades superiores a otras *por naturaleza*, que se presentan como evidencias independientemente de los sujetos que las proclaman; en el segundo caso, la verdad ya no sería un «ser verdadero» sino un «creer verdadero» que ya no tendría que ver con la evidencia sino con la convicción de los sujetos que se ven confrontados a ella. También es posible preguntarse, como hace Badiou, por el problema de saber si la *acción* no se opone a la *opinión* y, por lo tanto, si la verdad no está más bien del lado de la primera que de la segunda. Ése es el punto de vista que él defiende dando como ejemplo el «acto de resistencia», del cual afirma que «ésta [la resistencia] no es una opinión. Es más bien una ruptura lógica con las opiniones circulantes y dominantes»[1]. Por consiguiente, la elección política que conlleva «se presenta como separada de la imposición de

[1] Badiou (1998, p. 14).

los colectivos, y como algo que compete a la decisión personal. [...] de hecho, la elección no tiene su inteligibilidad ni en el colectivo objetivo ni en una subjetividad de opinión. Tiene su inteligibilidad en sí misma, en el proceso secuencial de la acción [...]»[2].

A. Badiou quizá tenga razón en su perspectiva. Trata, en efecto, de pensar la política desde el punto de vista de los actores cuyas declaraciones e intervenciones se inscribirían como la «prescripción de una posibilidad en ruptura con lo que hay»[3], lo que lo lleva a romper «con la "filosofía política" en el sentido de Arendt»[4]. Nuestro punto de vista no es el mismo, es el de un análisis de los discursos que circulan por el espacio de discusión y deliberación del campo político. Entre ellos, unos se quedan en la pura confrontación de las opiniones; otros, en cambio, terminan por anudarse a la decisión y al compromiso, para retomar los términos de Badiou. Es conveniente, entonces, identificar estos discursos en cuanto que éstos producen un efecto de verdad. Ahora bien, estos efectos de verdad, por su parte, dependen de las representaciones que cada grupo social construye, y, por lo tanto, de los imaginarios que los estructuran. Reagruparemos estos discursos de valor (libertad, justicia, benevolencia, sociabilidad, igualdad, armonía, equilibrio, tradición, etc.) según su pertenencia a grandes tipos de imaginarios sociodiscursivos. Consideraremos algunos de ellos entre los que nos parecen los más recurrentes y los más capaces de alimentar la dramaturgia política: la «tradición», la «modernidad» y la «soberanía popular».

1. El imaginario de la «tradición»

El imaginario de la «tradición» se sustenta en discursos que se refieren a un mundo lejano en el tiempo, un mundo en el cual los individuos habrían conocido un estado de pureza. Este mundo es evocado como un paraíso perdido (la Edad de Oro de la Antigüedad, el Edén de la Biblia) hacia el cual habría que remontarse para hallar un origen, fuente de autenticidad. Se describe, entonces, una historia de la comunidad correspondiente, una historia a veces inventada pero necesaria

---

[2] *Op. cit.* (p. 15).

[3] *Op. cit.* (p. 34).

[4] *Ibid.*

para establecer una filiación con unos antepasados, un territorio, una lengua. Los descendientes serían sus herederos, lo que les impondría un deber de «volver a las fuentes», de recuperación del origen identitario. Estos discursos reivindican una verdad que exige una búsqueda espiritual de retorno a un estado primero, fundador de un destino.

Una búsqueda del origen

Se comprende que los discursos que sustentan este imaginario hayan podido movilizar multitudes. Convierten a menudo esa búsqueda espiritual en una campaña militar y justifican no sólo las guerras étnicas y los genocidios sino también las atropellos cometidos durante éstos como actos «sacrificiales» necesarios para la consumación de una purificación. Se desarrollan, entonces, discursos que llaman a la erradicación de lo que representa una «mancha»: discursos fóbicos contra el otro, bárbaro, infiel o muy sencillamente otro (pero inferior) que vendría a destruir una identidad; discursos que justifican medidas de represalia (expulsiones, eliminaciones masivas) o las guerras civiles. Otros discursos estigmatizan los perjuicios de los movimientos inmigratorios y predican un rechazo de estas poblaciones reclamando una «preferencia nacional», para preservar la integridad de una población denominada «pura».

También se apela a este imaginario cuando se trata de defender los valores que, en tiempos pasados, fueron fundadores de la comunidad y de los cuales los miembros deberían sentirse responsables. Los monumentos del recuerdo y otras ceremonias, manifestaciones y concentraciones conmemorativas[5] sirven para recordar esos valores, como si hubiese que mantener a toda costa una especie de «linaje creyente» que trasciende la historia[6]. Así sucede, en Francia, con los valores de la República que nacieron con la sangre de la Revolución Francesa, que fueron unas veces reafirmados y otras veces redefinidos a lo largo de la historia, y defendidos —tanto a la izquierda como a la derecha del espectro político— con las mismas expresiones: «La Escuela de la República», «La República una e indivisible», etc. Cuando esos valores

---

[5] Esto es cierto tanto en el caso de la misa como del 1 de Mayo.

[6] Expresión utilizada por Danièle Hervieu-Léger (1993) a propósito de la memoria religiosa colectiva.

se perpetúan, se inscriben en lo que algunos llaman el genio del pueblo: «Cuando se cree, como yo creo, en el genio de Francia, [...]»[7]; en todo caso, tendrían que servir para mantener el vínculo entre generaciones, como muy bien afirma Marc Augé: «La relación con el pasado es, tal vez, la que le permite al individuo percibir más fácilmente, a través de los efectos de reconocimiento retrospectivo, su relación con la colectividad y la historia. Las experiencias vividas en el pasado, como se sabe, adquieren con el tiempo un aura particular; pero crean, sobre todo, identidad y diferencia: identidad con aquellos que las compartieron, cualquiera fuese su índole (guerra de Argelia, Mayo del 68); diferencia y, aún más, alteridad con las generaciones para las cuales esas experiencias ya son históricas. En un sentido, la palabra política es responsable del pasado y, más precisamente, de su relación con el presente en la medida en que, al dirigirse a todos, debe prevenir la ruptura de sentido entre generaciones»[8].

Por último, y de manera más minimalista, el recurso a este imaginario sirve para tranquilizar a las poblaciones frente a la amenaza que podría representar ese otro imaginario que es la «modernidad» en su aspecto ahistórico: la modernidad sólo tendría como horizonte el progreso tecnológico: fuga hacia adelante que nos haría darles la espalda al pasado y a nuestros orígenes, y que produciría un cambio radical de las costumbres que haría que las poblaciones perdieran su origen identitario (el anonimato de Internet, la urbanización creciente y la pérdida de la tierra). Volveremos a hablar de ello más adelante.

Un discurso de retorno a las raíces

El imaginario de la tradición está atravesado por discursos, estrechamente vinculados entre sí, que valorizan tal o cual aspecto particular de ese retorno a las raíces: la *naturaleza*, la *pureza*, la *fidelidad*, la *responsabilidad*. La naturaleza es alabada como virtud cuando se trata de recordarle al hombre que está regido por leyes que lo emparientan con las especies animales y que, al igual que éstas, debe pensar en primer lugar en defender su propio territorio:

---

[7]   J. Chirac, declaración durante la campaña presidencial de 1988.
[8]   Augé (1994).

[...] somos criaturas vivientes. Porque formamos parte de la naturaleza, obedecemos a sus leyes. Las grandes leyes de las especies rigen también a los hombres a pesar de su inteligencia y, a veces, de su vanidad. Si violamos estas leyes naturales, la naturaleza no tardará en tomarse revancha de nosotros. Necesitamos seguridad. Necesitamos, al igual que los animales, un territorio que nos la garantice[9] (J.-M. Le Pen).

La *pureza* se da como causa y fin de una búsqueda de identidad: el individuo, al igual que el grupo, no deja de procurar saber de dónde viene y cuál fue su estado original. El estado de pureza absoluta se encontraría siempre en el surgimiento de los seres y el mundo, en el momento de la creación, del paso de la nada a algo (la creación del mundo en su versión bíblica o la científica del *big-bang*, el nacimiento de los seres vivos, la irrupción de la obra de arte), sin que nada haya tenido tiempo de venir a mancillar ese estado de gracia (transparencia). La *fidelidad* se da como un valor moral, como un deber de asumir el origen. En este retorno al pasado, hallamos a nuestros antepasados y descubrimos su voz, que nos es legada; nos sentimos depositarios de ésta, que retomamos por nuestra cuenta sin transformar su significación —siguiéndola, de ser posible, al pie de la letra. Con esta herencia moral se nos confiere, entonces, una *responsabilidad*, ya que nos sentimos obligados a hacernos portadores de esa voz, con la misión de transmitirla a nuestra vez en una larga cadena de filiación y de solidaridad histórica para conservar su memoria. En nombre de esta responsabilidad, de esta fidelidad a un origen puro, surge —en cualquier momento de la historia y en cualquier país que sea— el discurso del «¡Nunca más!» como rechazo de lo que ha manchado una pureza original: «¡Nunca más!», después de la masacre de los armenios en 1915; «¡Nunca más!», después del genocidio judío; «¡Nunca más!», después de los atropellos cometidos por los militares en Argentina, etc. El descubrimiento de nuestro origen determinaría nuestros compromisos.

Vemos que este imaginario de la tradición puede servir tanto para justificar acciones violentas de eliminación del otro, que mancilla la pureza originaria (forma negativa de resolver los problemas debidos a la presencia del otro en un territorio), como para mitigar los efectos nefastos de la fuga hacia adelante que representan los progresismos

[9] Discurso pronunciado en la fiesta de los «Bleu Blanc Rouge», 21-22 de octubre de 1991.

ciegos. De una forma u otra, el imaginario de la tradición supone «un operador simbólico que, a través de la filiación, remite a una paternidad principal, arquetípica, que confiere legitimidad mediante el origen»[10]. En este imaginario surge la noción de «soberanía sagrada», soberanía en nombre de un origen divino que le da un carácter absoluto, que sólo puede ser transmitida por filiación natural y que sólo le rinde cuentas a su propio pasado[11].

2. El imaginario de la «modernidad»

No se trata de la Modernidad en el sentido que le dan a esta noción los historiadores, a través de la expresión «tiempos modernos», que designa de ese modo a una época en la historia de Europa que se opone a la Antigüedad. Ni del sentido dado por la Revolución Francesa, que marca el paso de una soberanía monárquica de origen divino a una soberanía popular de origen laico, consolidado por el triunfo de la razón que aportaron las Luces. Ni tampoco del sentido, surgido posteriormente, dado por la época del desarrollo industrial que alababa la máquina y una organización del trabajo centrada en torno a la rentabilidad (taylorismo). Por último, tampoco se trata del sentido que las artes y las letras le han atribuido a esta noción, a través de la expresión de «arte moderno» que designa en la historia del arte un momento de ruptura, una «rebelión estética contra el pasado [...] Antirracionalista, anticlasicista, antirrealista, antinaturalista, el arte moderno en Francia prolongaba la gran rebelión lírica de Baudelaire y de Rimbaud»[12]. No se trata de esas modernidades que determinan aquellos que abordan la historia de las sociedades, tratando de señalar en lo que respecta a cada sector de actividad (política, económica, literaria, artística) el inicio de una era que rompe con la precedente, incluso si la cuestión de los umbrales y las fronteras sigue siendo objeto de discusión entre los especialistas.

[10] Wunenburger (2002, p. 105).

[11] Recordemos que Pierre Vidal-Naquet había titulado irónicamente su libro: *Face à la raison d'État*, libro que reunía un importante corpus de documentos y testimonios acerca de lo que fue la represión francesa en Argelia durante los años negros de la colonización. Reedición en las ediciones La Découverte, París, 2002.

[12] Milan Kundera en *Le Monde*, 4 de julio de 2001.

Aquí se trata de un imaginario, es decir, de un conjunto de representaciones que los grupos sociales construyen a propósito de la manera en que perciben y juzgan su instante presente, en comparación con el pasado, atribuyéndole un valor positivo, aun cuando se lo critica. Por lo tanto, podemos efectuar la hipótesis de que los grupos sociales se dotan de un imaginario de modernidad en cada momento presente de su historia, siempre en comparación con la época precedente, y tratan de legitimarlo: está en juego, en cada ocasión, la legitimidad de una manera de ser y de vivir, de una nueva visión del mundo. Así, podríamos hablar de la modernidad de la Grecia clásica con respecto a la Grecia arcaica, de una Roma moderna con respecto a una Roma clásica, del Renacimiento con respecto a la Edad Media (dividido, a su vez, en varios períodos de modernidad[13]), etc., hasta nuestra época, donde se trata de la modernidad de una era «postindustrial» con respecto a la era anterior, denominada «industrial» (moderna, por su parte, con respecto a la época anterior). La cuestión equivale, entonces, a poder describir esos imaginarios de modernidad sucesivos basándose en los discursos y las prácticas que las sociedades construyen. Extraeremos algunos rasgos generales de aquéllos.

La modernidad contra el pasado y el sueño

Este imaginario se define, en principio, contra un pasado que sería siempre percibido como una época, si no de oscurantismo, al menos de menor saber, de un saber «de otros tiempos». La época presente gozaría de un estado de saber superior que sería la primera prueba de esta modernidad. Al mismo tiempo, este estado de saber permitiría liberarse del peso de la herencia legada por la época anterior; liberación más o menos iconoclasta, a su vez creadora de nuevos modos, de nuevos modelos de pensamiento y comportamiento. Por esta razón, el imaginario de la modernidad se opone al de la tradición. De ello se sigue una producción de discursos destinados a justificar y valorizar esas novedades. Así sucede, en nuestra época postindustrial, con los discursos que justifican y valorizan la inmediatez de la comunicación y el establecimiento

---

[13] Lo que muestran los trabajos del gran especialista de la Edad Media, Jacques Le Goff.

de redes comunicativas entre personas que se encuentran alejadas entre sí (Internet).

Como consecuencia de esta ruptura con los valores del pasado, y apoyándose en esta creencia en la omnipotencia del saber de la época presente, el imaginario de la modernidad se define como un desafío frente a las fuerzas del más allá que la época precedente no habría podido conjurar por falta de saberes y de medios técnicos. Por consiguiente, son alabadas la acción del hombre y su capacidad para transformar el mundo con su pensamiento (creación conceptual), su mano (creación manufacturadora) y las nuevas herramientas que aquél produce (creación tecnológica). Es como si el imaginario de modernidad afirmase, entonces, que el hombre se libera cada vez un poco más del dominio de las fuerzas oscuras (religiosas o mágicas) que lo gobernarían, en beneficio de una laicización, de una racionalización, de un control cada vez mayor de la naturaleza y de su propio destino.

Consiguientemente, este imaginario se inscribe contra lo que podrían ser los sueños y las construcciones utópicas del hombre, considerados como desmovilizadores: soñar impediría actuar. Se produce, desde ese momento, un cambio de problemática en cuanto a la búsqueda de la felicidad, la manera de alcanzar el bienestar del hombre y las sociedades: se lleva a cabo un desplazamiento del fin a los medios. No es que «el fin justifica los medios», adagio un tanto cínico ante la mirada de una moral de la virtud, sino que no es útil soñar un fin ideal si no se posee los medios de alcanzarlo. Esto explica que el imaginario de la modernidad engendre discursos que alaban la *eficacia* de la acción humana que concreta los sueños, eficacia que resultaría de la conjunción entre una competencia y una voluntad de actuar: la competencia como condición para que el hombre actúe eficazmente, la voluntad de actuar sin la cual ninguna empresa puede realizarse. No basta con querer el bien, se trata de procurarse los medios de hacerlo triunfar conjugando saber, saber-hacer y poder de acción. No es de extrañar, entonces, que encontremos estos discursos en el ámbito político: «Todo el mundo les habla de la justicia social [*el fin*], está bien, pero para realizar la justicia social es preciso que Francia cree las riquezas necesarias y gane, entonces, la batalla económica que yo emprendí hace dos años [*los medios*]»[14];

---

[14] Jacques Chirac, declaración en las presidenciales de 1988.

o también: «Si el sur carece muy a menudo de capacidad para actuar, el norte carece muy a menudo de voluntad de actuar»[15]. Por lo tanto, este imaginario entraña una creencia en la existencia del progreso necesario para la realización del bienestar del hombre y de las sociedades:

> Desde la Segunda Guerra Mundial, y en muchos aspectos, el estado del mundo ha mejorado. El progreso de la agricultura ha permitido alimentar a la gran mayoría de los hombres, mientras que la población mundial se multiplicaba casi por tres. Muchas enfermedades erradicadas, esperanza de vida prolongada, gran expansión de la alfabetización, inmensos avances en el nivel y las condiciones de vida en lo que respecta a los países «desarrollados» y «emergentes», puesta a disposición de la humanidad de saberes y tecnologías que favorecen los intercambios y que nos dan una capacidad, extremadamente rica e históricamente inédita, de controlar nuestra vida y nuestro entorno[16].

Pero para alcanzar ese progreso, se imponen dos condiciones: que se defina la relación que el hombre debe mantener con la organización de la vida colectiva y sus posibilidades de producción; que se defina su relación con la naturaleza y la acción que aquél puede tener sobre ella. Estas condiciones generan, por su parte, dentro del imaginario de modernidad, dos tipos de discurso: uno, centrado en la *economía*; el otro, en la *tecnología*.

Modernidad y economicismo

Es preciso entender la economía no como el sector de actividad que regula los bienes comerciales y financieros, ni como la disciplina que lo estudia, sino como la manera en que una sociedad se representa la legitimidad de las formas de administrar la vida colectiva, habida cuenta de la producción y la distribución de las riquezas.

A partir del momento en que se constató que la naturaleza ya no podía bastar para la supervivencia del hombre, se produjo un cambio en la relación entre ambos. La naturaleza ya no representaría una riqueza en sí, y la riqueza sólo podría derivarse de la explotación que el hombre efectuaría de la naturaleza utilizándola y transformándola. Cambio progresivo que genera, a medida que se desarrolla, nuevos problemas,

---

[15] Jacques Chirac en la Conferencia de La Haya en noviembre de 2000 (*Le Monde*, 21 de noviembre de 2000).

[16] El «Manifeste pour un développement durable» (*Le Monde*, 31 de enero de 2002).

ya que no todos los individuos son igualmente productores de riquezas y no todos tienen igual acceso a las riquezas creadas. Desde ese momento, al cobrar importancia, al organizarse y jerarquizarse la vida en colectividad, se planteó la cuestión de la gestión del bien común, complementada por algunas cuestiones anexas contradictorias: hacer que se acepte que los que no producen tienen derecho a consumir; hacer que la gran mayoría consuma para aumentar la circulación de las riquezas; brindar los medios de adquirir riquezas a los que no tienen (o tienen poco) poder adquisitivo; brindar los medios de incrementar la producción a los que producen riqueza, ya que el consumo exige cada vez más producción. De ahí la necesidad de una regulación social para tratar de establecer un equilibrio entre la producción y el consumo.

A menudo se ha afirmado que este imaginario era poco productor de mitos[17], porque implica que la sociedad sea responsable de sí misma sin recurrir a ninguna trascendencia y que, para hacer eso, funcione según un principio de realidad que la obligue a basarse en la razón y a desterrar la pasión: un orden de la *gestión* que se opondría a un orden de la *utopía*. Sin embargo, cuando observamos los discursos que configuran este imaginario, nos percatamos de que apelan a valores que están organizados como sistemas de creencia –como ideología, podríamos decir aquí– tan idealizados como otros. Hay, entonces, una *ideología de la economía* en cuanto tal, lugar de una verdad que concierne a la gestión de la vida colectiva en general, y dentro de ésta otras verdades que se oponen en cuanto a la manera de administrar esta vida colectiva. Por ejemplo, vemos que se oponen –a propósito de la gestión de la cadena: producción de riquezas, distribución de las riquezas, producción de nuevas riquezas, etc.– dos tipos de discursos: un discurso de «regulación controlada» y un discurso de «autorregulación natural». Utilizamos estas expresiones para evitar llevar la explicación al terreno de los clivajes políticos entre un socialismo estatal y un liberalismo económico, ya que los discursos de imaginarios no se corresponden necesariamente con los cambios políticos (o, en todo caso, con el clivaje derecha/izquierda).

El discurso de «regulación controlada» se basa en el reconocimiento de que en toda sociedad hay dominantes y dominados. Los primeros

---

[17]   «El "discurso de gestión" abreva con parsimonia en su reserva mítica e ignora la necesidad de sentido que, sin embargo, no dejan de expresar a su manera aquellos a los aquél se dirige» (Augé, 1994, p. 114).

serían los pudientes, productores de riquezas; los segundos serían los ejecutantes, explotados por aquéllos. Existe, entonces, una desigualdad que les impide a estos últimos participar de la «distribución de los frutos de la producción y el crecimiento», como oímos decir a menudo en las declaraciones políticas. Ahora bien, como las sociedades no pueden regularse por sí solas, es preciso que el Estado soberano intervenga en la organización del trabajo, de la producción y del consumo. Se crea, por consiguiente, una especie de mística del servicio público, el cual tendría como misión perfeccionar no sólo los engranajes de la máquina de hacer circular las riquezas sino también a los hombres, ya sean éstos ordenadores, responsables, ejecutantes o consumidores. De ahí los discursos acerca de la responsabilidad del Estado y la legitimidad de sus intervenciones para organizar bajo su control los servicios ciudadanos tales como la educación y la salud, para permitir que cada uno tenga trabajo (lucha contra el desempleo, garantizar «la formación durante toda la vida»[18]), para aumentar el poder adquisitivo de los menos favorecidos (reducción de impuestos, salarios mínimos garantizados, asistencias varias, etc.) y mejorar la calidad de vida reduciendo el tiempo de trabajo.

Hay un riesgo, el de caer en el exceso. Si, por ejemplo, con la excusa de que el Estado tiene el deber de regular la *res publica* (en Francia, al menos desde el siglo VIII), su intervencionismo afecta a todos los sectores de la vida social (la recreación, las artes y la cultura, la infancia, e incluso los sectores más íntimos de la vida privada) y ya no es, por lo tanto, un simple regulador sino un ordenador omnipotente. Este exceso sólo es posible con el mudo consentimiento de gran parte de las poblaciones, en la que se encuentran tanto reformistas como conservadores que adhieren a un mismo credo administrativo-económico y aceptan –quizá sin tener plena consciencia de ello– que el Estado termine por transformarse en Estado policial. Los individuos, sea cual fuere la clase social a la que pertenecen, se hallan entonces en una relación de «dominación legítima» –para retomar la idea de Max Weber– con respecto a una soberanía estatal abstracta y burocrática: de esto murió, quizás, el socialismo de Estado.

---

[18] Programa de Lionel Jospin (*Le Monde*, 19 de marzo de 2002).

El discurso de «autorregulación natural», por su parte, se basa en la idea de que en toda sociedad las relaciones de fuerza son inevitables y de que son incluso una muestra de dinamismo –tratando, cada uno, de hacer las cosas mejor que el vecino o, en el peor de los casos, de salir adelante. Por lo tanto, hay que dejar correr esa «naturaleza social» que, en el plano de la gestión económica, se manifiesta mediante una libre competencia entre productores de riqueza, y debe incrementar el consumo: «dejar hacer, dejar pasar». Aquí se trata de la lógica de la doble causalidad natural: toda creación de riqueza genera la aparición de nuevas riquezas y la multiplicación de las riquezas termina por alcanzar a la gran mayoría. Así funciona lo que, en los países occidentales, se llama *desarrollo*: «La idea de desarrollo siempre conllevó una base técnico-económica, medible por los indicadores de crecimiento y los del ingreso. Supone de manera implícita que el desarrollo técnico-económico es *"la locomotora a la que naturalmente sigue un 'desarrollo humano'"* cuyo modelo consumado y exitoso es el de los países considerados como desarrollados –o, en otras palabras, *occidentales*»[19]. Basta con tener confianza en una economía de mercado, de cuyos productores y consumidores el interés bien entendido se realizaría por sí mismo. Esta autorregulación es lo que legitima una doctrina semejante. De ahí nacen los discursos que critican el intervencionismo del Estado y otros que se pronuncian a favor de una facilitación de la actividad empresarial (disminución de las cargas fiscales, derechos de despido, cotizaciones voluntarias para la protección social, retirada del Estado, etc.).

Estas dos posiciones relativas a la gestión económica de las sociedades se oponen radicalmente, a veces hasta la caricatura. Pero cada vez más los discursos políticos proceden a una mezcla de aquéllas, no siempre evitando la trampa de algunas contradicciones. Es por eso que dijimos que esas posiciones no coinciden necesariamente con las posiciones partidarias. Se trata más bien de lo que podríamos llamar «culturas políticas»: *estatistas*, por un lado; *liberales*, por el otro. Así, se habrá observado que en Francia siempre hubo una fuerte tendencia a la centralización –primero monárquica y luego republicana–, lo que hace que tanto en los discursos de derecha como de izquierda oigamos a menudo esa tradición jacobina que alaba un Estado fuerte y unas ins-

---

[19] E. Morin en *Le Monde*, 26 de marzo de 2002. El destacado en cursiva es nuestro.

224

tituciones estables para regular mejor la sociedad, incluso en el ámbito económico.

Ya se trate de regulación controlada o libre, asistimos en nuestros tiempos a una hipertrofia del «economicismo» en la medida en que, en nombre de la eficacia consumista, todos los sectores de la sociedad –antaño un tanto al margen– hoy son objeto de una OPA mercantil: el deporte, a través del desarrollo del *sponsoring*; los niños, a través de la publicidad de los bienes de consumo o incluso de la educación; la recreación organizada a gran escala, sin dejar ni la más mínima playa, solar, viaje u hotel a salvo de la especulación; las artes, que al volverse objeto de puja hacen que se confundan el valor comercial y el valor artístico. El indicio más destacado de este economicismo es el de los sondeos. Los sondeos consisten en interrogar a una muestra de población construida según ciertos criterios de pertenencia personológica (edad, sexo), socioprofesional (ingresos) o partidaria (opinión), con preguntas destinadas a sacar a la luz apreciaciones u opiniones sobre una situación social determinada, y cuyos resultados son tratados estadísticamente. Pero tan pronto como se hacen públicos, los sondeos se convierten en un discurso, un discurso de *propaganda* que no se dice, que se oculta púdicamente bajo el noble ropaje de la información dándose visos de cientificidad. Sus resultados, ampliamente difundidos por los medios que, desde ese momento, los simplifican aún más, al poner de manifiesto las grandes tendencias de consumo, proponen –pero en realidad imponen– modos de comportamiento: la oferta se presenta como un modelo a seguir y crea de ese modo una demanda, haciendo creer que esta última es la primera. Podríamos decir otro tanto de la publicidad, que invadió por completo el espacio privado pero que, al menos por su parte, se manifiesta como un discurso de seducción con fines comerciales.

Señalemos, sin embargo, que en este incipiente siglo XXI surgen discursos que dan muestra de una toma de consciencia de los efectos negativos de este economicismo; y que, paralelamente, se abre paso la idea de que habrá que buscar una respuesta a este fenómeno que no pase por el simple antagonismo entre liberalismo y estatismo:

> En lo inmediato, nuestra sociedad de consumo y la ley que ésta le impone al mundo causan estragos humanos. Crean las desigualdades que ya sabemos. Los ingresos per cápita del quintil más rico de la población mundial eran, en 1992, 74 veces más elevados que los del quintil más

pobre: esta cifra, en 1960, sólo era de 30. [...] Si bien el hombre es sin duda el responsable de esta deriva del mundo, la mayor responsabilidad de ello recae en una fracción de la humanidad. Somos nosotros, los más ricos, los que estamos en el lado correcto de esa brecha cuyos bordes se alejan: aquí, aquellos cuya vida tiene un alto precio económico; enfrente, aquellos para los cuales ese precio es muy bajo y que, al no tener nada que perder, están eventualmente dispuestos a todo. [...] Creemos que, en un arranque vital, los hombres pueden recuperar el control de su destino. Pueden detener la deriva del mundo[20].

Modernidad y tecnologicismo

Los discursos sobre la tecnología ponen de manifiesto una representación social sobre la forma de considerar el mundo de la técnica desde el punto de vista de su valor. Entrañan un imaginario de verdad estrechamente ligado a las nociones de eficacia, competencia y voluntad de actuar, de las que hemos hablado anteriormente –y, en consecuencia, ligado a la gestión de la economía. En efecto, la técnica supuestamente construye herramientas que permiten administrar de la manera más eficaz posible la creación y la circulación de las riquezas, lo que supone una competencia y una voluntad de actuar por parte de sus actores. Así, recíprocamente, el interés por la eficacia hace que se investiguen nuevas técnicas que reactivan la voluntad de actuar e incrementan la competencia; y de ese modo, el progreso tecnológico generaría el progreso social. Este discurso, en tanto que representación, genera imaginarios de verdad que van de la mano con el desarrollo técnico que las sociedades conocen.

Aún queda por hacer la historia de este desarrollo, pero podemos hacernos una idea a través de ciertos estudios que ofrecen una primera visión de ella y de los cuales haremos aquí un breve resumen.

La Edad Media –como nos recuerda Antoine Picon– fue la época de las catedrales y las fortificaciones, para cuya edificación era empleada una competencia de *geómetras*. Las catedrales se edificaron como un permanente desafío a las leyes de equilibrio (entre la presión interna y el apuntalamiento externo) buscando la más alta elevación posible.

---

[20] El «Manifeste pour un développement durable» (*Le Monde*, 31 de enero de 2002). [Cfr. la versión de Elisa Carnelli, "Contra el saqueo del planeta", en: *Clarín*, 7 de febrero de 2002. Edición digital: https://www.clarin.com/opinion/saqueo-planeta_0_By4b3ArgAFx.html (N. del T.)].

Con la ayuda del contexto religioso de la elevación espiritual, podemos argumentar que el imaginario técnico fue de *geometrización vertical*. Las fortificaciones, por su parte, se construyeron con un espíritu muy diferente: el de la protección de un espacio de soberanía contra las agresiones del enemigo, ya sea que procediesen de luchas intestinas entre señores feudales o de invasiones de ejércitos extranjeros. Aquí, el desafío era doble: de resistencia (resistencia de los materiales y grosor de las construcciones) y de disposición estratégica de las diferentes partes de las fortificaciones (multiplicación de los puntos de vista sobre sus alrededores). Podemos pensar que el imaginario correspondiente era de *geometrización espacial*. Tanto en un caso como en el otro, la concepción arquitectónica procedía por «intuición geométrica»[21]: la mano del hombre no estaba separada de su mente. Paralelamente, el mundo social y político, por su parte, era concebido como un conjunto de relaciones de fuerza físicas entre los dominadores, que disponían del poder militar (o religioso), y los dominados, obligados a hacer acto de lealtad o a rebelarse. Se trata, una vez más, de una visión a la vez vertical y horizontal de las relaciones humanas.

El Renacimiento fue la época de la aparición de los ingenieros, que —conjuntamente con los arquitectos— comenzaron a hacer que surgiera un saber-hacer conceptual: proyección mental dentro de espacios y volúmenes habitados, percepción de un mundo organizado en proporciones, actividad de clasificación de las formas y las especies. Ingenieros y arquitectos «piensan el mundo como un gran edificio cuidadosamente ordenado y proporcionado a semejanza de una iglesia o un palacio. [...] Todo es como si el ingeniero o el arquitecto no hiciesen más que producir, en pequeño, los principios de la creación [...]»[22]. De ello se sigue, por lo tanto, una desacralización de la naturaleza, dado que el hombre puede extraer de ella su modelo para reproducirlo y aplicarlo, e incluso para controlar mejor la organización social que es objeto, entonces, de una «aritmética política»[23]. Aquí el imaginario es de *proporcionalidades* y *clasificaciones*.

---

[21]   Picon (2001, p. 26).

[22]   *Op. cit.* (p. 27).

[23]   *Op. cit.* (p. 27).

El Siglo de las Luces, por su parte, hizo que el movimiento se impusiera sobre el estatismo clasificador de la época precedente: «[...] el pensamiento de las Luces instala la capacidad productiva de la naturaleza y los movimientos de toda índole que son expresión de aquélla en el corazón de la realidad»[24], viendo en este movimiento un principio de vida purificador. Un modo de pensamiento conceptual y abstracto, denominado «analítico y funcional» (descomposición en unidades y recomposición de conjunto según reglas combinatorias), viene a sustituir las precedentes categorías esencializadas y fijas. Paralelamente, la organización de la sociedad pasaba de una concepción vertical y jerarquizada a una concepción horizontal y dinámica que debe promover la circulación y los intercambios de bienes, personas e ideas; y ello, incluso más allá de los territorios: «A la movilidad de los elementos naturales debe responder la de los hombres, las ideas y las mercancías. Luchar contra los prejuicios, fluidificar la sociedad y los intercambios de los cuales ella es el centro: ésos son los nuevos imperativos de la época»[25]. Volvemos a encontrarnos la doctrina liberal del «dejar hacer, dejar pasar». Aquí el imaginario es de creencia en la omnipotencia del dinamismo purificador y crítico del pensamiento –y, por lo tanto, del *movimiento*.

Con la industrialización surgió una nueva relación entre el hombre y la naturaleza; y, paralelamente, nuevas relaciones de los hombres entre sí. En aquel entonces, parecía evidente que la naturaleza era una especie de madre nutricia de la que no cabía esperar más que una simple oferta de materiales en estado bruto y que era preciso transformar en riquezas. Sólo el hombre, con su genio conceptual y su trabajo, podía estar en condiciones de llevar a cabo una transformación semejante. Por lo tanto, ésa fue la época en la que se desarrollaron paralelamente: una tecnología de la máquina herramienta para explotar las riquezas (por ejemplo, el carbón), lo que obligó a las empresas a incorporar a su planificación presupuestaria lo que en adelante se llamaría equipamientos; una racionalización denominada «científica» del trabajo que separa claramente la concepción de la ejecución y organiza esta última con el fin de obtener la mayor rentabilidad posible con la mayor economía de movimientos: es el comienzo de la automatización; un mercado de

[24] *Op. cit.* (p. 30).
[25] *Op. cit.* (p. 31).

consumo a propósito del cual ahora se da por sentado que, en el juego de la oferta y la demanda, la que predomina como muestra de desarrollo es la primera. En este imaginario de productivismo tecnológico, el hombre que ejecuta no es más que un peón manipulado en el tablero de ajedrez del comercio internacional. Ya ni siquiera es él el que fabrica directamente con sus manos los objetos y los bienes de consumo, sino la máquina que es preciso perfeccionar incesantemente. Esta explotación de la mano de obra, ya sea que se realice en una organización colectivista de planificación del trabajo (socialismo estatal) o competitiva y oportunista (dejar hacer y dejar pasar), participa de un imaginario que ha sido sumamente criticado por los intelectuales y artistas del mundo occidental –siendo la película *Tiempos modernos* de Charlie Chaplin uno de sus más bellos manifiestos.

Nuestra época (fines del siglo XX, comienzos del siglo XXI) se caracteriza por la tecnología de la comunicación: la fabricación de modos de transmisión sofisticados (electrónicos, digitales) y una organización de las conexiones en redes que permiten a la vez hacer circular la información en un tiempo próximo al de la palabra oral y poner en contacto directo y de intercambio personas que se encuentran en espacios muy distantes entre sí. De ello se sigue el surgimiento de lo que Patrice Flichy llama «imaginario corporativo»[26], el cual se basa en tres creencias: el *control total del saber*, la existencia de una *comunidad virtual* y la posibilidad de una *autorregulación total*. La primera se correspondería con la impresión de que todo el mundo puede acceder a todas las informaciones que circulan por el mundo y que serían inmediatamente comprensibles por todos; por lo tanto, ya no procedería la distinción entre el saber académico y el saber popular, al convertirse la vulgarización del saber en el único saber posible al cual todo el mundo tendría igual acceso. La segunda creencia se originaría a partir de la acumulación de esos tipos de intercambios interactivos e inmediatos: la constitución de grupos de discusión y, yendo más lejos, de opinión que forman así dos especies de diásporas comunitarias en torno a los posicionamientos con respecto a los acontecimientos del mundo (tal es el caso de los *chats* y los foros de Internet). La tercera creencia sería el resultado de la conjunción de las dos precedentes: dado que las relaciones que se estable-

[26]   Flichy (2001, p. 57).

cen entre individuos que se hallan a distancia constituyen comunidades virtuales, y dado que ninguna institución puede aplicar sanciones, al no disponer nadie de poder frente a los otros, se instauraría entonces una autorregulación sin relaciones de autoridad. Los discursos que son producidos tanto por los creadores de esas técnicas de comunicación como por los usuarios dan testimonio del surgimiento de este imaginario: «Muchos textos... [...] muestran al internauta abandonando su cuerpo para vivir una nueva vida acorporal en diferentes mundos virtuales; otros presentan al ciberespacio como un espacio social completamente independiente de la sociedad "real", capaz de autorregularse sin ninguna intervención ni del Estado ni siquiera del mercado; otros, por último, imaginan que la circulación de la información en las redes globales transforma por completo las reglas de la economía»[27]. Evidentemente, los discursos producidos en este imaginario tecnológico tienden a alabar sus efectos positivos y a ocultar sus efectos negativos, ya que se trata de legitimar estas nuevas tecnologías.

A cada época le corresponde un imaginario sobre la tecnología, el cual repercute sobre la organización social y económica del grupo social que lo produce.

3. El imaginario de la «soberanía popular»

Este imaginario se sustenta en discursos que se refieren a un mundo, actual o en construcción, donde impera el pueblo en tanto que responsable de su bienestar. Aquí no hay trascendencia divina ni origen[28], pero de todas formas hay una trascendencia: la que sustituye por la idealidad del juicio social a un tercero mítico que regiría el destino de los hombres. Es el mito de la democracia. El pueblo, por lo tanto, es erigido como una entidad racional abstracta, que representa una opinión colectiva consensuada como resultado de una deliberación a lo largo de la cual se confrontaron puntos de vista diferentes y posicionamientos opuestos. De este modo, una opinión supuestamente mayoritaria se impone a todos. Lo que hace que, contrariamente al imaginario de la tradición –que proponía una búsqueda espiritual hacia una luz ori-

---

[27] *Op. cit.* (p. 65).

[28] Excepto cuando se trata de recordar un pasado fundador, ocasión en que se recurre al imaginario de la tradición para consolidar el de la soberanía popular.

ginal–, este imaginario imponga una luz mediante la voluntad de un grupo, incluso si éste es guiado por élites que sacan provecho de ello. Ya que la mayoría no surge nunca espontáneamente. Hay que construirla, investirla de potencia para que pueda ocupar el lugar de ese tercero mítico. Así se explica la verdad revolucionaria que, partiendo de un cuestionamiento de un poder basado en una autoridad sagrada o personal, presuntamente intocable, se constituye en la calle mediante la presencia o la acción más o menos insurreccional de grupos que –minoritarios al comienzo– terminan por convertirse en una masa e imaginarse por un tiempo «los amos del mundo». Luego viene el momento de la construcción de una mediación social. Ya que, una vez tomado el poder, se trata de administrar esa voluntad de vivir juntos que no puede conformarse sin ser iluminada por una luz del espíritu, sin ser guiada por un ideal supremo que funda la identidad y el destino del grupo, sirviendo de referencia a los que han sido delegados –representantes del pueblo– para aplicarla: «Creo que, *naturalmente*, el pueblo es el depositario de la soberanía»[29].

Pero aquí, en vez de que esta luz sea de origen divino, en vez de que este ideal sea de otro mundo, ambos son de orden temporal y humano. Es el reino de la justicia y de la ley. Los grupos humanos sólo pueden vivir juntos «inventando, por encima de sus relaciones sociales espontáneas, instituciones y modelos de acción, que les imponen reglas de conducta, de relaciones comunes y de decisión, y derechos y deberes recíprocos»[30]. Podrá decirse que esta mediación sólo puede funcionar «con la ayuda de un poco de poder divino»[31], que no es otra cosa que reemplazar una figura de poder espiritual por otra[32]. Ello no impide que los discursos que constituyen este imaginario apelen a valores, digamos, laicizados, producto de una «contractualización social». Hay creencia en una trascendencia, pero una trascendencia que no es exte-

---

[29] Declaración de J.-P. Chevènement durante un cara a cara con el ministro federal de Asuntos Exteriores del Gobierno alemán (*Le Monde*, 21 de julio de 2000). La cursiva en la palabra «naturalmente» es nuestra.

[30] Wunenburger (2002, p. 9).

[31] *Op. cit.* (p. 68).

[32] Lo que justifica, una vez más, la expresión utilizada por Durkheim de «social divino».

rior al hombre, una trascendencia que el hombre se construye en una búsqueda de unidad que tiene en cuenta la diversidad:

> Una República viva, que tenga en cuenta los movimientos de la sociedad y las aspiraciones de los ciudadanos de hoy. Una República más democrática, que le otorgue más poder al pueblo y ponga mayor énfasis en la responsabilidad del representante electo. Una República una e indivisible. Pero que se niegue a confundir unidad y uniformidad. A equiparar con la indivisibilidad el olvido, el desprecio o la negación de la diversidad. Una República que se afirme en el seno de una Europa unida. Pero en el seno de una Europa de las naciones, que respete la identidad de cada una de ellas[33].

Tres discursos correlativos se inscriben en este imaginario: el discurso del derecho a la identidad, el discurso del igualitarismo y el discurso de la solidaridad.

El derecho a la identidad

El discurso del derecho a la identidad se basa, en su fundamento mismo, en una ambigüedad: ¿de qué grupo se trata? Ya que los grupos sociales tienen la característica de constituirse y deconstituirse con las vicisitudes (o las lógicas) de la historia: unas veces se reagrupan e incluso se funden en otros grupos bajo el efecto de relaciones de dominación; otras veces desaparecen; a veces resurgen y a veces coexisten con otros en relaciones de inferioridad o superioridad.

Si admitimos que en un grupo social entran en conflicto de manera permanente una consciencia del «sí-mismo social» con una consciencia del «sí-mismo individual», a nivel de los grupos entran en conflicto el sí-mismo de un grupo local y el sí-mismo de un grupo que lo abarca. Esto se produce dentro de los Estados-naciones con las regiones que se hallan en su seno, así como en las relaciones entre esos Estados-naciones y las entidades que los abarcan, como la Unión Europea. Se plantea, entonces, la cuestión de saber si las relaciones que mantienen esos grupos deben ser de integración o asimilación de las diferencias en beneficio de un cuerpo social más abstracto, pero considerado como superior en la simbólica comunitaria, de modo que se cree una identidad colectiva reconocida por las instituciones (la nación); o si esas relaciones deben

---

[33] Declaración de Lionel Jospin en *Le Monde*, 5 de septiembre de 2000.

ser de defensa del grupo local y de preservación de su identidad (la región). El caso es que estas dos concepciones generan dos puntos de vista antagónicos. Uno preconiza la asimilación para crear un hombre nuevo mediante la fusión de las diferencias, haciendo que se abandone la especificidad de cada uno y que se pierda la memoria de los orígenes. El otro reivindica las diferencias oponiéndose a toda integración en un cuerpo social superior y llegando al punto de provocar disidencias y separatismos, a veces acompañados de actos de violencia, como hemos comprobado a fines del siglo XX (País Vasco, Córcega, Balcanes, etc.).

De hecho, todo ocurre como si se opusieran dos soberanías con su aspecto positivo y negativo. Una, *a priori* abierta a la presencia de la otra, tolerante en nombre de principios universalistas, pero que intenta asimilar las diferencias y hacer que el extranjero se asemeje al modelo dominante (tal fue el caso de las colonizaciones). Otra, más cerrada, en la que el grupo tiene la sensación de ser amenazado por otro que querría asimilarlo; esta soberanía está animada por una fuerza conservadora que trata de defender su territorio identitario y llega a veces al punto de reivindicar un retorno a su identidad de origen, en nombre de principios de autenticidad étnicos, históricos y religiosos. Frente a la amenaza que representan otros grupos o un grupo dominante, esta soberanía puede volverse intolerante, excluyente, y llegar al punto de la eliminación física del otro (genocidios). Entre estas dos soberanías –de las cuales podemos afirmar que una es «universalista» y la otra «diferencialista», para retomar los términos de E. Todd[34]–, hay una tercera que trata de hacer que grupos diferentes coexistan pacíficamente en nombre de principios cuyos valores simbólicos son lo suficientemente abstractos como para que esos grupos (cuyo antagonismo podría llegar al punto del odio) puedan asumirlos aunque vivan de manera separada: esta soberanía se basa en una organización segregada del espacio público en nombre de un valor de tolerancia[35] (el «*melting pot*» estadounidense).

Actualmente, en el debate que se instaura en los países de Europa, vemos oponerse estos diferentes discursos en boca de diversos políticos. A propósito de una posible unión europea, algunos proponen una

---

[34]   Véase Todd (2003).

[35]   Aquí ya no se trata de la tolerancia que asimila en nombre de principios universales, sino de una tolerancia que encuentra un punto medio entre las diferencias y las hace coexistir.

unión fuerte bajo formas más o menos fusionales de federalismos de los Estados-naciones, mientras que otros reclaman una unión que preserve la especificidad de los Estados-naciones, fustigando los proyectos federadores que representarían «un gran riesgo para la democracia que, en Europa, vive en las Naciones»[36]. Esta oposición se ve confirmada por este diálogo franco-alemán:

> J. Fischer: —No entiendo por qué usted es hostil al federalismo. Para usted, una Europa centralizada debería ser la verdadera pesadilla. Si estamos de acuerdo en que Europa va a hacerse, porque tiene que hacerse, ¿cómo debe ser, sino federal? La alternativa es simple: Europa federal o Europa centralizada... o ninguna Europa en absoluto, lo que es la peor perspectiva.
>
> J.-P. Chevènement: —Podemos tener una asociación política de Estados-naciones que, de cierta forma...
>
> J. Fischer: —¡Eso no es Europa!
>
> J.-P. Chevènement: —[...] La unión europea, existe; y, en mi opinión, no se puede crear dentro de la Unión Europea un núcleo duro que fuese federal. Se pueden crear cooperaciones reforzadas, [...][37].

Dentro de esos mismos Estados-naciones, se oponen los partidarios de una soberanía nacional y los de las soberanías regionales. Los primeros estiman que las regiones que conforman la nación tienen un deber de lealtad para con el Estado y sus instituciones, incluso si aceptan que puedan serles transferidos algunos poderes de gestión autónomos, a veces en el marco de una descentralización, a veces llegando al punto de la autonomía (España), pero no al de una independencia. Los segundos reclaman la posibilidad de ejercer la soberanía plena y total dentro de su territorio, un territorio cuya geografía y cuya historia justificarían una independencia (los independentistas corsos, catalanes o vascos). Entre estas dos actitudes, otros discursos defienden una posición intermedia:

> No, la República, que es nuestro bien común, no está en peligro No, la Nación a la cual estamos profundamente unidos, no está amenazada. Creemos, por el contrario, que el proceso en curso es el mejor medio para inscribir el futuro de Córcega en la República. Una República que

---

[36] J.-P. Chevènement, en *Le Monde*, 21 de junio de 2000.

[37] *Le Monde*, 21 de junio de 2000.

> tiene una historia, que no está paralizada con temerosa rigidez, que trasciende las diversidades sin destruirlas [...][38].

Y luego, a escala mundial, se plantea la cuestión del tratamiento global de las fuerzas económicas, lo que se llama mundialización. Ahí también se enfrentan los discursos de los partidarios de ésta y de sus opositores. Para los primeros, la mundialización es un medio para producir riquezas sin las cuales no habría nada que repartir, y un medio para evitar los cracs económicos y financieros que son perjudiciales para todos los países del planeta. Los segundos se alzan contra los estragos de semejante globalización de la producción y de la circulación de los bienes económicos y culturales, objetándole a ésta que amplía más la brecha entre los países ricos y los países pobres y que hace que desaparezcan las especificidades identitarias de los pueblos y de las culturas bajo una única y misma razón económica.

En términos más generales, podemos afirmar que se enfrentan dos concepciones de la soberanía: una soberanía que podemos llamar *popular* en el sentido de que los individuos se reconocen como pertenecientes a una masa social de trabajadores que no tienen ni el poder institucional ni el poder económico (el de la dirección del mundo empresarial), soberanía que es sostenida por un discurso abolicionista de las fronteras nacionales («¡Trabajadores de todos los países, uníos!»[39]) y que ahora hallamos en los movimientos antimundialización; y una soberanía de *preferencia nacional* que se basa en un pasado histórico, sostenida por discursos de especificidad identitaria («Un pueblo, una lengua, una nación»), que puede llegar al punto de una concepción cuasi-tribal de la nación: «La nación francesa es un pueblo y, por lo tanto, una comunidad de mujeres y hombres unidos por lazos de solidaridad y fraternidad un tanto comparables, en menor grado, con los que existen en una familia»[40], y que puede generar, como acabamos de ver, discursos de exclusión: «Sí, estamos a favor de la preferencia

---

[38] Lionel Jospin en réplica a las críticas de Jean-Pierre Chevènement en *Le Monde*, 5 de septiembre de 2000.

[39] Eslogan de la Tercera Internacional Comunista.

[40] «Le point sur le social», *La lettre de Jean-Marie Le Pen*, 1 de septiembre de 1989.

nacional ya que abogamos por la vida y contra la muerte, por la libertad y contra la esclavitud, por la existencia y contra la desaparición»[41].

Evidentemente, a esto hay que agregarle que, al estar vinculado el concepto de soberanía al de identidad colectiva, su sentido varía según la forma en que los grupos sociales definen la noción de comunidad. Constataremos, por ejemplo, que esta noción no es concebida de la misma forma en Inglaterra –donde hay una tradición mutualista y territorializante–, en Alemania –donde la tradición es federalista– y en Francia –donde la tradición es centralista. Por consiguiente, la relación entre el pueblo y las élites no es concebida de la misma manera de un país a otro, y la noción de soberanía será percibida como más o menos universalizadora[42].

El igualitarismo

El discurso del igualitarismo propone una sociedad basada en (o que trata de alcanzar) la justicia absoluta. Ésta implica que sean eliminadas ciertas diferencias entre los individuos que viven en una misma comunidad, al menos en cuanto a su identidad y su posible acción frente a las instancias que los gobiernan.

Igualdad con respecto al poder económico, que haga que ningún individuo conozca el estado de miseria: «es preciso que cada francés tenga una parte equitativa de los frutos del éxito»[43]. Según el sistema de ideas al cual se refieran, los discursos políticos van desde la reivindicación de una distribución perfectamente igualitaria de los bienes comunes a una distribución proporcional cuando se admite que ésta no puede ser perfectamente igualitaria. Pero evidentemente, en este último caso, se plantea el problema de la determinación de los criterios que permitirían evaluar esta proporcionalidad. Mediante esta igualdad económica estaría garantizada la dignidad humana y, yendo más le-

---

[41] «Immigration: l'Europe en première ligne», *La lettre de Jean-Marie Le Pen*, 15 de mayo de 1991.

[42] Las cosas no son tan sencillas: en Inglaterra, por ejemplo, el sufragio universal fue rechazado y reemplazado por un "privilegio electoral", que fue otorgado a un grupo socialmente identificado. En cambio, en Francia, el derecho a voto de las mujeres fue rechazado durante mucho tiempo, ya que era considerado como la intrusión de un derecho universal en un derecho comunitario.

[43] Declaración de Jacques Chirac, durante la campaña presidencial de 1988.

jos, la posibilidad para que cada individuo satisfaga la mayoría de sus necesidades en bienes de consumo: «Hay que mantener la protección social y darles a todos, jóvenes y menos jóvenes, mediante la educación y mediante la formación, la dignidad primera del hombre: tener un trabajo»[44]. En una perspectiva semejante, no es de sorprender que enunciados del tipo: «Hay que reducir, en este país, la fractura social», «Hay que apoyar a la Francia de abajo» o las declaraciones populistas, que denuncian la confiscación del dinero por parte de una casta de acaudalados que gobernaría el mundo económico, experimenten un éxito popular inmediato, especialmente en períodos de aumento del desempleo o de recesión económica; y ello, tanto entre los sectores más desfavorecidos de la población como entre aquellos que, más favorecidos, preconizan una sociedad igualitaria[45].

Igualdad con respecto a la identidad ciudadana que debería abolir la diferencia de trato que podría ejercerse según la pertenencia de los individuos a una raza, etnia, religión, sexo, edad, etc. Se trata de un principio de no discriminación que se halla explícitamente formulado en diferentes Constituciones o cartas comunitarias, como la de la Unión Europea:

CAPÍTULO III: IGUALDAD

Artículo 20: Igualdad ante la ley

Todas las personas son iguales ante la ley,

Artículo 21: No discriminación

1. Se prohíbe toda discriminación, y en particular por razón de sexo, raza, color, orígenes étnicos o sociales, características genéticas, lengua, religión o convicciones, opiniones políticas o cualquier otra opinión, pertenencia a una minoría nacional, patrimonio, nacimiento, discapacidad, edad u orientación sexual.

2. En el ámbito de aplicación del Tratado constitutivo de la Comunidad Europea y del Tratado de la Unión Europea, y sin perjuicio de las disposiciones particulares de dichos tratados, se prohíbe toda discriminación por razón de nacionalidad.

Artículo 22: Diversidad cultural, religiosa y lingüística.

---

[44]   Declaración de Jacques Chirac, durante la campaña presidencial de 1988.

[45]   Hemos visto, así, en las elecciones presidenciales de 1995, a intelectuales de izquierda que llamaban a votar por Jacques Chirac.

> La Unión respeta la diversidad cultural, religiosa y lingüística.
>
> *Artículo 23*: Igualdad entre hombres y mujeres.
>
> La igualdad entre hombres y mujeres debe ser garantizada en todos los ámbitos [...] Este principio no es obstáculo para las medidas que ofrezcan ventajas específicas en favor del sexo menos representado.
>
> *Artículo 24*: Derechos del menor
>
> 1. Los menores tienen derecho a la protección y los cuidados necesarios para su bienestar. Pueden expresar su opinión libremente. Ésta es tomada en consideración en relación con los asuntos que les afectan, en función de su edad y su madurez [...]
>
> 3. Todo menor tiene derecho a mantener de forma periódica relaciones personales y contactos directos con su padre y con su madre, salvo que esto sea contrario a su interés.
>
> *Artículo 25*: Derechos de las personas mayores
>
> La Unión reconoce y respeta el derecho de las personas mayores a llevar una vida digna e independiente y a participar en la vida social y cultural.
>
> *Artículo 26*: Integración de las personas discapacitadas
>
> La Unión reconoce y respeta el derecho de las personas discapacitadas a beneficiarse de medidas destinadas a garantizar su autonomía, su integración social y profesional y su participación en la vida de la comunidad.

Como esta igualdad ciudadana pretende ser transétnica y transreligiosa, sólo puede realizarse al precio de la neutralización de lo que constituye, por otra parte, la especificidad del individuo –especificidad necesaria, no obstante, para la existencia de una consciencia de sí. Aquí nuevamente se plantea la cuestión de saber si este igualitarismo debe realizarse en un proceso de integración-asimilación de las diferencias o de preservación de las diferencias en una vida de coexistencia.

Igualdad, asimismo, ante la ley que debería reconocer los mismos derechos y los mismos deberes a todos los ciudadanos en relación con la justicia, lo que debería abolir todo privilegio para los que ocupan un cargo institucional, así fuese el cargo supremo a la cabeza del Estado. Aquí se exige una igualdad entre las élites y el pueblo, de modo que la justicia sea igual para todos, al ser las personas «todas iguales ante la ley». Se desarrollan, así, ciertos discursos reivindicativos: derecho de ciertas categorías sociales a ser institucionalmente reconocidas (los homosexuales, las parejas no casadas, las prostitutas); derecho de las mujeres a acceder a los mismos puestos de responsabilidad que los hombres (en la política, en la empresa), etc.

A estas reivindicaciones, a veces se les proporciona una respuesta en términos de cupos o equidad. Paralelamente a estas reivindicaciones, los partidos extremistas –e incluso los que lo son menos– tanto de izquierda como de derecha (al menos en ciertos países, entre ellos Francia e Italia) denuncian a las élites como responsables de las desigualdades. Por un lado, son denunciadas la burguesía, los patrones, la Bolsa, las grandes empresas: «No los combatimos [a los OGM] únicamente por sus consecuencias en materia de salud sino para impedir que las multinacionales atenten contra las especies y cartelicen al mundo en su conjunto»[46]; por otro lado, se cuestionan los «chanchullos», los «acuerdos soberanos» y otros «comportamientos mafiosos» por parte de las élites en el poder; también en este caso, el blanco de las críticas son los arcanos burocráticos en manos de unos cuantos burócratas, detrás de los cuales se refugian esas mismas élites, que toman decisiones a ciegas y deciden el futuro de todos lejos de las preocupaciones del pueblo. La mayoría de las veces, por cierto, todo eso a la vez es objeto de los anatemas lanzados por ciertos partidos: «¡No a la Europa fascista, no a la izquierda nazi!»[47] –exclama Umberto Bossi, el secretario general de la Liga del Norte en Italia. «Protejámonos de los demonios de la política»[48] –declara Jean Saint-Josse, representante de los cazadores y pescadores.

Con este imaginario del igualitarismo se relacionan los discursos sobre la *seguridad*: cada ciudadano tiene derecho a una protección que preserve sus bienes y su vida. Para ello, es preciso que se aplique la ley, ya que sólo ella puede garantizar el derecho a la existencia y a la igualdad entre los miembros de la sociedad. Esta opinión es ampliamente compartida por todos los políticos sea cual fuere su filiación partidaria, y sus discursos repiten sin parar que en un país democrático es preciso que «prevalezca la ley». Pero en la forma de concebir esta «fuerza» se

[46] Noël Mamère en su programa, *Le Monde*, 5 de marzo de 2002.

[47] *Le Monde*, 5 de marzo de 2002.

[48] *Le Monde*, 20 de marzo de 2002.

producen clivajes, especialmente en períodos de crisis social. Por un lado, se reclamará que la ley se aplique con todo su rigor y, por lo tanto, que se les dé a las fuerzas policiales y a la justicia los medios para ejercer ese poder. Los discursos, entonces, están más bien centrados en la *sanción*: «el problema es la impunidad. Hay que luchar contra la impunidad. [Por consiguiente, hacen falta] mecanismos que permitan la sanción, que es lo único que posibilita la disuasión. [...] La llegada del policía es el principio de la sensatez. Si el policía no sanciona, ya no hay policía»[49]. Por otro lado, aunque reconociendo que «no hay impunidad para los delincuentes, [que] todo acto merece una sanción si es delictivo»[50], se propondrán acciones que mejoren las condiciones de vida de los potenciales delincuentes y los discursos se centrarán más bien en la *prevención*.

La solidaridad

El discurso de la solidaridad, por su parte, está estrechamente ligado al de la igualdad. Es como si, al tomar consciencia de que la igualdad ciudadana estaría lejos de imperar en todos los grupos sociales, hubiese que contribuir a promoverla por doquier. Aquí reaparece, por otra puerta, el movimiento de globalización identitaria. Ya que esa acción de compartir un bien que se posee con aquel o aquellos que no lo poseen sólo puede ser justificada en nombre de una identidad común: la humanidad. Por consiguiente, este movimiento del compartir se convierte en un deber para con el otro que sufre, que reclama su derecho y que debe ser considerado como un hermano: «No basta con que la colectividad alivie su consciencia distribuyendo únicamente subsidios, hay que ir al encuentro de los que nos necesitan y ayudarlos a que hallen, o a que vuelvan a hallar, su lugar, su pleno lugar, en nuestra sociedad»[51]. Se justifican así, mediante el discurso, las intervenciones en guerras denominadas de liberación con respecto a un opresor y que tienen lugar en territorio extranjero (las Brigadas Internacionales durante la guerra civil española, las alianzas de los países occiden-

---

[49] Declaración de J. Chirac, durante un acto en Mantes-La-Jolie, marzo de 2002.

[50] Declaración de L. Jospin, durante una intervención televisiva (France 2, 5 de diciembre de 2001).

[51] Declaración de J. Chirac, durante la campaña presidencial de 1988.

tales durante la Guerra del Golfo) y, más recientemente, el «derecho de injerencia» en los conflictos interétnicos dentro de una soberanía nacional extranjera (guerras en Bosnia y en Kosovo). De hecho, los discursos han desplazado esta noción de solidaridad de un «derecho de intervención» a un «deber de intervención» por causa humanitaria. Y a este imaginario de solidaridad humana se suma también el discurso ecologista que reclama un «deber de protección de la naturaleza», no por ella misma, sino por una mayor armonía y bienestar de toda la humanidad[52].

En referencia a este imaginario de solidaridad, se producen las grandes concentraciones contra la mundialización (Porto Alegre), contra los actos terroristas (manifestaciones en España y en Estados Unidos), contra la pusilanimidad de la Justicia (la «Marcha Blanca» en Bélgica). Ahí se expresó una voluntad ciudadana de fraternidad, marca de una consciencia social que se sueña soberana. Recurriendo también a este imaginario se efectúan los actos de arrepentimiento de los que ya hemos hablado[53]: la instancia política, por medio de su responsable supremo, se hace cargo de la consciencia colectiva, se instaura como representante de un pueblo solidario y pide perdón públicamente por una falta cometida por éste hacia otro pueblo. Y también en nombre de este mismo imaginario se crean y actúan los movimientos de defensa y protección de sectores sociales sin defensa: los niños golpeados o explotados en el trabajo; las mujeres que sufren crueles castigos (lapidaciones), mutilaciones (ablaciones), privaciones de derecho (arrebatamiento de los hijos a favor de los padres u obligación de abandono) –prácticas frecuentemente justificadas por la existencia de costumbres, reglas o ritos ancestrales.

Existe otra forma de solidaridad, más política ésta, relativa a la gestión de los asuntos sociales y económicos, que consiste en promover el encuentro de los sectores sociales para que, juntos, establezcan acuerdos. Ya no se trata de una solidaridad unilateral del Estado hacia los necesitados, ni de los ricos hacia los pobres, sino de una concepción de la gestión de los asuntos que preconiza que los interlocutores implica-

---

[52] Por detrás de este discurso, por cierto, se encuentra su contrario: el discurso del hombre que sepulta su propia felicidad mediante la destrucción de la naturaleza.

[53] Véase «Los ethos de identificación».

dos por el desarrollo de un sector de actividad sean solidarios en lo que respecta a la voluntad de llegar a una solución común. En la gestión de los asuntos políticos, sociales y económicos, esta forma de solidaridad lleva el nombre de *cooperación, negociación o diálogo social*: «[...] darles más lugar a los interlocutores sociales, [y] tomarse el tiempo de usar la vía de la negociación»[54].

También en nombre de esta idealidad de soberanía popular se producen actos de *insumisión*. Esto puede parecer contradictorio, dado que la soberanía popular se sostiene de un movimiento colectivo mayoritario y que la insumisión siempre es obra de una minoría. Estos movimientos, no obstante, se autojustifican; y los discursos producidos en tal circunstancia así lo demuestran, al argumentar que los valores que defienden son valores supremos de humanidad (negarse a matar, negarse a humillar a los demás, negarse a actuar de manera contraria a los intereses del pueblo); además, consideran que son ellos los que tienen que hablar por el pueblo, ya que éste no sabría o no podría decir que es explotado o engañado. Este acto de solidaridad con un pueblo que sufre y no se da cuenta de ello sería una manera de salvarlo; y se presenta en textos tales como los manifiestos[55].

Las derivas del soberanismo

Este imaginario de soberanía popular, en cuanto es interpretado de manera extremista, puede conducir a derivas. La deriva del *proteccionismo* en nombre de la defensa de los intereses del grupo: efecto de cierre sobre sí (fuerza conservadora) contra efecto de apertura, por ejemplo, cuando se les niega el derecho a voto a las poblaciones extranjeras que residen y trabajan en el país[56]. La deriva del *poder personal* cuando, en nombre de la ignorancia de las masas, se les impone a éstas una política que sólo sirve a los intereses particulares de una persona, de su entorno o de un aparato de Estado con sus *apparatchiks*. En ese caso, incluso si el poder se engalana con el atuendo de la absoluta soberanía popular,

---

[54]   L. Jospin, en un acto del 21 de marzo de 2002 (*Le Monde*, 22 de marzo de 2002).

[55]   Recordemos el *Manifiesto de los 121* que, en 1961, en plena guerra de Argelia, fue una declaración sobre el derecho a la insumisión durante dicho conflicto bélico.

[56]   Pero aquí siempre habrá una contradicción entre la tolerancia de la apertura y el precio a pagar que, a menudo, es la asimilación y, por lo tanto, la pérdida de la identidad.

se le quita al pueblo toda posibilidad de hacer oír una voz cualquiera y, por consiguiente, de participar de algún modo del gobierno del país. También, la deriva de la *exclusión*, que, lejos de tratar de integrar diferencias, procede a su eliminación mediante masacres, exterminio de poblaciones o selecciones eugenésicas –llevándose a cabo, todo eso, en nombre de una cruzada contra el impuro, el infiel, el inmigrante invasor, en nombre de un retorno a la pureza étnica o religiosa: al derecho de injerencia se le opone, entonces, el derecho a una soberanía étnica o religiosa. Se produce, por consiguiente, una perversión del imaginario de la soberanía popular, ya que, en lugar de basarse en una voluntad colectiva del compartir y vivir juntos, se basa en un retorno a los orígenes, a un estado de pureza original o a un estado fundador del grupo. El otro, entonces, es negado en su diferencia o en la reivindicación de su diferencia: «Los nacionalistas corsos son, primero que todo, antifranceses. Merecen, por tal motivo, ser combatidos»[57]. Al hallarse supuestamente amenazado el derecho a la soberanía dominante, surge entonces el discurso del *complot*: a la extrema izquierda, el complot internacional de la burguesía pudiente contra el pueblo explotado; a la extrema derecha, el complot internacional contra la «preferencia nacional» o la «raza europea»[58]. En estos casos, el imaginario de la tradición sustituye al imaginario de la soberanía popular, pero haciendo creer que el ejercicio del poder está basado en ésta. Así se justificaron los totalitarismos modernos: se le ofrece al pueblo volver a darle una identidad perdida para que recupere una soberanía de pueblo elegido, como fue el caso con el nacionalsocialismo. El totalitarismo «generalmente se basa en una negación de la diferencia, de la heterogeneidad de la realidad [...]»[59].

El recurso al imaginario de soberanía popular, sea cual fuere su deriva, se basa en una idea –una ideología, podríamos decir– ya antigua, descripta por Maquiavelo: las masas no pueden saberlo todo ni conocerlo todo; y, por lo tanto, deben ser influenciadas por su propio bien. Su supuesto estado de no-competencia unido a la indeterminación, e incluso a la heterogeneidad de las opiniones que llevan dentro

---

[57] J.-P. Chevènement, entrevista concedida a *Libération*, 4 de septiembre de 2000.

[58] Eslóganes de J.-M. Le Pen.

[59] Wunenburger (2002, p. 85).

de sí, las hacen manipulables; y la lucha por adquirir una posición de soberanía o por ejercer ésta, por consiguiente, se convierte en el arte de manipular a las masas. Evidentemente, esto no puede decirse de manera explícita: ningún político podría valerse de una ideología tal, a riesgo de verse desacreditado.

Ciertamente, se puede oponer a esta idea que el término de manipulación es demasiado severo y que sólo es válido para el caso de los regímenes totalitarios; que las masas no son tan amorfas como parece sugerirlo esta ideología –a la cual, por cierto, se le puede oponer la de las Luces, que exigía de los Estados que desarrollen, a través de la educación, la consciencia cívica y política de los ciudadanos. A veces, incluso, las masas son muy activas, como lo prueban las rebeliones e insurrecciones ciudadanas que la historia conoció desde el siglo XVIII. Ello no quita que siga estando la idea de que la soberanía se basa en relaciones no dichas del dominante con el dominado, del poder de los gobernantes con la sumisión de los gobernados, del saber y la competencia de unos con la ignorancia y la impotencia de los otros. A pesar de un discurso de negación con respecto a esta ideología –tanto por parte de los gobernantes como de los gobernados–, a pesar del hecho de que gobiernos o jefes de Estado considerados como tiranos o dictadores hayan sido derribados por movimientos insurreccionales, este discurso relativo a las masas sigue imponiéndose en todas las sociedades, sea cual fuere el régimen político.

4. El discurso político y la conjunción de imaginarios opuestos

El arte del discurso político es el arte de dirigirse a la gran mayoría para hacer que adhiera a valores comunes. Así ha sido siempre. Pero sabemos que la gran mayoría se compone, por su parte, de grupos de opinión diferentes que cambian con el transcurso del tiempo. La cuestión, entonces, para quien quiere tratar de llegar a ellos, consiste en preguntarse cuáles son los imaginarios que caracterizan a esos grupos de opinión, cuáles podrían ser sus puntos comunes y cómo hacerlos coexistir para construir una *opinión media.* Es por eso que el discurso político oscila a veces entre dos posiciones contradictorias: si defiende una posición ultratecnicista, entrará en contradicción con el imaginario de la tradición; si defiende una posición antitecnicista, entrará en contradicción con el imaginario de modernidad.

En el primer caso, será tildado de tecnócrata frío e inhumano, que sólo ve el desarrollo de la tecnología en detrimento del factor humano; y, al mismo tiempo, se lo sospechará de querer una internacionalización y, aún peor, una mundialización de las relaciones económicas que les hace perder toda identidad a las comunidades existentes. Suscitará el descontento de los partidarios del trabajo artesanal, del comercio de proximidad, de la defensa de la naturaleza y de la soberanía de las comunidades nacionales; y se perderá el apoyo de las fuerzas conservadoras, más bien vinculadas al imaginario de la Tradición.

En el segundo caso, el político será tildado de retrógrado, incapaz de comprender y de adaptarse a las exigencias del desarrollo tecnológico, condición del progreso social y garantía de independencia nacional (lo que puede parecer contradictorio, pero no lo es). Este mismo discurso, además, es el que sostiene el desarrollo de los armamentos de guerra y, más recientemente, de la fuerza nuclear, poniendo de relieve los beneficios de la tecnología en sus repercusiones civiles, la garantía de independencia que ésta representa con respecto a las otras potencias; otros, en cambio, denuncian sus efectos negativos, que causan la destrucción de la naturaleza. Este discurso sólo es utilizado cuando se trata de llamar a la guerra armada o económica y de mostrar la superioridad mundial propia. Éste fue, en el pasado, el caso de R. Reagan con la «guerra de las galaxias» y, muy recientemente, el de G. W. Bush, que hizo aumentar el presupuesto de defensa para luchar contra el terrorismo mundial. En Francia, en cambio, donde parecería ser que el desarrollo tecnológico, más que deseado, fuese aceptado forzosamente, cabe observar que los discursos de los políticos rara vez alaban el progreso técnico y se refieren, más bien, al bienestar de la tradición: un presidente de la República que reveló involuntariamente su ignorancia en materia de informática (llamó al *mouse* [*souris*] con la palabra «*mulot*») fue el hazmerreír de los humoristas; no obstante, no se desacreditó desde el punto de vista del ciudadano.

El discurso de compromiso

Por eso, el político (especialmente en período electoral) debe mostrarse prudente. Por ejemplo, en ocasión de la campaña electoral de las presidenciales de 2002, se oyeron declaraciones que se daban a este ejercicio:

— Discursos que tratan de combinar los dos imaginarios antagónicos de Tradición y Soberanía popular: mantener un equilibrio entre una definición del pueblo basada en una identidad de origen y los valores que fueron transmitidos de generación en generación, y una definición basada en su facultad de elegir libremente a sus representantes. Y para ello, un discurso que reivindica un consenso no religioso pero con una soberanía renovada que tenga en cuenta el presente. A J.-P. Chevènement, que le propone al país «tres grandes causas nacionales [...], tres revoluciones legales, la Francia reencontrada, la ciudadanía cualificada [*relevée*], el trabajo revalorizado»[60], L. Jospin, su exaliado, le opone: «El pacto republicano [...] ni nostálgico ni retrógrado, sino basado en los valores de hoy»[61].

— Discursos que tratan de conciliar lo particular y lo universal del imaginario de soberanía: «Imaginemos un continente pacificado, liberado de sus divisiones y sus obstáculos, y donde la historia y la geografía finalmente se hayan reconciliado, haciendo así posible que todos los Estados de Europa construyan juntos su futuro, después de haber seguido caminos separados al oeste y al este. Un espacio de libertad y oportunidad, donde cada uno podrá desplazarse como prefiera para estudiar, trabajar, emprender y completar su cultura. [...] Pero también un espacio en el que subsistan y se desarrollen fuertes identidades culturales, a la vez conscientes de su origen y curiosas de los intercambios entre sí, que pueden estimularlas»[62]; y aún más: «Hay que definir en conjunto una política inmigratoria que respete, a la vez, nuestra identidad nacional y, desde luego,

---

[60] *Le Monde*, 1 de marzo de 2002.

[61] «Le temps de répondre», *Le Monde*, 1 de marzo de 2002.

[62] Discurso pronunciado el jueves 28 de febrero de 2002 por Valéry Giscard d'Estaing ante la Convención sobre el Futuro de Europa.

los derechos humanos»[63], un intento por anudar lo nacional con lo universal.

— Discursos que tratan de compatibilizar, en el mundo de la economía moderna, una gestión de tendencia estatal y otra de librecambio. Ya que esta oposición remite a otra, más fundamental aún, con respecto a la idealidad social: ¿se puede estar a favor de un soberanismo estatal que responde a fuerzas centrípetas que conducen a los pueblos a definirse identitariamente en el marco de los Estados-nación y, al mismo tiempo, a favor de una economía liberal que responde a fuerzas centrífugas que llevan a una fragmentación identitaria y obligan a los Estados a ceder a las exigencias de leyes mundiales? De ahí que haya discursos que traten de conjuntar estas dos idealidades: «Un espacio bien identificado por la forma en que logre la síntesis entre el dinamismo de la creación, la necesidad de solidaridad y la protección de los más débiles y los más necesitados»[64]; posición expresada de otro modo por un sociólogo: «Lo que necesitamos no es más Estado o más mercado, sino menos Estado y menos mercado, y más iniciativa, negociaciones, proyectos y conflictos propiamente sociales»[65]. O incluso discursos que tratan de promover una gestión económica que tenga como finalidad confesa la producción, sin abandonar, sin embargo, la preocupación por el igualitarismo: «La lógica de la ganancia no debe ejercerse en detrimento del empleo»[66], o: «Hay que revalorizar el gusto por el riesgo, estimular la creación, luchar contra las desigualdades en el momento en que éstas se crean. Hay que implementar un socialismo de producción»[67]. Este mismo posicionamiento fue defendido por un hombre de derecha, en otro continente: «No creemos en el neoliberalismo aplicado bajo la guía ciega del mercado, que en América Latina ha dejado marginalización y pobreza [...] ni tampoco creemos en el viejo estatismo»[68]. Aquí se

[63] J. Chirac, declaración en las presidenciales de 1988.

[64] *Ibid.*

[65] Touraine (1999).

[66] Declaración de L. Jospin al concluir el seminario gubernamental del 31 de marzo de 2001.

[67] D. Strauss-Kahn en una entrevista, *Le Monde*, 23 de enero de 2002.

[68] V. Fox, entonces candidato a la presidencia de la República Mexicana, perteneciente

trata de unir la modernidad con la tradición, de conjuntar un principio de igualdad como perspectiva de reducción de las desigualdades y de la exclusión, basándolo en un sistema de distribución de las riquezas (lo que mitiga los efectos de un sistema basado únicamente en una lógica de las ganancias), con un principio de competencia como perspectiva de desarrollo de la producción, basado en un sistema de capitalización personal en función del mérito.

— Por último, y como coronamiento de lo precedente, tratar de no oponer las exigencias de la modernidad, con su cortejo de mundialización económica, desarrollo tecnológico y fabricación perversa de nuevos pobres, a las de la igualdad social, que pasan por un control regulador del Estado: «[...] modernizar nuestras empresas, para hacer a nuestra industria y a nuestra agricultura aún más competitivas [...] Pero sólo habrá una Francia unida, una Francia fuerte, una Francia en movimiento, si al mismo tiempo luchamos contra las injusticias, si corregimos las desigualdades, si optamos por la solidaridad»[69] –lo que se llamará después una «modernidad compartida»[70].

A veces, el discurso político conjunta varios imaginarios de verdad, como lo demuestra esta profesión de fe política de un candidato a la presidencia de la República, que trata de conjuntar varias soberanías:

> Una República viva, que tenga en cuenta los movimientos de la sociedad y las aspiraciones de los ciudadanos de hoy. Una República más democrática, que le otorgue para ello más poder al pueblo y ponga mayor énfasis en la responsabilidad del representante electo (soberanía popular). Una República una e indivisible (soberanía nacional). Pero que se niegue a confundir unidad y uniformidad. A equiparar con la indivisibilidad el olvido, el desprecio o la negación de la diversidad (soberanía nacional y local). Una República que se afirme en el seno de una Europa unida (soberanía supranacional). Pero en el seno de una Europa de las naciones, que respete la identidad de cada una de ellas (soberanía nacional)[71].

al partido conservador, el Partido Acción Nacional (PAN), en una entrevista concedida al periódico *El País*, 1 de julio de 2000.

[69] Alocución de F. Mitterrand, 11 de abril de 1988.

[70] L. Jospin, *Le Monde*, 6 de marzo de 2002.

[71] Discurso de clausura de L. Jospin en la Universidad de Verano del Partido Socialista, domingo 3 de septiembre de 2001 (La Rochelle).

Es posible, finalmente, que todo esto no sea tan nuevo, y que sólo se trate del surgimiento periódico de dos idealidades ya definidas en la Antigüedad por los griegos: por una parte, el «buen vivir», relacionado con el «interés público» y con la «preocupación por el ciudadano», y que responde al imaginario de soberanía popular; y, por otra parte, «el bienestar», relacionado con el «interés privado» y con la «preocupación por el consumidor», y que responde al imaginario de la modernidad.

BALANCE

Una cuestión en debate: ¿degradación del discurso político o nueva ética?

Ninguna sociedad puede prescindir [de lo político], porque mediante la política afirma una voluntad propia. La ausencia de política colectiva lleva a sufrir; mediante la política, por el contrario, es posible controlar los rumbos de la historia y darle sentido. La política es la actividad más elevada de una sociedad, su actividad suprema.

R. Rémond, *Une mémoire française,*
Desclée de Brouwer, París, 2002

Se oye decir, por aquí y por allá[1], que la política ya no es lo que era, que ya no hay grandes causas que defender, que ya no hay proyectos de transformación de la sociedad, que ya no hay un deseo de vivir juntos como toda democracia supondría. Y se suele dar como prueba de ello que ya no hay debate público –ni siquiera en televisión, prominente lugar, en las décadas de los setenta y los ochenta, de enfrentamientos de ideas y de proyectos de sociedad– y que las ideas son reemplazadas por las imágenes y los aparatos políticos por los especialistas en comunicación. Incluso se llega a decir que la clase política, sea cual fuere su color, actualmente está más apartada del pueblo, cuando no se dice que es corrupta. Se agrega, además, que es totalmente impotente para gobernar, ya que existen administraciones, entidades burocráticas y tecnocráticas frías que, situadas en lugares supranacionales, dictan la ley. He aquí unas observaciones que anuncian, lisa y llanamente, la degradación de lo político. Al enunciado «degradación de lo político» se le suele asociar otro: «escalada del populismo». Entre ambos se establece, con gran despliegue de comentarios periodísticos y de análisis de expertos, un vínculo de causalidad principial: «Porque hay una degradación de lo político, hay una escalada del populismo», a menos que sea a la inversa. Es muy difícil ser concluyente. Ciertamente, hay otros[2] –más autorizados pero menos escuchados– que se pronuncian, al cabo de cierto análisis, por la permanencia o incluso el retorno de lo político,

[1] Discursos que circulan en las conversaciones, las charlas en el bar de la esquina, los comentarios periodísticos en la radio y en la prensa, las preguntas que hacen los entrevistadores en los debates televisivos y, en algunas ocasiones, los propios actores políticos.

[2] Rémond (2002).

pero ello no quita la aparición de discursos que tienden a declarar el fin de lo político (así como otros anunciaron el fin de la historia)[3].

¿Qué hay de ello, exactamente? Es difícil de decir. Haría falta una mayor perspectiva histórica para distinguir entre lo que se presenta como discurso dominante y la manera en que efectivamente funcionan nuestras sociedades. Además, sólo si recurriésemos a diferentes disciplinas (sociología, antropología, ciencias políticas, ciencias del lenguaje, etc.), se podría aportar alguna respuesta razonable a esa pregunta; puesto que, como hemos dicho, lo político es el resultado de una interacción compleja entre discurso, acción y poder, se manifiesta en diferentes lugares del espacio público, a través de diversos dispositivos comunicacionales (jurídicos, religiosos, administrativos, científicos) que a menudo coinciden, y es puesto en circulación mediante diversas instancias: la instancia política, arrastrada a una búsqueda de seducción y justificación; la instancia mediática, prisionera de su lógica de dramatización; y la instancia ciudadana, rehén de su propia pulsión reivindicativa.

Pero nos parece importante destacar un punto: el discurso político no es sólo obra de los actores del Gobierno; es el resultado, en los regímenes democráticos, de un encuentro entre el objetivo de influencia de la instancia política y el objetivo de solicitud de la instancia ciudadana. Lo que significa que, debido a la asimetría existente entre estas dos instancias, no es seguro que las intenciones de la primera coincidan con las interpretaciones de la segunda, ni que las demandas de esta última sean tenidas en cuenta por la primera: algunas de esas intenciones no son entendidas, otras son interpretadas de manera diferente y otras tienen la fortuna de ser bien comprendidas. Analizar el discurso político, entonces, no consiste en interesarse únicamente en el que es fabricado por los actores que están a cargo de la vida política; también hay que prestar atención al que es fabricado por la opinión pública, ya que condiciona el sentido de los discursos que circulan en determinada sociedad y en determinada época.

Por eso, querría concluir este libro efectuando algunas observaciones sobre lo que llamaré el «efecto de interferencia» que afecta a la opinión pública en razón de cambios que se producen en los imaginarios de verdad, a través del funcionamiento de los medios y los discursos que sos-

---

[3] Fukuyama (1992).

tienen los políticos, como otros tantos indicios de una transformación de la consciencia ciudadana de nuestra época; lo que, a la larga, debería tener incidencias sobre la consciencia política de los gobernantes.

Las interferencias en la opinión pública

Pero, en primer lugar, una observación sobre la noción de opinión pública, porque ésta se encuentra en el centro de la constitución del discurso político como blanco al que apuntan las instancias políticas y mediáticas.

La opinión pública, contrariamente a lo que podría dar a entender el término «opinión» (juicio racional o apreciación argumentada), se construye sobre afectos que a continuación son racionalizados. Se puede decir, incluso, que cuanto más generalizada y compartida es la opinión por un gran número de individuos, más pregnante es su base afectual y más tenue se vuelve la racionalización.

La opinión pública se construye entre *esencialización* y *fragmentación*. Esencialización mediante ese mecanismo que convierte una opinión relativa que podría ser discutida en opinión colectiva absoluta, en nombre de una razón identitaria; mecanismo a la vez alimentado por los medios, que comentan con todo lujo de sondeos y relatos dramatizantes, y por los políticos, que exacerban las pasiones. Fragmentación a causa de la multiplicación –y a veces la superposición– de las opiniones colectivas que entran en conflicto y crean antagonismos de los cuales la historia nos ha dado tantos ejemplos: las divisiones y cismas religiosos, las luchas de clases, las guerras étnicas, etc.; conflictos que la memoria colectiva conserva a menudo como el fundamento de las grandes causas históricas.

La opinión política oscila entre la opinión colectiva y la opinión relativa, hasta el punto de que sea difícil hablar de *una* opinión pública. Más vale hablar de las opiniones públicas, cada una de las cuales piensa que es la única verdadera. Lo que explica, entonces, que lo que los comentaristas y los sondeos llaman «indecisos» o «sin opinión» terminen por volcarse hacia un lado u otro según la fuerza afectual de la imagen partidaria que se les presenta y que necesitan para constituirse identitariamente. Se puede explicar así lo que se llama «voto protestatario», a saber, el desplazamiento de parte del electorado hacia partidos extremistas cuyo discurso siempre es altamente afectual. En ausencia de este recurso posible, surge una alta abstención. A menos que una situación de crisis social haga que se agrupen opiniones diferentes y opuestas para, en un impulso provisoriamente fusional, defender uno de esos valores que desempeña el papel de mediación social fundadora del grupo: la nación, la patria, la República, la democracia. Ése fue el caso en Francia, en la segunda vuelta de la elección presidencial de 2002, cuando más del 80% de los electores votaron a favor del candidato de derecha «para salvar la República»[1].

Sin embargo, la historia de las democracias se caracteriza por un esfuerzo constante para neutralizar esta radicalización de las opiniones emocionales, desarrollando un espacio de debate y de deliberación en el cual las opiniones contrarias pueden confluir y los enfrentamientos ser regulados. Así y todo, estas opiniones no son todas de la misma índole. Las hay más o menos generales, más o menos abstractas. Las hay que se conforman con seguir siendo puras opiniones que desempeñan su papel de intercambio conversacional, de discusión. Por el contrario, las hay que motivan los votos o van acompañadas de acciones concretas. Por lo tanto, no hay que reducir la opinión pública a lo que resulta del comportamiento del electorado, ni siquiera confundirla con el ciudadano. En una primera aproximación, hemos distinguido la opinión pública de la opinión política; luego, observando cómo circula la palabra política por la sociedad, constatamos que las implicancias dependían de los grupos que la hacían circular, lo que nos condujo a diferenciar dos tipos de sociedad dentro de la instancia ciudadana: una *sociedad civil*, por un lado; una *sociedad ciudadana y grupos militantes*[2], por el otro. Plantearemos la hipótesis de que a cada una de ellas le corresponde un tipo de opinión.

Estas categorías fueron estudiadas por la filosofía política; y, cuando se hace alusión a ellas, las dos primeras generalmente son confundidas:

---

[1] Relegitimando a los partidos de derecha que, sin embargo, no gozaban del favor de la mayoría de los franceses (apenas el 20% en la primera vuelta).

[2] 2a parte, capítulo 1.

«La justicia ocupa hoy en Francia, tanto en la sociedad civil como en la sociedad política, un lugar cada vez más importante»[3]. Recordemos que hemos definido la sociedad civil como un lugar de pura opinión concerniente a la vida en sociedad pero sin compromiso ciudadano; y la sociedad ciudadana, como un subconjunto de la precedente que se caracteriza a la vez por un compromiso ciudadano atribuido como consecuencia de su rol de mandato y la consciencia de tener que desempeñar un rol en la buena marcha de la vida política. Los grupos militantes que forman parte de ella, por su parte, llegan al punto de comprometerse en una acción que apunta a transformar una situación política en nombre de una causa superior. Desde el punto de vista del discurso, estas categorías se definen según los tipos de imaginarios en que aquélla se basa. La opinión correspondiente a la sociedad civil se basa en *imaginarios sociales*, a propósito de los valores morales que conciernen a la vida en sociedad como «estar juntos» tanto en su aspecto público como privado; lo que aquí está en juego es la expresión de la opinión propia en intercambios que no exigen, de parte del sujeto, llegar a la persuasión del otro: puede conformarse con sólo expresar su punto de vista. La opinión correspondiente a la sociedad ciudadana se basa en *imaginarios políticos*, los que tienen que ver más específicamente con la organización de la vida en sociedad como «vivir juntos»; lo que está en juego es la persuasión del otro en discusiones o debates que exigen, de parte del sujeto, un compromiso en la defensa y la ilustración de sus ideas: no puede conformarse con expresar su punto de vista, debe tratar de hacer que el otro adhiera a él. La opinión correspondiente a los grupos militantes se basa a la vez en *imaginarios políticos* y *protestatarios* que también conciernen a la organización de la vida en sociedad, pero esta vez percibida como «obrar juntos» en relaciones de fuerza donde los ciudadanos tratan de obtener mediante la acción lo que los representantes electos no les dan o tardan en darles; lo que aquí está en juego es la reivindicación que exige, de parte del sujeto, un compromiso en la acción: debe creer que «decir es hacer». Evidentemente, estos tres tipos de opinión se alimentan de manera recíproca; los sistemas de valores en que se basan interfieren unos sobre otros y, en ocasiones, llegan a fundirse unos con otros y, por lo tanto, a confundirse. Estudiando la

[3]   T. Ferenczi, *Le Monde*, 27 de enero de 2000.

evolución de estos diferentes tipos de opinión, podremos tratar la cuestión de la degradación del discurso político.

1. Un desplazamiento de los imaginarios sociales

Los imaginarios sociales son difíciles de determinar. Se manifiestan a través de las normas de comportamiento de los individuos que viven tanto en el espacio público como en el espacio privado; los modos de oganización de los diferentes sectores de la sociedad (empresa, administración, institución) que son reveladores de los tipos de jerarquía que se instauran en las relaciones sociales; las producciones artísticas y culturales que reflejan indirectamente los valores de una época determinada; y, por último, los relatos, comentarios y análisis de toda clase que circulan en los diferentes grupos y que son otros tantos intentos de explicación de la sociedad. Nos basaremos más específicamente en los discursos difundidos por los medios; los análisis, entrevistas y encuestas publicados en las revistas de información general o especializada; los que se oyen al aire en algunas estaciones de radio; los que se oyen en televisión en diferentes *talk-shows* y programas de debates.

Del imaginario de la «producción»
al imaginario del «consumo»

Parece llevarse a cabo un desplazamiento desde el imaginario de la «producción» hacia el imaginario del «consumo». El primero surgió en el momento del desarrollo de las sociedades industriales. Fue mantenido por los discursos emanados de las instancias estatales y patronales. El Estado, patrocinador de la explotación de los recursos naturales y suministrador de bienes de capital, justificaba la necesidad de producción mediante la necesidad de ser una nación fuerte y poderosa. Los dirigentes –y propietarios, entonces, de las fábricas– decían que, para que la empresa viviera en una situación de competencia, había que producir más que el competidor: de ahí los ritmos laborales cuyas consecuencias eran pagadas por los trabajadores ejecutantes. Pero el imaginario de la producción también fue mantenido por el mundo obrero que, organizándose como contrapoder y embarcándose en luchas de reivindicaciones salariales, estigmatizaba el productivismo, trataba de mejorar las condiciones de trabajo pero verdaderamente no lo cuestionaba, particularmente en lo que harían de él los países comunistas.

El segundo, el imaginario del consumo, parece imponerse de a poco. El poder adquisitivo de una clase media en ascenso –en la cual se inserta la clase obrera, que forma así una clase popular extendida– aumenta, y esta clase toma como modelo de ascenso social a la clase pudiente, antaño injuriada. Surge entonces una especie de derecho al consumo que ya no está reservado sólo a los ricos. Este fenómeno es reafirmado por una nueva implantación de los lugares de consumo, los super e hipermercados que hacen que se mezclen todas las clases sociales y cuya organización interna incita a los consumidores a consumir los mismos tipos de productos; a esto, hay que sumarle el fenómeno de la «clonación» de los bienes de consumo, que consiste en reproducir objetos de lujo con materiales menos nobles, aunque dándoles apariencia lujosa, y ofrecerlos a precios accesibles para la gran masa de consumidores[4].

El discurso que mantiene este imaginario del consumo es, como se habrá adivinado, el de la publicidad, actualmente omnipresente, que incita a los individuos a apropiarse realmente de esos bienes o a soñar que pueden apropiárselos cuando son demasiado onerosos. El discurso publicitario, en su cinismo, le hace creer al individuo que él es el héroe y el futuro beneficiario de una búsqueda de colmamiento de una falta (su deseo profundo), y que puede obtener ese objeto de búsqueda gracias a ese auxiliar mágico que es el producto presentado[5]. De una sociedad de producción, en la cual las relaciones de fuerza estaban caracterizadas por *destinos de explotador y de explotados*, habríamos pasado a una sociedad de consumo en la cual el individuo *se libera de la fatalidad* de su «grupo de pertenencia» que lo fijaba a su destino, para vivir según un «grupo de referencia» ideal que le da la ilusión de su libertad, de un nuevo poder, y la posibilidad de soñarse «pudiente».

---

[4] Se habrá observado que los grandes autos –a excepción de algunas marcas de muy alta gama– ya no son privativos de los patrones con grandes cigarros ni de las profesiones liberales, y son cada vez más adquiridos por pequeños comerciantes y obreros calificados.

[5] Para la descripción del «contrato de comunicación publicitaria», véase Charaudeau (1994).

El imaginario del «trabajo»: de la fatalidad
a la elección libremente consentida

En el imaginario del «trabajo», parecen llevarse a cabo varios desplazamientos. Primero que nada, como ya se ha dicho, un desplazamiento del trabajo concebido como *fatalidad* hacia el trabajo concebido como *elección*. Esto se debe a la mejora de la formación de los individuos: escuela obligatoria, prolongación de los estudios, supresión progresiva de los obstáculos de acceso a las clases superiores y a la universidad, lo que produce una relativa mezcla de las clases sociales y da la ilusión de poder elegir el propio oficio. Esto se debe también a la organización de la vida empresarial, que se vuelve más anónima: la dirección ya no es cosa de grandes familias sino de financistas pertenecientes a diversos países que, porque invierten dinero, exigen resultados inmediatos; y de dirigentes y empleados que, porque se suceden rápidamente, hacen que la empresa pierda su memoria. Las relaciones de autoridad, entonces, ya no están basadas en la imagen de un padre protector ni en la del heredero ni en la del estatus, por prestigioso que sea, ni siquiera en la del saber diplomado, sino en el modelo del saber-hacer y el desempeño: se respeta y escucha al que prueba que sabe hacer y muestra cómo hay que hacer.

Otro desplazamiento reside en la relación entre el trabajo y el esfuerzo[6]. Se considera que el trabajo ya no debe estar necesariamente caracterizado por la *penosidad*. De diversas encuestas y entrevistas que fueron realizadas entre gente trabajadora –y, en especial, entre las generaciones jóvenes[7]–, se desprenden declaraciones que afirman que ya no habría empleos definitivos, que se los puede cambiar con la frecuencia que sea necesaria si se tornan penosos, incluso a costa de una sucesión de pequeñas changas, siempre y cuando se gane el dinero suficiente como para luego aprovecharlo; tanto más, cuanto que se ha extendido en las mentes la idea de que el trabajo físico y penoso está mucho menos remunerado que el trabajo de organización, asesoramiento y control. Así es como se pasa subrepticiamente a la idea de que se puede ganar

---

[6] No olvidemos que, originalmente, «el trabajo es el estado del que sufre, del agobiado; actividad penosa», Diccionario *Le Petit Robert*, 1990.

[7] Para las referencias, nos remitimos a la revista *Sciences humaines* n° 248, y a varias revistas para la juventud y los adolescentes.

dinero rápidamente sin pasar por los rigores de una disciplina: hacer *castings* y salir en televisión, siendo el programa *Loft Story* el modelo de esta especie de éxito social; la única forma de prestigio que parece interesarle a la generación joven es la de la *aparición pública*. Esta valorización del éxito rápido da a entender que el trabajo ya no es considerado en función del acto de producción y la calidad del producto, sino en función de la imagen que tiene el que muestra que sabe hacer. Sobre este imaginario, Bernard Tapie edificó durante cierto tiempo su fama. Ésta ya no sería un resultado sino una condición previa del éxito. Cierto o no, así es como funcionan las representaciones.

En otras palabras, en el imaginario del trabajo, ya no habría fatalidad sino una relativa *libre elección*; ya no habría una memoria que une y crea filiaciones sino un *ser presente*; ya no habría una autoridad supuestamente natural sino una autoridad del *saber-hacer* cuya prueba hay que suministrar[8]; ya no habría penosidad sino un derecho a la facilidad y a la *ganancia inmediata*. El individuo que trabaja ya no estaría representado, teóricamente, como un animal sometido a las limitaciones que exige el aprendizaje de un oficio sino como un duende que va de un lado a otro al azar de lo que va encontrando y de lo que le ofrece la sociedad. Es como si la concepción misma del trabajo hubiese evolucionado a través de la historia de manera cada vez más abstracta: hasta el siglo XVIII, el trabajo se había caracterizado por el sometimiento del mundo rural; en el siglo XIX, el mundo campesino pasó a la fábrica, experimentando otra forma de sometimiento en la productividad en serie, pero descubrió al mismo tiempo la solidaridad obrera; en el siglo XX, el trabajo se robotizó y el trabajador comenzó a liberarse de su penosidad; en el siglo XXI, el trabajo se tecnologizó y el individuo se distanció tanto con respecto al producto fabricado como al lugar de trabajo, de modo que ya no es un lugar de encierro sino de redes múltiples. ¿El individuo que trabaja terminará por desaparecer en el anonimato y perder toda identidad profesional? No hay nada seguro, pero probablemente se imagine, siguiendo esta tendencia, que no tiene muchas más cuentas que rendirle, entonces, a la sociedad[9].

[8] Lo que es contradictorio con lo que es la autoridad; véase la 2a parte, capítulo 1: «De la identidad del sujeto político: la cuestión de la legitimidad».

[9] El paso a las treinta y cinco horas y el sistema de días libres de RTT (recuperación del tiempo de trabajo) probablemente sean el síntoma de esta fuga hacia adelante en una

Habría que estudiar de cerca muchos otros imaginarios: la transformación de las relaciones entre los individuos, tanto en la vida cotidiana como en la laboral, a causa de la existencia de los teléfonos móviles y el correo electrónico; el cambio de asentamiento de las familias, asentamiento que parece caracterizarse más por una comodidad de vida que por la fatalidad del empleo o de la región de origen. Estas observaciones parecen indicar que, a beneficio de inventario[10], se producen desplazamientos en ciertos imaginarios sociales que terminan por modificar la consciencia identitaria de los individuos de nuestras sociedades modernas. Ésta se caracterizaría por: una necesidad incrementada de reconocimiento de la propia persona, pasando por la exposición del yo [*moi*] en una escena pública; una identificación más fuerte con modelos o figuras de personalidades públicas; una identidad personal que prevalece sobre la identidad colectiva, lo cual vuelve al individuo indiferente a la responsabilidad colectiva[11] y al involucramiento en una lucha en defensa de una causa si no ve su interés inmediato. Hay como una especie de expectativa de diferenciación allí donde hasta ahora había visiones globales: diferenciación según los sectores de actividad (lo que vale para tal sector no vale para tal otro)[12], diferenciación según las necesidades económicas (no importa lo que gana el otro, lo que importa es lo que gano yo)[13]; y por último, diferenciación en el deseo de trabajar (quiero ser libre de elegir mi ritmo de trabajo)[14]. Esta diferenciación que parece

sociedad de tiempo libre organizado.

[10] Es decir, de estudios realizados con una mayor perspectiva, aunque sólo fuese para verificar si es cierto que, como afirma E. Morin (1975), la cultura de masas –con la ayuda de las industrias culturales– termina por superponerse a esas otras formas de cultura que fueron: la cultura nacional inculcada por la escuela, la cultura religiosa inculcada por la Iglesia y la cultura humanista inculcada por el arte y la filosofía. Véase también la lectura hecha por É. Macé (2001).

[11] Se puede analizar la delincuencia como un caso de transgresión de las normas sociales, pero también se la puede analizar como falta de asimilación de las normas.

[12] Tendencia al reagrupamiento corporativo y a las luchas categoriales contra las grandes concentraciones en nombre de luchas ideológicas.

[13] Se escuchan menos críticas sobre los salarios elevados que reivindicaciones para aumentar los salarios bajos.

[14] Se lo puede escuchar como una crítica de la aplicación generalizada de las treinta y cinco horas, pero no del principio de la reducción posible del tiempo laboral; también se lo puede escuchar como la aceptación progresiva de un sistema de jubilación a la carta.

ir en el sentido de una mayor individualización de la vida en sociedad es un tanto paradójica en la medida en que, al mismo tiempo, la identidad de la persona tiende a desaparecer en el anonimato de las redes o tiende a fusionarse con modelos de identificación. Lo cierto es que esto desemboca en una especie de desacralización de los valores de *solidaridad*, lo que tiene ciertas incidencias sobre la consciencia ciudadana que pasaremos a interrogar.

2. Una transformación de la consciencia ciudadana

El concepto de consciencia ciudadana no es más fácil de delimitar que el de opinión pública. Sin embargo, para nosotros, tiene la ventaja de escapar a las falsas apariencias de las que es objeto la opinión pública. Esas falsas apariencias son obra del marketing comercial y político que es difundido por los medios y que, con un gran despliegue de sondeos, categoriza la opinión en «perfiles de consumidores», «estilos de vida», «grupos de opinión», etc. Nos las vemos con una serpiente que se muerde la cola: la opinión pública es invitada a mirarse en el espejo de esas categorías y termina por «amoldarse» a éstas[15]. Para evitar esta circularidad, y retomando nuestra distinción entre sociedad civil y sociedad ciudadana, podríamos hablar de una *consciencia civil* –que caracterizaría a la primera por los valores que comparte el conjunto de sus miembros a propósito de la manera de comportarse en la vida pública y privada, de ver el mundo y de juzgar a los otros– y una *consciencia ciudadana* –que caracterizaría a la segunda por los juicios y las creencias tendientes a definir una concepción idealizada de la vida política. Si la consciencia civil es un estado de hecho que pone de manifiesto lo que es una sociedad, la consciencia ciudadana, por su parte, es el resultado de una construcción voluntaria[16]: se construye a la vez por *asignación*, como ya hemos dicho, en la medida en que cierta organización política la invita a expresarse votando, y por *autodeterminación*, cuando se organiza como grupo de acción y se expresa a través de las manifestaciones callejeras, los eslóganes, los volantes y los medios informativos. Esta

---

[15] La opinión pública termina por identificarse con esas categorías, respondiendo en los sondeos de forma acorde con lo que éstos suscitan.

[16] Aquí «voluntaria» debe interpretarse en el sentido de «voluntad de vivir y obrar juntos».

consciencia obliga a los individuos de una comunidad a posicionarse con respecto a todo lo que concierne a la organización concreta de la vida en sociedad (de la escala local a la escala nacional) y, especialmente, con respecto a lo que concierne a la gestión de la vida comunitaria mediante las instancias político-administrativas.

Por consiguiente, se puede afirmar que esta consciencia está a la vez atravesada por los imaginarios que alimentan a la sociedad civil y por los que implican tomas de posición sociopolíticas sobre la manera de considerar la vida en sociedad. Sin embargo, hay que aclarar que esta opinión se construye según lo que los ciudadanos ven del juego político, es decir, más según lo que se manifiesta en la escena pública que según lo que se urde tras bambalinas. Basándonos en estos modos de manifestación, daremos aquí una visión general de lo que parece caracterizar, en nuestra modernidad, a estos imaginarios.

Del fin de las «masas»

Esto parece paradójico en nuestra época de gran consumo, pero en primer lugar habría que librarse de una concepción que prevaleció durante mucho tiempo en los análisis del campo político: el concepto de «masas». A pesar de lo que dicen sobre ello muchos escritos, ya no se puede considerar a la instancia ciudadana como una masa. Este concepto, surgido con la sociedad industrial, estaba justificado por el hecho de que frente a un pequeño número (aunque creciente) de ricos que manejaban las cuentas y tenían las riendas de las empresas, controlando la organización del trabajo y la producción, se hallaba una masa de ejecutantes –el mundo obrero y una clase media en ascenso– que aún ni estaba estructurada ni tenía consciencia de su poder.

Pero desde el siglo XX, esta masa se estructuró en torno a los nuevos factores de un poder adquisitivo en aumento (capital económico), de una instrucción que se extendía progresivamente a todas las clases sociales (capital intelectual), de un cambio en las posiciones jerárquicas y el reconocimiento de los individuos en el trabajo (capital social). Estos diferentes tipos de «capitales» (Bourdieu), que antaño coincidían entre sí (bajo capital económico = bajo capital social = bajo capital intelectual), coinciden cada vez menos: se puede tener un capital intelectual elevado, un capital económico bajo y un capital social mediano. De ahí surge una nueva consciencia identitaria.

La masa estalló en una multiplicidad de grupos que tomaron consciencia de su existencia, de sus derechos y, por lo tanto, de su derecho a reclamar; y, lo que es aún más reciente gracias a la complicidad de los medios, de su poder de presión sobre la autoridad política. La masa ya no constituye una amalgama homogénea de individuos de opinión y comportamiento único: está fragmentada en varios tipos de grupos sociales. Con el aumento del nivel de vida, el desarrollo de la educación y la expansión del saber, la consciencia ciudadana es más ilustrada pero, al mismo tiempo, más compleja. Por lo tanto, en las sociedades plurales del mundo moderno, las relaciones entre élites y pueblo, instancia política e instancia ciudadana, ya no son exactamente las mismas que antes –aunque sigan siendo, a pesar de todo, relaciones de dominación. Ya no habría una confrontación entre instancias políticas y ciudadanas homogéneas, sino relaciones de poder y contrapoder múltiples.

Las sociedades modernas son heteróclitas desde el punto de vista de los grupos de opinión que las constituyen, pero podemos constatar que en cada época esos grupos de opinión están atravesados por imaginarios fundamentales (democracia, solidaridad, soberanía, etc.) con respecto a los cuales se posicionan. En ese juego de relación entre imaginarios fundamentales y posicionamiento de los grupos de opinión, se constituye la consciencia ciudadana. Ésta puede variar, entonces, según la naturaleza de esa relación; y la observación de los discursos que circulan en un momento determinado y en un espacio determinado es la que permite detectar las características de esta consciencia ciudadana.

Si se leen los eslóganes, los programas electorales, los comentarios periodísticos; si se oyen las declaraciones emanadas de los mundos político y ciudadano durante la última campaña electoral de las presidenciales de 2002, vemos surgir los temas que parecen preocupar más a los ciudadanos franceses de nuestra época. En primer lugar, una constatación de crisis: «En un mundo en el cual la comunicación es a la vez multiforme e instantánea, los intercambios entre los hombres son incesantes y a menudo positivos. Pero esas facilidades técnicas no han hecho desaparecer ni la soledad ni los hándicaps de las personas de edad avanzada. [...] Otros, enfermos o recluidos, las atravesarán [a las adversidades] con melancolía o inquietud»[17]; y también: «Asimismo, en el plano económico, el aumento de las riquezas producidas en nuestro planeta va acompañado de desigualdades persistentes: en primer lugar, entre países: los más pobres quedan rezagados con respecto a los más ricos, que no dejan de progresar. Y también entre individuos: ¿quién puede dejar de ver que, en nuestro país, la recuperación del crecimiento no es sinónimo de progreso para los que siguen desempleados o viven con las prestaciones sociales mínimas?». Y luego algunas soluciones, en forma de preconización: es preciso «resolver sus problemas cotidianos», «prevenir la delincuencia mediante el diálogo», «garantizar mejor el respeto de la ley», «ofrecer una verdadera calidad de vida: jardines, viviendas, cultura, etc.». Aquí se hallan mencionados temas recurrentes: el de una confesión: el progreso no hace al mundo más igualitario; el de un deseo de equidad que llama a la solidaridad; el de una reivindicación: resolver en primer lugar los problemas cotidianos.

La sensación de impotencia

Vemos aparecer en los discursos ciudadanos, transmitidos por los medios, una sensación de impotencia que se debería a la toma de consciencia de la importancia de las fuerzas de la economía: éstas habrían alcanzado tal grado de liberalización que ya no habría posibilidad de controlar sus efectos negativos. Por consiguiente, los gobernantes estarían sometidos a las leyes de una mundialización, a imperativos económicos y jurídicos contra los cuales no podrían hacer nada y de los cuales los ciudadanos no podrían escapar, lo que sumiría a todo el mundo en un: «¿para qué...?». Seríamos todos absorbidos por una enorme máquina hecha de superestructuras y grandes organismos internacionales anómimos (Seattle, Comisión Europea, G7, etc.) con la frialdad de cerebros abstractos que no tienen en cuenta a las personas y hacen que desaparezca su cualidad ciudadana.

Pero la sensación de impotencia también proviene de la visión que el ciudadano moderno tendría del mundo político. Numerosas declaraciones estigmatizan a una clase política debilitada que se halla desacreditada por la acumulación de casos de malversación del bien público,

---

[17] Esta cita y las siguientes están extraídas de una carta de salutación dirigida por la diputada-alcalde del XIV distrito de París a sus administrados (año 2000).

corrupción o componendas, incluso entre la Justicia y el poder políti-co[18]. Esta visión alcanza también a las organizaciones sindicales –último bastión, sin embargo, de una moralidad política–, de las cuales se dice que parecen más preocupadas por su propio interés que por el de los mandantes. Por último, esta sensación de impotencia es alimentada por la escalada de la tecnología (teléfonos celulares, ordenadores, Internet); y ello a pesar de los discursos que alaban sus beneficios y a pesar del hecho de que el ciudadano sea presentado como beneficiario.

En estos discursos, parecería asomar un imaginario de la *desaparición* identitaria: la organización de la información en red que presenta al mundo como una inmensa telaraña en la cual los ciudadanos estarían atrapados como pequeños insectos manipulados por un gran cerebro arácnido. Además, la televisión –a través de los programas que tendrían como único objetivo satisfacer los imperativos de la audiencia– trabajaría en un lavado de cerebro al difundir ideas de moda y los estereotipos de lo «políticamente correcto». Sensación de impotencia, pues, que va acompañada de una pérdida de identidad de las personas; desaparición que se basa en una paradoja: gracias a la elevación general del nivel de instrucción, el individuo aumentaría considerablemente sus capacidades de conocimiento y de análisis; pero, al mismo tiempo, pierde su identidad y actúa, entonces, cada vez menos. Su consciencia ciudadana se ve afectada por ello, y es tal vez por eso que se refugia a veces en la indiferencia («para qué») y otras veces en la búsqueda de una figura de autoridad (Le Pen).

Un afán de equidad

Los imaginarios de «igualitarismo» y «solidaridad» van juntos. Ambos se caracterizan por contradicciones. Por lo que respecta al primero, contradicción entre los discursos que reivindican libertades individuales y reconocimiento de los grupos minoritarios y los que declaran que para defenderse contra los grandes grupos se necesita un vínculo social unificador. A esta contradicción, la instancia política le suministra a veces la respuesta de las *cupos*: cupos de mujeres en la representación política, cupos étnicos en las diferentes categorías profesionales

---

[18] Antes sólo existían rumores alimentados por el boca a boca y algunos periodicuchos especializados en sucesos. Ahora el rumor es alimentado por los medios.

(especialmente en ciertos países), cupo de discapacitados en el mundo laboral. Pero el igualitarismo también sufre de otra contradicción entre el derecho para todos a ser tratados socialmente en un mismo pie de igualdad y el espíritu de justicia que quiere que cada uno sea reconocido proporcionalmente al trabajo y al esfuerzo suministrados, así como a los resultados obtenidos. Una muestra de este estado de ánimo acaba de ser brindada por el resultado de una encuesta[19] que se hizo entre docentes del sistema educativo francés, que revela que éstos ya no creen en la capacidad igualitaria del colegio único y desearían un sistema educativo basado en «la excelencia republicana» e incluso la «meritocracia»[20]. Además, otras encuestas y otras declaraciones de dirigentes sindicales revelan que las personas se han acostumbrado a las privatizaciones que fueron llevadas a cabo por la izquierda, y que se toma consciencia de la necesidad de introducir en el sistema jubilatorio una parte de capitalización. En otras palabras, contradicción entre un derecho basado en la igualdad de los estatus (democracia presidencial) y un derecho basado en el mérito (democracia competitiva). Aquí asoma una ética de la equidad muy difícil de concretar socialmente y que está ella misma sujeta al pragmatismo de la eficacia.

Al mismo tiempo, el imaginario de la solidaridad está, por su parte, atravesado por movimientos contradictorios. Por un lado, el de una atención de la precariedad (los desocupados, los sin techo, los indocumentados) y un deseo ideal de integración de los inmigrantes dentro de una gran república (los individuos se perciben como tolerantes, abiertos a los otros y antirracistas)[21]; por el otro, el de un rechazo de la *inseguridad*, de todo lo que amenaza el orden establecido, los bienes y las personas. Contradicción entre los medios que hay que utilizar para combatir estas amenazas: prevención y educación, por un lado; represión, por el otro. Contradicciones entre un «tener derecho» a ser como todo el mundo y un «tener derecho» a ser reconocido en función de lo que se hace; entre un «deber ser» como todo el mundo para hacer que exista un sí-mismo colectivo y un «deber ser» diferente para hacer que exista un sí-mismo singular. De ahí una dificultad para compatibilizar

<hr>

[19] Encuesta FSU, véase *Le Monde*, 28 de noviembre de 2002.

[20] *Le Monde*, 3 de diciembre de 2002.

[21] *Le Monde*, 13 y 14 de octubre de 2002.

igualdad y solidaridad. Posiblemente sea por esta razón que observamos un desplazamiento hacia otra forma de solidaridad: la «fraternidad humanitaria». Ésta se ejerce respecto de los que sufren pero se hallan lejos de uno, distantes; y que son, por eso mismo, menos comprometedores. Así se le puede dar rienda suelta a una compasión que no perturba, que no compromete de otro modo que no sea mediante la expresión de una opinión o la participación en operaciones financieras de asistencia. Y ello en nombre de la dignidad humana[22].

Los particularismos

Hemos visto que el imaginario de «soberanía» hizo que entraran en conflicto las dos tensiones que atraviesan a todo grupo social: lo universal y lo local. Acabamos de ver una manifestación de ello mediante el desplazamiento de la solidaridad hacia una fraternidad humanitaria. Pero si se ven los movimientos sociales a favor de los particularismos y los discursos que los justifican, también puede producirse una preferencia por lo local. Podríamos encontrar varias razones de ello. La *sensación de impotencia* de la que acabamos de hablar, que genera una gran desconfianza con respecto a todo lo que es grande, mundial, por ser desterritorializado, desencarnado, sin un actor que se pueda identificar, observar o tocar; de ahí esa impresión de ser permanentemente manipulado por potencias abstractas, de no poder manejar ni controlar nada, ni siquiera por medio de las instituciones nacionales. Una *pérdida de los símbolos y los mitos*; símbolos y mitos que, en diferentes épocas y diversos lugares, siempre tuvieron como efecto reunir a los individuos en torno a nociones abstractas que definen soberanías de pueblos, naciones o territorios; los conflictos y las guerras lo lograban, así como las instituciones –entre ellas la escuela– portadoras de un discurso sumamente estructurado y solemnemente declarativo, exaltador de valores y deberes de los participantes en la comunidad soberana. La *ausencia de conflictos* en el territorio nacional, que antaño permitía reactivar el sentimiento de pertenencia a una comunidad amenazada. El *debilitamiento del discurso de las instituciones* mismas, sujetas a movimientos contradic-

---

[22] Lo hemos visto a propósito de los recientes conflictos que se desencadenaron por fuera de la Unión Europea y los Estados Unidos: en Medio Oriente, en los Balcanes (véase Charaudeau dir., 2001), en Chechenia y en el África negra.

torios de soberanía y tolerancia. La *ruptura con un pasado glorioso* del cual parecen apartarse las generaciones jóvenes (los monumentos a los muertos desaparecieron de la cultura contemporánea y los rituales de celebración ya sólo están reservados a algunos sobrevivientes).

Esta conjunción de fenómenos provocó la disolución de esos símbolos y esos mitos heroicos en una abstracción ahistórica que acarrea una pérdida de memoria colectiva. A esas razones se les agrega la de una *ruptura entre representantes electos y ciudadanos,* gobernantes y pueblo, como si la oferta política de las élites ya no se correspondiera con la demanda ciudadana: diversos sondeos y encuestas dan a entender –cuando no lo dicen explícitamente– que la instancia ciudadana le llevaría la delantera a la instancia política, en cuestiones tales como el voto de los inmigrantes (58% de la población estaría a favor de ello), el derecho de los homosexuales a vivir en pareja, la interrupción voluntaria del embarazo, la integración de los indocumentados, etc.

En reacción a esta pérdida de simbolismo nacional, se alaba todo lo que es pequeño («*Small is beautiful*»), todo lo que es visible, observable dentro de un territorio bien circunscrito, con actores identificables, ya que se encuentran en una comunidad de vecinos; en breve, todo lo que da la impresión de que la gestión de la vida pública se vuelve controlable y la solidaridad local, eficaz. De ahí los movimientos de reivindicación que fortalecen los vínculos sociales visibles, los que hacen que los miembros de un grupo se reconozcan en una identidad común de «obrar juntos»: grupos corporativos (enfermeros, camioneros, carteros y, lo que es nuevo, los médicos generalistas) organizados en coordinación, por fuera de –e incluso contra– las organizaciones sindicales consideradas como sospechosas por estar demasiado ligadas a imperativos políticos nacionales; grupos étnicos que se definen en torno a una misma historia, a una misma religión, a una misma tribu, y emprenden movimientos separatistas más o menos violentos[23]; grupos regionales que se identifican con respecto a un territorio, comparten los mismos rituales y reclaman un reconocimiento de autonomía, e incluso de soberanía total, dentro de una entidad nacional.

---

[23] Esto puede llegar al punto de guerras civiles, interétnicas (Ruanda, la ex-Yugoslavia).

El individualismo

Otra característica que marca la consciencia ciudadana de nuestra época es lo que por aquí y por allá se llama escalada del «individualismo». Hay varios individualismos. El individualismo preconizado desde hace mucho tiempo por la doctrina económica del liberalismo y redefinido de forma ideológica por el movimiento político de derecha que alaba los valores de esfuerzo, heroísmo individual y moral personal –todo lo cual se opone a lo que es de orden colectivo. Pero a esto se añade, como ya hemos dicho, un nuevo posicionamiento de la izquierda política francesa. Al tomar progresivamente consciencia, en las décadas de los setenta y los ochenta, de los daños que los totalitarismos causaban en el Este, pasó de una defensa de los derechos de la clase obrera a una defensa de los «derechos humanos», es decir, de una ética categorial a una ética universal, lo cual generó desconfianza con respecto a la cosa política (como si los derechos humanos no perteneciesen a la cosa política). Pero también, al aceptar la economía de mercado, fue rechazando poco a poco las soluciones colectivistas, suscitando una sospecha, al mismo tiempo, contra un Estado demasiado autoritario. Aparecieron así, entonces, en el movimiento de izquierda, ideas y valores hasta entonces desconocidos, como la competencia económica, el mérito personal en el trabajo, la excelencia en la formación, todo lo que alaba la diferencia y, en consecuencia, al individuo. También hemos de poner en la cuenta de este fenómeno el papel desempeñado por los medios, los cuales, como veremos, se convierten en un lugar de cuestionamiento crítico de la clase política, que genera desconfianza con respecto a ésta.

Así puede explicarse lo que caracterizó la actitud de la juventud francesa en las elecciones presidenciales de 2002: un gran porcentaje de abstención (33%) de la generación de 18-24 años antes de la primera vuelta, una gran movilización ciudadana entre ambas vueltas. Las entrevistas, las conversaciones, los cuestionarios y otras encuestas efectuados entre esta población pusieron de manifiesto una nueva clase de discurso de apoliticidad. En efecto, la apoliticidad de las generaciones anteriores, cuando era reivindicada por algunos individuos, no era un hecho generacional. Se expresaba mediante un discurso que decía rechazar el compromiso político en organizaciones militantes percibidas como un lugar de reclutamiento; pero esas mismas personas, sin embargo, no se privaban de emitir una opinión sobre tal o cual político, sobre tal o cual partido, sobre tal o cual decisión gubernamental; y, sobre todo –como lo prueban las estadísticas–, no ignoraban las urnas. Ahora parece ser, al menos según las declaraciones hechas al azar de las entrevistas, que para algunos de estos jóvenes la política es asunto de adultos, una cosa complicada con la que no se sienten conectados en absoluto y, sobre todo, que viene a perturbar el principio de placer, porque «la política te quema la cabeza», porque es fuente de conflictos, de conflictos innecesarios, pues la vida ya es bastante complicada así: «¡La política me hincha! Es asunto de viejos»[24]. Desconfianza con respecto al teatro político («Toda esa gente que se pelea pero que nunca se pondrá de acuerdo»), desconfianza con respecto a los medios («Los medios nos reclutan»[25]).

Tenemos que vérnoslas ahí con un efecto desmovilizador que va acompañado de un movimiento de refugio en cierta forma de individualismo. En estas condiciones, no sorprende que –al superar J. M. Le Pen a L. Jospin en primera vuelta y seguir en competencia para la segunda frente a J. Chirac– se produzca una reacción: se acaba de alzar el rostro de un diablo que simboliza lo que esta generación de la pluralidad identitaria más detesta, la segregación y la exclusión; y, por consiguiente, surge al fin un adversario, un enemigo contra el cual marchar a la guerra («Lo único que me haría comprometer es ver que Le Pen llega al poder o que se acerca demasiado»[26]). De ahí esa participación en el guion dramatizante de la lucha por la salvación de la República, en el que toman el lugar del salvador; de ahí esa precipitación en un imaginario pseudo-soberanista, que es en realidad un imaginario humanitarista. Una oposición entre, por un lado, una Francia que defiende valores de interés personal (seguridad, ingresos, caza, pesca, etc.), con un líder combativo transformado en el cuco, que fustiga a una sociedad permisiva; y, por el otro, una Francia que no puede defender más que valores abstractos[27] contra la exclusión, el sufrimiento, la miseria, el medio am-

---

[24] *Le Monde*, 10 de mayo de 2002.

[25] *Ibid.*

[26] *Ibid.*

[27] «Abstractos» por oposición a los valores del pasado, también abstractos, pero que se basaban en referentes sociales tangibles, como los trabajadores o la colonización.

biente, sin líder, y que sólo se expresa con motivo del rechazo de ciertas realidades sociales (pedofilia, comida chatarra, antimundialización).

Este individualismo es el resultado de una confluencia de los imaginarios que circulan por cada una de las tres instancias del discurso político, y que convergen para reemplazar en la consciencia ciudadana el *derecho de los pueblos* por el *derecho de las personas*. Y, al mismo tiempo, todo ocurre como si esta consciencia identitaria sintiese cierta culpa de sólo moverse en el terreno de la proximidad egoísta, y se redimiese desplegando un discurso de compasión por las víctimas de los atropellos efectuados aquí y allá, un discurso de reivindicación de los derechos humanos, un discurso de alerta sobre el medio ambiente, pero que debe ser entendido como un discurso de apertura hacia el otro en contrapunto con el discurso de defensa del territorio identitario propio. Todos estos movimientos, todas estas representaciones, dan a suponer que se produciría una transformación de la consciencia ciudadana. Ésta se apartaría de las diferentes filiaciones de una macrohistoria soberanista de grandes símbolos universales, fundadora de las naciones, para inscribirse en una nueva temporalidad, la de una microhistoria en un nuevo espacio de soberanía local (el terruño y la región) en la cual es posible cruzarse con el otro, encontrarse con él, hablarle, y así establecer con él vínculos de proximidad. Una consciencia identitaria más individualista, como si no hubiese otro orden social que el deseado por el individuo o el grupo restringido que comparte las mismas aspiraciones:

> Mientras que las generaciones anteriores habían crecido con la idea de que la existencia individual hallaba en parte su razón de ser, su dignidad y su justificación en el servicio de valores superiores, [...] en una tradición inmemorial que, a través de todos los regímenes, incluida la República, hacía del servicio de la colectividad la referencia suprema, [...] la actitud actual, en cambio, le otorga a la vida un valor incalculable. Es ella la que subyace a la idea de la guerra limpia sin muertos[28].

Es el modelo que muestran hasta el hartazgo las películas estadounidenses, el del individualismo enajenado del héroe solitario que tiene razón contra todas las instituciones; o, en el otro extremo, el modelo que presentan muchas películas francesas, el de microcosmos sociales en los cuales cada uno tiene que saber recurrir a su propia inventiva o

[28] Rémond (2002).

a su ingenio, aunque al mismo tiempo es capaz de actos solidarios para
con su vecino.

3. Tensiones en la razón de ser militante

El grupo militante constituye, como hemos dicho, un subconjunto
de la sociedad ciudadana: comparte con ésta la preocupación por la
cosa política y se caracteriza por una especificidad que es su compromiso en la acción. Se puede ser un ciudadano –y un ciudadano moralmente responsable– sin ser necesariamente militante.

El militante no está necesariamente afiliado a un partido. Es, sobre
todo, el que sale a la calle, va a las manifestaciones y a los actos, participa de las grandes concentraciones, asume por sus declaraciones cierta
identidad discursiva hecha de pasión, de juicios perentorios a favor o
en contra de ideas o personas, de juicios performativos en la medida en
que el militante debe creer, como hemos dicho, que «decir es hacer», y
se construye una imagen de luchador que lo integra en un imaginario de
virilidad («¡Nosotros luchamos!») o fecundación («¡Nosotros luchamos
por nuestros hijos!)». Idealmente, un militante es disciplinado y profesional: «Debe ser estimado profesionalmente por sus compañeros de
trabajo. Hay que ser alguien de bien. No el que se emborracha ni el que
fuma porros»[29]. Consciente de que hay que actuar con conocimiento de
causa, el grupo militante se organiza y concibe sus acciones en función
de un estudio de la situación política que lo conduce, contrariamente a
la sociedad ciudadana, a ir a ver lo que pasa tras bambalinas de la vida
política. Aquí también observamos indicios de un cambio tanto en el
comportamiento como en el discurso de los movimientos militantes.

En primer lugar, un cambio en lo que concierne a los objetos de
protesta. Algunos no cambiaron demasiado. Siempre vemos que se desarrollan acciones militantes para apoyar protestas contra medidas gubernamentales que van contra los intereses de los asalariados u otras
categorías de trabajadores: aumento de los impuestos y las tarifas públicas, cambio del sistema jubilatorio de la función pública, instauración
de una selección en el sistema educativo. Pero a esos objetos se les
sumaron otros: por una parte, la responsabilidad de los políticos en los

---

[29] Declaración de Robert Barcia, alias Hardy, dirigente histórico de Lucha Obrera, en
su libro: *La Véritable Histoire de Lutte ouvrière* (2003).

grandes casos judiciales, las políticas de salud (sangre contaminada), el medio ambiente (*Amoco Cádiz*), etc.; por otra parte, las amenazas planetarias (contaminación, OGM, deforestación) debidas a los efectos de la mundialización, mundialización que es sostenida por los países más ricos (el G7 y, ahora, el G8). Esto genera un cambio del teatro en el cual se desarrollan estas acciones, dado que se vuelve, por un lado, más jurídico, y por el otro, más mundial. Las causas ya no son nacionales sino sociales. Su símbolo es Porto Alegre: estamos aquí para decirle: «¡Basta! a la guerra, la miseria, la injusticia social [...], la corrupción», pero también para «reflexionar y hablar de temas sociales» porque creemos que «otro mundo es posible» y que «la utopía fecunda lo real»[30].

Vemos que también se produce un cambio en el modo de organización de la vida militante. Tradicionalmente, ésta estaba a cargo de los partidos o los sindicatos que estaban más cerca de la gestión política, estudiaban las situaciones políticas y decidían los discursos que había que sostener y las acciones que había que llevar a cabo. Podemos afirmar que, en esa tradición, la masa de los militantes siempre fue instrumentalizada por los líderes y responsables de esos organismos, quienes, con fines tácticos, necesitaban mostrar su fuerza manifestándose masivamente en las calles, los lugares públicos y los actos.

Ahora, los grupos militantes se constituyen más o menos espontáneamente según las situaciones de crisis; y, si emerge una instancia coordinadora, suele ser al margen de los partidos y los sindicatos. Cuando estos movimientos surgen en el marco de una empresa o en un marco corporativo, toman la forma de coordinaciones del personal interesado que, en general, se les asocia de manera unánime; y los sindicatos, a su vez, se les integran pero sin tomar su dirección[31]. Cuando surgen a raíz de grandes casos en los cuales el Estado, el Gobierno, unas instituciones o unas personalidades son considerados como responsables, toman la forma de movimientos comunitarios que se constituyen de manera *ad hoc* para defender los intereses de las víctimas, llegando al punto de instituirse como parte civil en los juicios que se siguen (trans-

---

[30] Extractos de una encuesta realizada por el periódico *Le Monde*, 6 de febrero de 2003.

[31] Lo hemos visto con las manifestaciones de los docentes en mayo y junio de 2003: una radicalización y un extremismo de una base constituida por docentes jóvenes, quienes obligaron a los sindicatos –listos para negociar con el Gobierno– a asociarse a esos movimientos para no ser desbordados (véase *Le Monde*, 27 de junio de 2003).

fusiones sanguíneas, mareas negras, mujeres y niños golpeados, etc.).
Cuando surgen en oposición a las grandes orientaciones de la política
económica a propósito de las cuales los países ricos se entienden en
detrimento de los países pobres o los individuos ciudadanos, toman
la forma de grandes concentraciones festivas (aunque a veces éstas van
acompañadas de manifestaciones violentas) de las cuales participa toda
clase de gente, especialmente jóvenes, en un *happening* que se extiende
lo que dure la concentración. Allí también, sin embargo, se necesita una
organización para aumentar las probabilidades de eficacia de las acciones, sobre todo porque los susodichos militantes están lejos de tener
una opinión homogénea. («Ya no existe la pureza militante. Para actuar
conjuntamente, no estamos obligados a estar de acuerdo en todo»[32]). Es
por eso que hemos visto proliferar, desde las primeras manifestaciones
antimundialización, asociaciones con denominaciones que expresan los
motivos o los objetivos de su acción: «¡Atrévete!»[33], «No pasarán»[34],
«RAP»[35], «Attac»[36], «Hay que reaccionar»[37], «la Chispa»[38].

Además, los medios de comunicación cambian: asistimos a nuevas
formas de llamado a las concentraciones, marchas y otras manifestaciones. Así es como hemos visto el efecto desmultiplicador de Internet,
que hizo posible que los estadounidenses que estaban en contra de la
Guerra de Irak se congregasen y se manifestasen masivamente; manifestaciones que, según algunos periódicos –a su vez estadounidenses–,
fueron más importantes que en la época de Vietnam[39], y ello a pesar de
«la ausencia de cobertura de su movimiento por parte de los grandes
medios»[40]. La cuestión, que sigue planteada, consiste en saber quiénes

[32] Véase la revista *Télérama*, n° 2725, p. 22.

[33] Grupo de ecologistas. [En francés: *Chiche!*, asociación de jóvenes ecologistas creada
entre el 11 y el 12 de mayo de 1996 en Sens (Francia) a partir de la fusión de grupos
preexistentes (N. del T.).].

[34] Grupo de los libertarios españoles.

[35] Grupo de Resistencia a la Agresión Publicitaria.

[36] Asociación por la Tasación de las Transacciones financieras y por la Acción Ciudadana.

[37] Grupo de antimilitaristas. [En francés: *«Faut réagir»* (N. del T.].

[38] Grupos de revolucionarios. [En francés: *«l'Étincelle»* (N. del T.)].

[39] Según el periódico *News day*, en *Le Monde*, 14 de febrero de 2003.

[40] *Le Monde*, 14 de febrero de 2003.

son esos internautas y cuál es su consciencia ciudadana: «El tráfico de Internet bien podría constituir sólo una "cámara de eco" de la militancia virtual, más bien que una protesta realmente significativa»[41].

En cambio, las tácticas de acción y los modos de activismo de esos movimientos experimentaron en estos últimos tiempos una cierta deriva hacia métodos de acción más violentos. Ciertamente, se producen grandes manifestaciones pacíficas para protestar contra unas realidades sociales (la pedofilia en Bélgica, los actos terroristas en España), pero se trata más bien de manifestaciones de la sociedad civil que se convierte, en el instante de la manifestación, en sociedad ciudadana. El activismo militante siempre se exteriorizó de manera estruendosa, ya que sabe que se opone a lo que está institucionalmente establecido y que goza, en un sistema democrático, de cierta legitimidad. Es preciso, entonces, que su acción sea percibida por los gobernantes como una amenaza; amenaza de un desorden, de una rebelión e, incluso, de una revolución. Toda acción militante dice: «¡He ahí lo que soy capaz de hacer! ¡He ahí lo que les puede suceder!». La enunciación militante siempre se expresa bajo la modalidad de la *advertencia*.

Sin embargo, vemos aparecer en la escena militante acciones violentas premeditadas (lo que difiere de los desbordamientos que pueden acompañar las manifestaciones pacifistas) que son obra, unas veces, de grupos armados que se hallan en la clandestinidad y que pueden atacar tanto a las personas como a los bienes (las organizaciones armadas de Córcega o del País Vasco español), y otras, de grupos no armados que atacan sólo los bienes (destrucción de un Mc Donald's, símbolo de la comida chatarra, o de plantaciones transgénicas). Estas acciones, a veces calificadas de terroristas, son justificadas por sus autores en nombre de «la réplica proporcionada»: frente al terrorismo de Estado, un terrorismo de la disidencia y de los perseguidos («la ira de los pueblos», de la cual ya hablaba Maquiavelo); frente a las componendas de nuestros representantes, un frente de rechazo; frente al lenguaje acartonado de los políticos y las promesas incumplidas, una acción iconoclasta. A esto se le suma un argumento: en razón de la sumisión del pueblo temeroso o retrógrado, hacen falta acciones arriesgadas y héroes que salven

---

[41] *Le Monde*, 14 de febrero de 2003.

al pueblo a pesar de él (así se define, por otra parte, el «derecho de injerencia»).

La otra táctica que caracteriza a esta nueva acción militante consiste en utilizar los medios informativos, e incluso instrumentalizarlos, organizando manifestaciones lo suficientemente espectaculares como para que los medios no puedan no hacerse eco de ellas. Las acciones de choque de algunos grupos de agricultores –y, anteriormente, los grandes movimientos orquestados de los camioneros, los enfermeros y el personal hospitalario– son algunos ejemplos de ello. Además, los medios son utilizados como tribuna de debates, más o menos contradictorios y agitados, y de declaraciones intempestivas (Act Up, en un programa sobre el SIDA)[42]. Un uso original y sutil de los medios fue hecho por el Subcomandante Marcos y su grupo en defensa de los indios de Chiapas en México: a fuerza de declaraciones que iban en contra del lenguaje acartonado de los políticos y de las reglas tradicionales de la negociación política, terminó por liberar –relativamente– a la prensa del país que se hallaba completamente sometida a la información oficial del Estado[43], hacer que lo admitiesen como interlocutor político en el seno del Parlamento mexicano[44] e internacionalizar su lucha haciendo un llamado a todos los que combaten para defender a los «oprimidos de la Tierra».

El cambio del modo de acción militante se caracteriza por el hecho de que la militancia ya no se conformaría con creer en un «decir es hacer» y necesitaría creer en un «hacer es decir».

4. ¿Pérdida o transformación identitaria?

Bien parece que las sociedades occidentales desarrolladas experimentan un cambio importante en su modo de vida y, paralelamente, en

[42] «Una veintena de militantes de la asociación de lucha contra el SIDA Act Up interrumpió, el martes 4 de febrero en París, una sesión de la Academia de Medicina, cuya fachada mancharon con sangre falsa» (*Le Monde*, 6 de febrero de 2003).

[43] Véase Emilsson y Zaslavsky (2000), y Zaslavsky (2003).

[44] Durante la última marcha de los zapatistas a la ciudad de México, el Subcomandante Marcos declaró: «ayúdennos a perder», es decir, «reconózcannos». Además, al concluir esta marcha, se admitió que el EZLN fuese representado en el Parlamento mexicano en la persona de la Comandanta Esther, quien dio un discurso y espetó desde la tribuna: «¡Viva México!», con lo cual mostró que el EZLN no se presentaba como un grupo disidente.

su concepción del mundo, de su idealidad; como consecuencia, su sentimiento identitario individual y colectivo se vería transformado. Pero, ¿se trata de algo verdaderamente nuevo o de un retorno de la historia, aunque algunos piensen que la historia no se repite?[45] Después de todo, la época del Renacimiento y la de la industrialización nacionalista de los siglos XVIII y XIX también experimentaron grandes transformaciones, sin hablar del siglo XX y sus dos guerras mundiales. ¿Nos quejamos ahora del todo económico? Sin embargo, en *La comedia humana*, Balzac ya decía que, en una época de «la omnipotente moneda de cinco francos»[46], en la cual «la banca, formidable realeza, domina hoy en día a los tronos y los pueblos»[47], el dinero es el «único dios moderno al que se profesa fe»[48], y al cual «sólo niegan los bobos y los tontos puesto que, a pesar de tantas declaraciones ingenuas sobre el dinero, siempre hay que […] besar la pata hendida del Becerro de Oro»[49]. La dificultad para percibir las transformaciones es tanto mayor cuanto que se puede observar cambios en los comportamientos sin que, no obstante, éstos vayan acompañados, al menos en lo inmediato, de cambios conceptuales en los valores –verificándose, también, la inversa.

Si nos referimos a la situación francesa, se habrá observado que la sociedad funcionaba hasta entonces –en todo caso, desde la Revolución Francesa hasta la socialdemocracia moderna– sobre una representación tripartita de la sociedad. Por un lado, los ricos, los patrones y los financistas, vinculados por una sociedad empresarial y financiera, que representan el poder de decisión sobre el mercado laboral pero también el de la inversión y la creación de los bienes de consumo, y cuyo discurso de justificación es: «no hay sociedad poderosa sin producción de riquezas». Por el otro, los obreros, los trabajadores ejecutantes, que representan la fuerza de producción; puesto que se supone que éstos son explotados por aquéllos, se organizan como contrapoder de las fuerzas

---

[45] Por ejemplo, el tema de la unidad nacional frente a los particularismos regionales también estaba en debate en la Grecia Arcaica. Véase J. A. Dabdab Trabulsi (2001), quien hace un paralelo entre el dictador griego y el dictador latinoamericano (capítulo II).

[46] *La Cousine Bette*.

[47] *Les Illusions perdues*.

[48] *La Cousine Bette*.

[49] *Les Employés*.

productivistas impuestas por la industria capitalista, formando agrupaciones sindicales para imponer negociaciones colectivas; todo ello basado en un discurso de denuncia de los estragos del capitalismo y de reivindicación de los derechos del trabajador. Así era mantenida la imagen de un «trabajador en lucha» frente a un «patrón explotador». Esta tradición de rebelión fue durante mucho tiempo un símbolo identitario sustancial de la sociedad francesa[50]. Por un tercer lado, el Estado considerado como Estado benefactor o, al menos, regulador de este antagonismo, que debe velar por el bienestar del ciudadano y debe mostrarse como garante de la distribución de las riquezas, siendo el discurso de justificación el (jacobino) de la necesidad de un Estado fuerte para asegurar la soberanía nacional y la protección social.

Ahora bien, parece ser que ahora asistimos, como acabamos de ver, a una transformación de ciertos aspectos de la vida social y, por consiguiente, de los imaginarios en que éstos se basan: el desplazamiento de un imaginario de la producción hacia un imaginario del consumo; de una visión del trabajo que ya no se caracterizaría por el esfuerzo y la penosidad sino por el éxito inmediato; la tecnologización del trabajo manual, en el que la mano ya no tiene que realizar esfuerzo; la desaparición del contacto humano por la multiplicación de las redes de conexiones y la desmaterialización de las relaciones de conflictos. Todo esto les da a los actores sociales la impresión de que controlan el mundo, de que escapan a la fatalidad productivista y de que pueden reemplazarla por un goce consumista. El desdibujamiento progresivo de la frontera entre la vida privada y la vida pública que hace que las categorías sociales se reconstituyan más en función de las actividades de la vida personal que profesional, que perturba los clivajes clásicos entre categorías de edad y de sexo, de profesión, de filiación familiar; que confunde los factores del capital social, el capital económico y el capital cultural; que provoca una fragmentación identitaria y hace desaparecer el sentido de la responsabilidad colectiva. El reemplazo de una relación de confianza democrática entre el pueblo y las élites por una relación de desconfianza alimentada por un discurso de descrédito con respecto a la clase política, de un reconocimiento de impotencia a la vez con respecto a las instituciones nacionales y a las instancias supranacionales,

[50]   Crettiez X. Y Sommier I. (dir.) (2002).

monstruos abstractos inaprensibles. Por último, como reacción a este escepticismo del ambiente, la sustitución de un imaginario de solidaridad social que exige un compromiso participativo por un imaginario de fraternidad humana o fraternidad comunitaria. También como reacción a este mismo escepticismo, la acción militante –que antaño estaba bien orientada y circunscripta– se transforma ahora en grandes concentraciones pacifistas y festivas, pero heterogéneas desde el punto de vista ideológico, o en acciones puntuales violentas contra bienes que poseen un valor simbólico.

Una vez más, vemos emerger esa inmensa contradicción entre el deseo de «localismo» y el desarrollo del «mundialismo». Ésa es la razón por la cual las élites y los pensadores de la política tratan de definir una nueva forma de soberanía que podría ir más allá de las naciones sin perder su vínculo identitario: «Se puede, en efecto, preferir una sociedad en la cual se les reconozca su autonomía a los individuos, pero éstos reconozcan los vínculos de solidaridad que los unen»[51]. Después de todo, la historia de Europa también es la historia de la recomposición sucesiva de las soberanías en contra de los particularismos que, como afirma Castoriadis, a menudo fueron mortales. Ahí está en juego, para el siglo venidero, una nueva búsqueda de identidad.

[51]   R. Debray, *Le Monde*, 20 de octubre de 1998.

CAPÍTULO II

Los efectos de interferencia de los medios

Si nos preguntamos por el papel de los medios en el campo político, es en tanto que tendrían influencia sobre la opinión de los ciudadanos y por lo tanto, como contrapartida, influencia sobre las estrategias comunicativas de los políticos. Ahora bien, es difícil evaluar la índole y la importancia de las relaciones de influencia entre los medios y la opinión. Por una parte, porque, al tomar a la televisión como modelo, se tiende a generalizar los medios como una entidad única, cuando hay diversos tipos de soportes informativos (radio, prensa, televisión, Internet) que se dirigen a públicos diferentes, de formas que les son propias, incluso si la televisión parece dominante por la cantidad de telespectadores que reúne durante sus noticieros. Por otra parte, porque para poder evaluar el impacto de una información sobre el público, habría que saber qué es esa opinión. Ahora bien, hemos visto que ésta está fragmentada, lo que impide saber cuál es la parte correspondiente a una opinión civil que emite juicios sobre todas las realidades sociales, la correspondiente a una opinión ciudadana más circunscripta y la correspondiente a una opinión militante más focalizada.

Los analistas mismos están divididos acerca de esta influencia y producen diferentes teorías. Algunos, especialmente los que trabajan sobre el hecho político, minimizan su alcance, argumentando que hay fenómenos estructurales de la acción política que se imponen y dejan sin efecto toda explicación por el papel que los medios podrían desempeñar, incluso sobre el comportamiento electoral. Otros, por el contrario, tratan de probar esa influencia mediante estudios sobre la forma en que el discurso mediático es recibido. Evidentemente, estos estudios de recepción no tienen nada que ver, en cuanto a su método, con los sondeos: se dividen, por su parte, entre los que siguen estudios empíricos[1]

---

[1] Sociología de la recepción.

y estudios experimentales[2]. Sea como fuere, en el estado actual de las ciencias humanas y sociales no hay estudios que hayan mostrado que existe una relación ineluctable y sistemática de causa-efecto entre una estrategia intencional de influencia, por parte de un individuo o un grupo, y su impacto sobre un grupo[3]. Si ése fuera el caso, sería posible hacer predicciones y, por lo tanto, proceder a manipulaciones para influenciar los comportamientos de los individuos. Ahora bien, la variedad de las situaciones comunicativas, la diversidad de los públicos y el cambio de las circunstancias sociales e históricas son tales que resulta imposible hacer predicciones: en la materia, la historia no se repite, excepto por casualidad.

1. De las especificidades
de la mediatización contemporánea

Toda sociedad, como hemos dicho, necesita mediación social, un sistema de valores más o menos mitificado, para tener la sensación de existir. Ahora bien, para que desempeñe su papel de lazo identitario, el sistema de valores debe ser compartido por los miembros de la comunidad en su conjunto; y para ello, es preciso que su circulación esté garantizada por un soporte y una instancia social con autoridad: en la Edad Media, era esencialmente la Iglesia la que garantizaba la circulación de una moral divina; en el siglo XVIII, eran la prensa naciente y la escuela las que hacían circular una moral laica, la de la razón crítica omnipotente; en el siglo XIX, con la industrialización, se añadieron diferentes instancias organizativas de la producción que infundieron una moral del trabajo; en el siglo XX, los medios informativos de masas hicieron estallar la dominación de los aparatos de Estado, facilitando la circulación de modelos de vida y pensamiento a la vez diversos y dominantes. En la segunda mitad del siglo XX, los medios desempeñaron el papel de soporte de mediación, al punto de haber mediatizado por completo la sociedad contemporánea: son portadores de imaginarios sociales que tienen influencia sobre las opiniones, sin que realmente sepamos cuál es esa influencia. Esta cuestión ya fue estudiada por nosotros y descripta

[2] Psicosociología experimental.

[3] Esto se demostró en Estados Unidos mediante varios estudios efectuados en el ámbito publicitario, véase Chabrol (1994) y Baudru-Chabrol (1994).

en otro libro[4]; por eso, nos conformaremos con resumir sus lineamientos generales para ver qué problemas le plantea al discurso político y, consiguientemente, cuál es la parte de responsabilidad de los medios en este juego de influencias.

Una máquina de captar público

Cuando nos interrogamos acerca de los medios, debemos empezar por preguntarnos quién informa, con qué intenciones y qué procedimientos. A pesar de una idea que circula, no se trata nunca de un periodista sino de lo que llamamos una «máquina de informar». En efecto, el periodista que se halla en el terreno de un acontecimiento y lo cuenta, o el que trata de analizar y explicar los hechos, sabe que su artículo será retomado por la redacción del órgano informativo, que aparecerá en medio de otras noticias y que será puesto en escena, de forma más o menos dramatizante, en la página de un periódico, el despliegue informativo de la radio o la puesta en imagen del noticiero. Además, ese artículo, si bien es leído u oído, lo será por personas desconocidas por el periodista; personas cuyas características sólo pueden ser vagamente evaluadas: aquí, por encuestas a los lectores del periódico y el correo de lectores; allí, por sondeos y algunas encuestas complementarias de recepción. No estamos, entonces, en un modelo comunicativo en el cual una persona se dirige a otra persona conocida por ella (como en el caso de una carta o una conversación telefónica) ni en el de una persona que se dirige a una o varias otras personas que probablemente no conoce pero cuya función, rol social o estatus (como en el caso de un informe administrativo, de un artículo científico o de consignas laborales) sí conoce, ni en el de una persona que se dirige a un público que tiene ante sí (como en el caso de una conferencia o un acto). Nos encontramos aquí ante un modelo comunicativo que relaciona dos instancias heteróclitas: por un lado, una instancia informativa, compuesta por diferentes actores (periodistas de terreno, enviados especiales, periodistas de análisis, periodistas especializados, jefes de redacción, presentadores de noticiero, etc.); por el otro, una instancia de recepción heterogénea, compuesta por lectores-oyentes-telespectadores de edades, formaciones, medios sociales e intereses diferentes.

[4] Charaudeau (2005).

La instancia informativa se halla en una situación en la cual debe resolver varios problemas. En primer lugar, ante la gran cantidad de hechos que se producen a diario, seleccionar los que serán convertidos en noticias. Estos hechos dependen a la vez de los acontecimientos imprevistos o previstos que surgen en la vida social (catástrofes naturales, guerras, conflictos, criminalidad, etc.) y de la agenda política que es impuesta por las decisiones, declaraciones y acciones de toda clase que son iniciativa del mundo político. A veces, la instancia mediática sale a buscar estas informaciones (mediante investigaciones); a veces, las suscita (mediante entrevistas) o incluso las provoca (mediante debates); pero se puede afirmar que, a pesar de esta presión externa de los acontecimientos y de la agenda, ella es la responsable de las elecciones que lleva a cabo. Al mismo tiempo, al público le es presentada una selección-construcción de noticias que se imponen como si fuesen las únicas posibles, e incluso las únicas existentes.

Una vez seleccionados los hechos, hay que jerarquizarlos, describirlos, contarlos y explicarlos. Al problema precedente de la selección de los hechos, se le agrega ahora el de su puesta en escena, ya que la instancia informativa está sometida a la ley implacable de la *captación*: hay que seducir al público. Todo órgano informativo es, ante todo, una empresa que necesita recursos financieros para vivir. Estos recursos dependen de las ventas, en el caso de los periódicos, y de la publicidad, en el caso de la prensa, la radio y la televisión; y los espacios publicitarios son vendidos tanto más caro en la medida en que los órganos informativos tienen gran audiencia. Esto los pone en una situación de competencia comercial que pasa por la necesidad de llegar a la gran mayoría de lectores, oyentes o telespectadores. A la lógica informativa que exige credibilidad en el tratamiento de las noticias se le viene a superponer una lógica de mercado que exige resultados cuantitativos.

Ahora bien, ¿cómo captar a esa gran mayoría, de la cual dijimos que era heterogénea, si no es buscando su mayor denominador común? ¿Y cómo llegar a ese denominador común, si no es usando estrategias discursivas susceptibles de llamar la atención del público, mantener su interés, solicitar su emoción y transmitir explicaciones que deberían ser comprendidas por todos? A tal fin, los medios recurren a algunas técnicas para narrar y describir los acontecimientos, comentarlos y ponerlos en debate. Narran los acontecimientos de acuerdo con guiones dramáticos de combate para suscitar movimientos emocionales diversos: de antipatía hacia los agresores, de simpatía hacia los salvadores, de compasión hacia las víctimas[5]. Comentan esos mismos acontecimientos reduciéndolos, la mayoría de las veces, a esquemas explicativos más o menos estereotipados, sin perspectiva histórica, pero con apariencia de evidencia. En cuanto a los debates, que supuestamente alimentan el espacio de discusión haciendo que se enfrenten diferentes opiniones opuestas para esclarecer las del público, son presentados como justas oratorias, o incluso espectáculos de combates retóricos, que, a fin de cuentas, convierten las opiniones en juicios pasionales.

Una visión del mundo fragmentada y atemporal

De estas características, se concluye que los medios nos construyen una visión del mundo que surge en un tiempo breve mediante la rápida sucesión de las noticias que van «de oquedades a urgencias»[6]. Llegan incluso al punto de hacer desaparecer toda temporalidad mediante una puesta en escena dramatizante que presenta un mundo para consumir en el momento, sin perspectiva histórica: la máquina de informar es una máquina amnésica. Nos construye un mundo que se inscribe en un espacio doble que vacila siempre entre lo *local*, cuando se trata de defender identidades regionales, y lo *global* (nacional, europeo, internacional, civilizacional), cuando se trata de promover una trascendencia identitaria[7]. Los acontecimientos que son presentados en ese espacio caen siempre dentro de la esfera de la tragedia: la tragedia como síntoma del desorden social que permite poner en escena a las víctimas y los dramas que éstas viven, el estrago, los perseguidores y los salvadores. El mundo nos es presentado –a nosotros, público ciudadano– sin que podamos distinguir la realidad de la ficción: nos es presentado en una especie de «verdadero verosímil» que hace que «los datos de la ficción desaparezcan en la ilusión de lo auténtico»[8], a través de un relato que «construye su propia realidad comerciando con nuestros imaginarios»[9].

[5]   Véase Charaudeau (2000).

[6]   Charaudeau (2005, 3ra parte).

[7]   *Ibid.*

[8]   *Ibid.*

[9]   *Ibid.*

Efectuando relaciones entre hechos que parecen similares (cualquier pequeño hecho de violencia cotidiana es achacado a la inseguridad), comentando los hechos mediante explicaciones sin perspectiva histórica, convirtiendo el debate público en un espectáculo de los conflictos de opinión y en un teatro en el que se mezclan los problemas domésticos con los problemas públicos, los medios construyen paradójicamente un público sin opinión: éste sólo puede adherir a esa visión del mundo o rechazarla de manera ciega, a menos que se retire del campo de la opinión y se refugie en el de los escépticos o el de los sin opinión. La máquina mediática no puede declararse inocente.

La confusión de los espacios público y privado

En muchos casos, los estudios sobre los medios han llegado a la conclusión de que hay una confusión entre el *espacio público* y el *espacio privado*. Esta confusión es resultado de una invasión de éste por aquél; o digamos, más bien, de una aparición del segundo en el primero, de una *publicización de la intimidad* –intimidad que, antaño, estaba oculta a la mirada del otro.

Ésta fue ocultada por mucho tiempo y comenzó a surgir –al menos en la sociedad francesa, y si nos referimos a los escritos de los historiadores de las mentalidades– con los escritos (falsamente) autobiográficos de los siglos XVII y XVII: fue –y es aún– la época de la «revelación poética del yo», uno de cuyos escritos más representativos fue *Confesiones*, de J.-J. Rousseau. Luego, mucho después, comenzó una exposición progresiva del cuerpo hasta la exposición casi total, en público, de la «desnudez» a través del cine y la publicidad: ésta fue la época del «cuerpo-objeto». Más recientemente, sobre todo bajo la influencia de la aparición en el psicoanálisis de las terapias de grupo –algunas de cuyas técnicas se difundieron en el mundo laboral bajo la denominación de «dinámicas de grupo»–, el individuo descubre la importancia de su personalidad en las relaciones sociales: es la época de «la exposición terapéutica del yo» a la mirada del otro, un otro que es un par con el cual se constituye un grupo cerrado sobre sí mismo. Por último, llegamos a la exposición del yo [*moi*] interior propio en una escena, es decir, abandonado a la mirada de un tercero anónimo. Cierta popularización del psicoanálisis en programas de radio y televisión (del estilo *Psy-show*)[10] hizo que se aceptara que el yo íntimo –especialmente si sufre– pueda ser expuesto so pretexto de testimonio personal. Un poco más adelante, llega la exposición de la intimidad de la gente, ya no por lo que dice sino por lo que hace (es el caso de los programas *Big Brother* y *Loft Story*). Los individuos se muestran actuando en el marco de la vida cotidiana doméstica, en relación con otros que no conocen pero que terminan por tratar de la manera más privada e íntima que haya (siendo la cama el último rincón de la intimidad de los cuerpos). Es como si la intimidad ya no pudiese pasar por la expresión del decir sino por la expresión muda de los cuerpos. Se trata de una ruptura con las épocas anteriores y los géneros precedentes (la autobiografía literaria generaba sospechas en cuanto a su verdad), ya que esa exposición del yo íntimo a la mirada de un tercero anónimo ya no se presenta con la excusa de la ficción. Por consiguiente, cambia la mirada que el individuo se ve obligado a dirigir sobre lo que constituye su identidad. Esta mirada ya no es de proyección/introyección en un ser idealizado de ficción, como sucede en el cine o en una novela; ya no es de alteridad en una relación de diferenciación/adhesión con respecto al otro –ese otro que está delante de mí y que puedo odiar o amar–; es de fusión con otro que puedo ser yo mismo, pero un yo mismo magnificado por su aparición en la escena pública: «Soy ése que está expuesto a la mirada de todos». Es por eso que podemos afirmar que se crea un nuevo imaginario identitario de la constitución del «sí-mismo», un sí-mismo que sale de la esfera privada fusionándose con otro que, por su parte, ya es reconocido en la esfera pública.

2. De las nuevas condiciones de visibilidad del discurso político

Los políticos siempre necesitaron *visibilidad* (deben acceder a la escena pública), *imagen* (deben seducir) y *legibilidad* de su proyecto político (deben ser comprendidos). Los viejos oradores, que pueden ser considerados como los primeros asesores comunicacionales de la Antigüedad, abundaban en consejos de todo tipo sobre la forma de hablar, poner la voz, articular, adoptar actitudes físicas y hacer gestos

---

[10] Véanse los trabajos de Dominique Mehl, entre ellos (1996).

–porque, según pensaban, «el cuerpo es el espejo del alma»–, pero también sobre la forma de exponer las ideas propias, aportar argumentos y convencer al público. La política se despliega en la escena pública, y la escena pública es una escena teatral en la que se exponen a la vez el *actor*, el *personaje* y la *persona*. El actor es el que representa un papel predeterminado; el que sabe que lo representa, al igual que el público: está en escena y se deja ver. El personaje es un ser de ficción construido en un relato, una entidad figurada que puede ser representada por un actor. La persona es un individuo singular con sus características psicológicas, sus pensamientos, sus sentimientos; siempre está oculta y, en principio, sólo se expresa en la intimidad de lo privado.

De este modo, el político se ve ineluctablemente obligado a representar el triple papel de actor, personaje y persona: como personaje, representa plenamente su papel de político en relación con sus funciones; como actor, muestra su imagen, e incluso su carisma; como persona –discretamente difundida– muestra que no por ello deja de ser un ser humano con los sentimientos de todo el mundo[11]. El ciudadano espectador de esta escena, pues, está a la espera de imágenes que remitan a estos tres papeles, ya que es preciso que algo justifique sus movimientos de adhesión o rechazo con respecto al político. Pero también está a la espera de proyectos políticos que hagan soñar y que sean susceptibles de trascenderlo y llevarlo tras un programa de acción u otro. Cuando los electores responden en los sondeos que votan, en primer lugar, según los programas y, en segundo lugar, según la personalidad de los políticos o las políticas, cabe pensar que hay ahí una inversión de las prioridades para que no parezca que dejan primar la emoción sobre la razón; sea como fuere, son sensibles a esos dos aspectos del discurso político. No hay sociedad sin rumores, sin imaginarios, sin proyectos utópicos, sin aspiraciones a representarse la escena del mundo ideal y, por lo tanto, sin el deseo de dejarse seducir por quien acceda a corresponder a sus expectativas. Toda la cuestión del discurso político se reduce, entonces, a que haya coincidencia entre los papeles repesentados por el político y las expectativas del público. ¿Qué es, entonces, lo que es específico de nuestra época y constituye un problema para el político?

[11] Véase el ethos de «humanidad» (3ra parte, cap. 1.3).

La escena mediática

Un primer problema reside en el desarrollo de los medios informativos y, en particular, del medio televisivo, que cambia las condiciones de visibilidad. En efecto, por una parte, los medios construyen su propio objetivo (un público indeterminado y heterogéneo desde el punto de vista de las opiniones), pero éste no coincide necesariamente con el destinatario-objetivo del discurso político, que debería estar bien categorizado: los «pro» por un lado, los «contra» por el otro, y los indecisos. Por ello, cuando sale por los medios –y éstos son ineludibles–, el político se halla ante un objetivo inaprensible a propósito del cual debe hacer hipótesis muy generales en cuanto a sus imaginarios de expectativa. Parecería haber habido cierta coincidencia entre el discurso y las expectativas del público durante los que fueron llamados «los años De Gaulle, Giscard y Mitterrand», pero sólo se trata de racionalizaciones *a posteriori* y que, en todo caso, no pueden aplicarse ni a Jospin ni a Chirac[12].

Por otra parte, al político se le plantea el problema de las condiciones de acceso a la escena mediática. Ahí se produce una competencia entre los políticos y los órganos informativos –tendiendo, estos últimos, a buscar sólo a los políticos que ya son famosos, gozan de cierta notoriedad y tienen labia. Esto obliga a los otros, y en particular a los que en elecciones se llama «pequeños candidatos», a no reparar en medios, y multiplicar entonces las declaraciones impactantes (J.-P. Chevènement) o frecuentar programas televisivos de entretenimiento: «La política es como una escena teatral: están los papeles principales, los papeles secundarios, los figurantes y los que están tras bambalinas. El objetivo es no estar nunca tras bambalinas, llegar al público más amplio posible. Estos programas nos brindan la oportunidad de un extraordinario efecto lupa»[13]. Volveremos a hablar sobre ello.

Una guerra de discursos

Otro problema reside en el tratamiento sistemáticamente dramatizante de la información, del cual acabamos de hablar. Privilegiando los

---

[12] Véase Esquenazi (2002) y Santville (2002).

[13] Palabras de Roselyne Bachelot, diputada por RPR, reproducidas en *Dossiers de l'audiovisuel*, Ina, n° 102, p. 59.

efectos emotivos, éste obstaculiza la exposición argumentada de los proyectos políticos: las técnicas de anuncio (títulos de periódicos, boletines informativos, presentación de los noticieros) que privilegian hasta la obsesión ciertos temas y ocultan otros; las comparaciones que producen efectos de amalgama; las explicaciones esencializantes que transforman las causas en fantasías de amenazas y a los responsables como villanos perseguidores de la gente. Los políticos lo saben, saben que deben jugar con la tendencia de los medios a darles demasiada importancia a ciertos temas o a ciertas declaraciones que ocultarán aquellos que les preocupan especialmente. Ése fue el caso de la «violencia» y la «inseguridad», temas lanzados por la derecha y la extrema derecha, destacados y mantenidos por los medios durante la campaña de las pasadas elecciones presidenciales, y que tuvieron entre otros efectos el de ocultar el tema del balance que el equipo de L. Jospin quería resaltar. También es el caso, en muchos países, del tema recurrente de la «corrupción». Para tener cierto impacto, estos temas necesitan visibilidad; pero no es sólo su repetición la que la garantiza: es preciso que coincidan con la preocupación –aunque sea latente– del público en ese momento[14].

Los políticos también saben que los periodistas se apoderan con fruición de las pequeñas frases –ya sean éstas espontáneas o calculadas– pronunciadas por ellos, para, descontextualizándolas, hacerles decir a menudo algo distinto de lo que significaban en su contexto original. Ése fue especialmente el caso, en esas mismas elecciones, de las infortunadas frases espetadas por L. Jospin: una, a popósito del presidente de la República, candidato que le parecía «usado»; otra, sobre su propio programa, que «no es socialista»; y una más, sobre la inseguridad, con respecto a la cual consideraba haber sido un tanto «ingenuo». Estas pocas palabras, destacadas, sacadas de contexto –y a pesar de las negaciones posteriores de su autor–, tuvieron un efecto desastroso en su electora-

---

[14] Una cuenta llevada por el equipo del programa *Arrêt sur image* sobre el tiempo de programación reservado a los diferentes temas tratados durante la campaña presidencial de 2002 dio: «economía», 27 min.; «internacional», 30 min.; «empleo», 34 min.; «inseguridad», 48 min. Esta cuenta es parcial e imprecisa, pero muestra a la vez que, a pesar de muchos comentarios periodísticos, en esta campaña no se trató únicamente de la inseguridad; y que, sin embargo, éste fue realmente el tema dominante. No obstante, no hay que dejarse engañar por los cálculos estadísticos, ya que un tema particularmente sensible puede haber sido escasamente tratado y, sin embargo, adquirir tal fuerza emocional que da la impresión de dominar el debate público.

do. Ejemplos de este tipo abundan en todas las campañas electorales e incluso por fuera de éstas –ya que es firme, por parte de los periodistas, esa búsqueda del comentario que hundirá a su autor o, por el contrario, lo pondrá en un pedestal.

Es cierto que –justicia divina– los políticos juegan voluntariamente con el efecto eslogan que pueden producir algunas frases, suponiendo –al menos según numerosos estudios realizados por el marketing político– que son las que tienen mayor impacto y las mejor memorizadas por el público. Ése fue el caso de la expresión «la fractura social», muchas veces mencionada aquí, pero también de aquellas que Jean-Marie Le Pen vende con relativo éxito, al menos en lo que respecta a la repercusión que tienen en los medios. Hay, entonces, una especie de «batalla» discursiva que libran los políticos y los medios en ese juego de lanzamiento/recuperación de comentarios con su cuota de rectificaciones, negaciones y sobrepujas explicativas cuya meta discursiva es, para ambas partes, el impacto en las mentes.

Asimismo, los políticos conocen los problemas que plantean las entrevistas y los debates organizados por los medios, principalmente en televisión. Durante las entrevistas, hay que lidiar con diversas puestas en escena: o los periodistas entrevistadores «les hacen el caldo gordo» a los invitados, haciéndoles preguntas preparadas y convenidas[15], o tratan de obtener revelaciones persiguiendo lo que estaría oculto por detrás de lo dicho: el secreto. El político, entonces, está obligado a hacer uso de estrategia para no caer en alguna que otra trampa que se le tiende durante esos intercambios: de ahí el lenguaje acartonado que se le reprocha y que, sin embargo, es necesario para el discurso político, desde el momento en que, en nombre de una razón de Estado, el dirigente político debe preservar el secreto o, en todo caso, no revelar todo lo que sabe. La palabra política sólo puede ser táctica, y olvidarlo en nombre de un purismo excesivo sólo puede ser contraproducente.

Y finalmente, están los debates. Los políticos también saben que la espectacularización de éstos puede proporcionarles gloria o indignidad. Pero, al mismo tiempo, son atraídos por esa forma moderna de la dramaturgia política que ocupa el lugar de las representaciones teatrales o

---

[15] Las conversaciones «al calor del hogar» o amistosas, con diferentes presidentes de la República Francesa: De Gaulle, Pompidou, Giscard d'Estaing, Mitterrand.

las ceremonias religiosas de antaño, dramaturgia tan útil para la educación de los pueblos de hoy en día como lo era la tragedia griega para los atenienses. Como muchos autores han destacado, forma parte de los rituales políticos destinados a impactar en la emoción, la pasión y los sentimientos. En este lugar, están en juego los efectos de ethos, pathos y logos que el político produce a través de la puesta en escena de su discurso. Aquí interviene todo, aunque con diversos grados de importancia: la actitud del cuerpo, los gestos, la voz y, evidentemente, la fuerza de las palabras contenidas en las réplicas: «¡Europa, Europa...!» y «¡Se acabó el despelote!», de De Gaulle; el «Usted no tiene el monopolio del corazón», de Giscard a Mitterrand; el «Mirándole a los ojos, le contesto», de Mitterrand a Chirac; los excesos verbales de Jean-Marie Le Pen, que hicieron correr ríos de tinta.

Levantar una punta del velo

Otro problema para los políticos es esa tendencia de los medios a hacer investigaciones y a precipitarse en revelaciones que ponen en tela de juicio a personas, dando a entender que éstas han actuado de forma intencional y que, en definitiva, son los verdaderos responsables de ciertos casos: el caso de la sangre contaminada, que puso bajo acusación a ministros y al propio jefe de Gobierno antes de que la Justicia se hubiese pronunciado; el caso del casete difundido por J.-C. Méry, que ponía en tela de juicio al jefe de Estado y que llevó a los medios a presionarlo para que fuese a dar explicaciones de manera solemne durante una entrevista televisiva; y, más recientemente, el caso de esa declaración de falsa agresión racista en la RER parisina, que provocó reacciones de indignación por parte de los políticos y comentarios altamente dramatizantes por parte de los medios. Estas acusaciones a través de los medios son aún más discutibles éticamente cuando se revelan casos que conciernen a la vida privada de los políticos o las políticas (caso Clinton-Lewinsky), o antiguos hechos de la vida pública que o son anecdóticos o carecen de incidencia alguna en la actualidad (el caso Joshka Fischer en Alemania, «quien habría desayunado, treinta años atrás, con tal mujer joven»[16]; el caso Cohn-Bendit, en Francia, por una declaración considerada como pedófila en 1968; el caso Jospin, acerca

---

[16] *Le Monde*, 27 de febrero de 2001.

de su pasado trotskista). Estas acusaciones pueden ser asesinas. En el plano político y social, satisfacen a los que quieren desacreditar no una política sino a personas; y satisfacen a los medios que, de este modo, mantienen la polémica, lo cual es de su interés.

Y finalmente aparece un hecho nuevo: programas de entretenimiento que no tratan de la vida política pero a los que van los políticos y las políticas. Se hallan en un lugar de familiaridad pública y responden a preguntas relativas a su vida privada y, a veces, incluso a su vida íntima. Algunas de estas preguntas rozan la indecencia e incluso la obscenidad[17]; y, en algunos programas, los políticos y las políticas son invitados a participar en actividades lúdicas que no tienen nada que ver con su vida pública[18]. Los productores de estos programas se justifican diciendo que eso permite tirar abajo el lenguaje acartonado de los políticos y llegar a «mostrar quiénes son, qué los motiva, de qué están hechos»[19].

Además, según ellos, eso respondería a un deseo (¿oculto?) del público de meterse en la vida privada de las personalidades del mundo, ya que es ahí donde se encontrarían la autenticidad y la verdad de las grandes figuras que nos gobiernan. Ello no impide que se produzca un rapto de la intimidad de los políticos, la cual no tiene que ser expuesta de manera deformada en la escena pública, y que tiene finalmente como efecto desacreditar a la clase política en su conjunto. En la medida en que esto es un tema recurrente del discurso de extrema derecha, del que J.-M. Le Pen se hace adalid, estos programas tienden a sugerir que las «élites son decadentes» y que hay que «desestabilizar al poder establecido»[20], que la política no necesita especialistas, que es asunto de todos y que el pueblo puede apropiársela: «El pueblo de Francia somos nosotros»[21]; «Para darle la palabra al pueblo, hay que avanzar hacia la democracia directa, ya que sólo ella permitirá desarrollar la participación del pueblo en su destino»[22]. Podemos preguntarnos si no son los

---

[17] «¿Qué piensa usted de su facha?», le pregunta M. O. Fogiel a N. Sarkozy. «Chupar, ¿es engañar?», le pregunta T. Ardison a M. Rocard.

[18] Ponerse a cantar, tocar la guitarra, recitar poemas de grandes autores.

[19] M.-O. Fogiel, en: *Dossiers de l'audiovisuel,* Ina, n° 102.

[20] Souchard *et al.* (1997, p. 136).

[21] *Op. cit.* (p. 13).

[22] *Op. cit.* (p. 137).

medios los que, arrastrados a una escalada dramatizante, cortaron el vínculo entre los ciudadanos y las élites políticas al eliminar progresivamente a los líderes de opinión que son, por un lado, los políticos de terreno (prefectos, representantes electos locales, diputados) y los sindicatos; y, por el otro, los expertos y los periodistas especializados[23].

3. De la responsabilidad de los medios

Hablar de la responsabilidad de los medios no es acusarlos. Describir una responsabilidad es describir una cadena de causalidades que muestra cómo, de forma consciente o no, una persona, un grupo de personas, una institución o una instancia cualquiera desempeña un papel más o menos determinante en la producción de un hecho social. La acusación, por su parte, es un acto lingüístico que designa una entidad cualquiera como si fuese el agente directo, más o menos voluntario, de un acto delictivo: se inscribe en un discurso jurídico. Es preciso concluir, entonces, con el papel que desempeñan los medios cuando intervienen en el campo del discurso político.

De los desplazamientos del discurso mediático

El procedimiento de esencialización de las causas que estarían en el origen del desorden del mundo, que describe la raíz del mal de forma abstracta y anónima, nos presenta un mundo que estaría bajo el control de una fuerza inaccesible, de un cerebro oculto que nos vuelve impotentes para combatirlo. El procedimiento de *puesta en tela de juicio* de la responsabilidad de las personas mediante la descripción de intenciones supuestamente ocultas que deja a unos culpables a nuestra merced incluso antes de que la Justicia intervenga. El procedimiento de *espectacularización* de los debates que presenta a los debatientes como boxeadores en un ring[24] y nos impone la visión de un espacio político comparable con un campo de batalla en el cual los enemigos se enfren-

---

[23] Aclaremos que estos dos últimos existen, y que a veces se los oye por radio o, más raramente, por televisión, pero en horarios de audiencia avanzados –al menos en la televisión.

[24] Recordemos que el periodista Paul Amar fue despedido de France 2 por haber sacado unos guantes de boxeo de un enfrentamiento Le Pen-Tapie.

tan en combates a muerte –incluso dentro de los propios partidos[25]. El procedimiento de *representación* de los hombres y las mujeres de a pie en programas televisivos, en compañía de personalidades políticas, para revelar la intimidad de éstas –lo que nos da la sensación de habernos convertido en actores de la obra política con todas las de la ley y de ser equiparables a los dirigentes políticos. Todo ello muestra que, desde hace cierto tiempo, el discurso mediático (especialmente la televisión) se deja llevar por ciertos desplazamientos: del «Vean lo que sucede» a «He ahí lo escandaloso que anda el mundo»; del «Vean en qué se debe pensar» a «He ahí lo que se debe pensar»; del «Vean lo que dicen los políticos» a «He ahí lo que piensan en secreto»; del «Vean lo que hacen» a «He ahí lo que deberían hacer». El decir de los medios pasó de lo que debería ser un discurso de la constatación, del informe, del testimonio (manteniéndose el periodista al margen) a una *denuncia* generalizada (implicándose el periodista en el decir).

Desempeñan, así, un papel importante en la escalada del individualismo al proponerles a los individuos modelos de existencia de un sí-mismo anónimo construyendo de forma paradójica la imagen abstracta de un individuo sin historia, sin filiación, sin experiencia y sin personalidad. Como ya hemos dicho, los programas de televisión al estilo *Loft Story* son su perfecto ejemplo, ya que exacerban un «individualismo individualista» (competencia, selección, eliminación) de autoaprendizaje de la vida, eliminando al mismo tiempo toda referencia a las otras instancias educativas denominadas tradicionales (la familia y los padres, la escuela y los maestros, asociaciones de animación diversas y educadores).

De ese modo, el ciudadano queda en una posición esquizofrénica: es espectador de los combates de lo político y, al mismo tiempo, éstos le brindan la sensación de que es actor haciéndolo intervenir en los medios de diferentes formas: le piden su opinión pero nunca puede discutir; querrían que se expresase racionalmente pero sólo se dirigen a sus emociones. Además, los medios fomentan la impaciencia de la instancia ciudadana. Al seleccionar las noticias en función de lo que se considera como más relevante, al interpelar a los políticos y destacar su

---

[25] Desde hace algún tiempo, como es sabido, estos debates –que florecieron entre la década de los setenta y 1995– prácticamente han desaparecido de las pantallas de televisión.

impotencia o sus dilaciones[26], incitan a la instancia ciudadana a exigir resultados con urgencia; cuando sabemos que el tiempo de la acción política y jurídica no es el de los medios, que se mueven en lo efímero. Los medios son una máquina sin memoria que tiende a construir una consciencia ciudadana sin memoria. Así, la opinión pública que es construida por los medios le escapa al político, ya que ella raramente se corresponde con lo que tendría que ser el objetivo del discurso político: un objetivo con consciencia política.

De las creencias paradójicas

Estos desplazamientos del discurso mediático tal vez se deban a ciertas creencias que circulan por el medio periodístico, que son expresadas por los propios interesados y que, a veces, son paradójicas. La creencia de que el periodista no es más que un simple testigo que cuenta lo que sucede en el mundo y de que la imagen sólo puede reproducir fielmente la realidad, lo que se manifiesta en esta declaración: «Si la televisión habla de la violencia, es porque la sociedad es violenta. No la inventamos nosotros»[27] –cuando toda percepción de la realidad es una construcción. La creencia en una misión: al considerarse como intermediarios entre el poder político y el ciudadano, los periodistas se consideran investidos de un deber de elucidación, de revelación y hasta de denuncia, sobre todo porque –como ellos mismos afirman– la comunicación política (es decir, el marketing político) trata de ocultar los verdaderos problemas fabricando imágenes de sus políticos[28] –cuando la información misma es una forma de comunicación. La creencia en el poder de los medios de las sociedades modernas, al punto de elevarlos a la categoría de «segundo poder»[29] y pensar que «si ya no hay debate político en televisión, es porque los políticos no innovan y no tienen

---

[26] S. Paoli a F. Hollande en France Inter, el 28 de septiembre de 2000: «¡Ocho años necesita la Justicia para instruir las causas de corrupción!». Los cronistas, ese mismo día: «¿Cuándo saldremos de este estancamiento?», «¡Hay que hacer limpieza urgente!».

[27] El jefe de redacción de France 2, después de la puesta en tela de juicio de los canales de televisión en el tratamiento de la inseguridad, en las elecciones presidenciales de 2002.

[28] Los periodistas Jean-Marie Colombani e Ignacio Ramonet se convirtieron en adalides de esa teoría infundada que opone la información a la comunicación.

[29] El periodista S. Paoli de France Inter en el programa *Le téléphone sonne*.

nada que proponer»[30] –cuando podríamos pensar que son más bien los medios los que tienen que hallar fórmulas nuevas que se correspondan con las aspiraciones de la sociedad con la que tratan.

A veces, los periodistas hasta llegan al punto de emitir juicios sobre la calidad del debate político (en esto abandonan su papel de informadores), desacreditando no sólo a tal o a cual político sino a la clase política en su conjunto. Por ejemplo, en las últimas elecciones presidenciales en Francia, hubo muchos periodistas que dijeron que no había ningún debate político o que éste era inexistente –y la campaña, aburrida. Es muy probable que, por efecto de la amplificación de esa máquina de informar, este juicio haya tenido un efecto negativo sobre la campaña y desmovilizador sobre el ciudadano. Podríamos llevar a los periodistas a que fuesen más humildes recordándoles que –para efectuar sus análisis– no poseen ni los instrumentos de los historiadores ni los de las ciencias humanas y sociales; y que si, por ventura, algunos los poseen, no pueden producir un discurso explicativo conforme a esas disciplinas sin correr el riesgo de no ser comprendidos por su público. Pero quizá también podríamos hacerles notar a los políticos que, si se someten ciegamente a las condiciones del discurso mediático, se arriesgan a perder toda credibilidad y a hacer que se desplome el debate democrático.

Quizás estos cambios y estos desplazamientos en la forma de tratar el discurso político sean prueba, como afirma Marc Abélês, «de una especie de hiato entre la comunicación política moderna y los diferentes aspectos del ritual que, hasta aquí, han prevalecido en las sociedades tradicionales: sacralidad, tradición, desdibujamiento relativo del individuo en tanto que soporte de los valores colectivos, territorialización de las prácticas». Pero él mismo sugiere que podría tratarse de «la aparición de nuevas formas de comunicación política [que] no implica mecánicamente [...] la desaparición de prácticas vinculadas con toda una concepción de la vida pública»[31]. Podemos añadir también que se produjeron cambios en los imaginarios que, como sugiere J.-M. Ferry[32], modifican tal vez «las condiciones de la reproducción cultural de las

[30] S. Paoli y B. Guetta en France Inter a P. Douste-Blazy, el 19 de septiembre de 2000, así como varias declaraciones de A. Chabot.

[31] Abélês (1991), p. 129.

[32] Véase la explicación de J.-M. Ferry en la revista *Sciences humaines* n° 129, julio de 2002, p. 31.

sociedades». Algo cambiaría en el proceso de interiorización de la opresión de la cual «los de abajo» son víctimas por sumisión consentida y de la que les resulta difícil tomar consciencia (Bourdieu). Si no toman consciencia de ella, caerían en un poujadismo larvado; si toman consciencia de ella, caerían en una nueva militancia más global: el trabajo humanitario o el antimundialismo.

En cualquier caso, observaríamos un predominio de lo afectivo sobre lo ideológico, incluso en este nuevo discurso militante, a menos que consideremos que ahora es lo afectivo lo que hace las veces de ideología. Sea como fuere, como ya hemos demostrado en otra parte a propósito del tratamiento de los conflictos[33] por parte de la televisión, los medios tienen cierta responsabilidad en el fenómeno de interferencia de la consciencia ciudadana. Su ideología de la dramatización y, especialmente, esa tendencia a querer erigirse como «consciencia moral universal» al llevar a cabo interpelaciones y denuncias sistemáticas de los poderes políticos[34] sólo pueden exacerbar el sentimiento de impotencia de la consciencia ciudadana. ¿Es que acaso los medios no se adaptan a la democracia que es búsqueda de consenso?

[33] Véase la conclusión de *La Télévision et la Guerre*, Charaudeau (director, 2001).

[34] Véase, en el mismo libro, Guy Lochard: «L'interpellation des autorités», capítulo 3.1.8.

Las interferencias del discurso de los actores políticos: el caldo de cultivo del populismo

Si analizamos los discursos de los partidos políticos, observamos características nuevas propias de nuestra época: por una parte, los imaginarios de verdad anteriormente descriptos; por otra parte, el posicionamiento de los actores dentro de lo que hemos llamado la instancia política. Notamos una ausencia de utopía y el desdibujamiento de la instancia adversaria.

1. El discurso de izquierda: fin de la utopía

Si consideramos el discurso de la izquierda denominada clásica, detectamos la ausencia de referencias a una sociedad igualitaria que debiese hacerse realidad mediante una lucha del pueblo de los explotados contra los ricos explotadores. En ese discurso, ya no hay una mística de la clase obrera –que ocupó durante tanto tiempo la escena política del siglo XX–, ni una mística del igualitarismo inscripto en el frontispicio de la trilogía republicana, ni una mística del triunfo del pueblo sobre la burguesía –habiendo cambiado de sentido el propio término «pueblo» (ya no está únicamente reservado a los obreros o trabajadores, sino que abarca al conjunto de las categorías sociales)–, ni, por último, una mística de una transformación de la sociedad como motor de las luchas populares. Estamos tratando con un discurso que ya no se inscribe en una perspectiva histórica, que ya no propone una utopía y que puede causar cierto desencantamiento de los sectores militantes.

En cambio, vemos que aparecen temas nuevos. Desde la aceptación por parte de las élites de izquierda de la economía de mercado –que puede datar del segundo gobierno bajo la presidencia de F. Mitterrand, con L. Fabius como primer ministro[1]–, surgió un discurso, mantenido mucho tiempo por los partidos de derecha, que destaca la importancia de la economía, en el propio nombre del igualitarismo: hay que producir riqueza para poder distribuirla. L. Jospin, por ejemplo, declara en su programa electoral de 2002: «Sí a la economía de mercado y no a la sociedad de los comerciantes», preconizando «una nueva alianza entre las clases medias, las clases populares y los excluidos»[2]. Al mismo tiempo, en el discurso de izquierda, constantemente se hace alusión a la existencia de limitaciones que hay que tener en cuenta, que no se puede hacer desaparecer como por arte de magia; y que, por lo tanto, hay que aprender a administrar. Esto da a entender que habría cierta impotencia de parte de los gobernantes para oponerse a esas fuerzas abstractas que son las «leyes del beneficio» y la «globalización del mercado», vagamente controladas por entidades asimismo abstractas como lo son –llamadas con siglas o nombres de ciudad– el G7, el G8, el GATT, la OMC, Davos, Bruselas, etc. Pasamos de un imaginario *caluroso* de la voluntad revolucionaria, del deseo de transformación, de la pulsión combativa, a un imaginario *frío* de la sumisión a la gestión parsimoniosa de las limitaciones económicas, a las imposiciones de potencias anónimas y a una nueva razón de Estado, la del equilibrio económico.

Esto también da a entender algo que no estaba presente en los discursos de izquierda: las nuevas condiciones del modernismo limitan el poder del Estado: su rol ya no sería el de ser protector de los intereses del bien público, ya que, a causa de la hipertrofia del servicio público, sería un freno para el modernismo. Por lo tanto, tendría que hacerse a un lado –a favor de una gestión más descentralizada, dicen unos; o más liberal, dicen otros. Así que, paradójicamente, las críticas más fuertes que fueron dirigidas a la izquierda del gobierno de L. Jospin provinieron de su propio bando, los partidarios de la izquierda plural: J.-P. Chevènement sobre la soberanía y la inseguridad, los Verdes sobre la mundialización y el Partido Comunista sobre la situación social. Esto explicaría lo que ya hemos señalado, a saber, el desplazamiento de las reacciones militantes del campo de batalla sindical y antipatronal ha-

[1] A menos que, como sugiere Jean-Claude Michéa (2002), este tema se remonte al caso Dreyfus, en el momento en que los republicanos que se impregnaron del pensamiento de las Luces establecen una alianza con los socialistas.

[2] *Le Monde*, 8 de junio de 2002.

cia el (más violento) de la antimundialización o el (más pacifista) del humanitarismo.

2. El discurso de derecha: fin del autoritarismo

En el discurso de la derecha no extremista, también observamos una ausencia de perspectiva histórica que se sitúa, esta vez, del lado del soberanismo, la autoridad y el individualismo. Débil mística acerca de la soberanía nacional y la grandeza de la Nación, cuyo discurso el general De Gaulle fue el último en mantener; lo que explica parcialmente el intento de recuperación de esa mística por parte de políticos más radicales (Ch. Pasqua), así como su apropiación por parte de una derecha más extrema (De Viliers, Le Pen)[3]. Una débil mística, también, acerca de la autoridad, que era, sin embargo, una de las constantes del discurso de la derecha bonapartista[4] –es cierto que la autoridad[5] fue desacreditada en el 68, y luego por una generación post-Mayo del 68, incluso en las familias de derecha. Una débil mística, a pesar de los discursos de algunos convencidos del liberalismo, acerca del individualismo liberal, que debía ser un garante del éxito económico mediante la libre competencia, el esfuerzo de la persona y la selección. Esta debilidad se explica mediante la aparición de temas nuevos –nuevos no en sí, sino porque no son habituales en los discursos de derecha.

Aquí también vemos aparecer, aunque de forma más atenuada, el tema del «peso de las administraciones extragubernamentales» que tratarían de imponer reglas de mercado idénticas para todos los países de Europa y, aún más, del planeta. Esto insinúa, como en el discurso de izquierda, cierta impotencia de los gobiernos para hacer prevalecer su especificidad; y alimenta una sospecha en cuanto al rol del Estado, lo que no es particularmente movilizador para los pueblos y no puede más que llevarlos a refugiarse en un individualismo apolítico. Pero más no-

---

[3] Pero, al mismo tiempo, observaremos el poco éxito obtenido por estos políticos: cabe pensar que esta mística ya no es de gran rentabilidad electoral.

[4] Alusión a los tres componentes de la derecha que R. Rémond (2002) define. Es cierto que asistimos, en la última campaña presidencial, a un retorno, si no del tema de la autoridad, al menos a declaraciones autoritarias a propósito de cómo remediar la inseguridad.

[5] Habría que decir el «autoritarismo».

table aún es la aparición del tema de la «reducción de las desigualdades sociales», que nunca fue un tema dominante de derecha, y que surgió con fuerza a partir de 1995 con la expresión de «la fractura social». Así como aparece el tema de la «proximidad» y de lo «local» con la expresión «la Francia de abajo». Un tema hecho para dar la impresión de acercarse a una parte de la población, la más numerosa, la no parisina, la que se siente muy alejada de las batallas libradas por las élites en sus instancias nacionales.

Evidentemente, aquí se trata de los temas lanzados por una parte de la derecha, la más dominante, la de RPR-UMP, que silencia un tanto los temas más europeístas y parlamentaristas de la centroderecha. Podemos afirmar al respecto que J. Chirac, mediante todas sus declaraciones e intervenciones, transformó al gaullismo nacional y soberanista en un gaullismo popular, destinado a tranquilizar y seducir a las clases medias comerciantes, obreras calificadas y agrícolas.

3. La fusión de los imaginarios de verdad

Vemos que, de alguna manera, los discursos de derecha e izquierda coinciden en torno a la idea de *impotencia*: impotencia del Estado con respecto a las fuerzas económicas, impotencia para defender los intereses locales de las clases medias, impotencia para preservar una especificidad cultural e impotencia para luchar contra la precariedad. Pero estos partidos al mismo tiempo coinciden, frente a esta impotencia, en torno a una reacción centrista común que promueve en el discurso un «activismo gerencial»[6], que intenta combinar las exigencias de una economía de mercado (que era más bien privativa de la derecha) y una equidad social (que era más bien privativa de la izquierda). Esta actitud a veces será llamada realismo económico[7]; y otras veces, pragmatismo político: «Siempre se quiso enfrentar en nuestro país, mediante las ideologías, a los que estaban a favor de la solidaridad y los que estaban a favor de la responsabilidad [...] Lo que es yo, soy un pragmático»[8]. En estas condiciones, no es sorprendente que hayamos visto exhibida en

[6]   J.-P. Le Goff, en *Télérama*, n° 2724.

[7]   Ése fue el sentido de la declaración de L. Jospin a los trabajadores de LU, que fueron a interpelarlo durante su campaña electoral.

[8]   J.-P. Raffarin, en *Le Monde*, 23 y 24 de junio de 2002.

los quioscos la tapa de una revista (*Le Monde2*) que mostraba el rostro de un candidato único formado, una mitad, por la cabeza de J. Chirac, y la otra, por la de L. Jospin. Semejante conjunción de los discursos de derecha e izquierda se halla en las antípodas de los grandes sueños y las utopías políticas del siglo pasado, que movilizaron a los pueblos.

4. Un dispositivo sin adversario

Desde el punto de vista de los posicionamientos en el dispositivo político, observamos en cambio una clara oposición entre, por una parte, los discursos de los partidos denominados clásicos –es decir, aquellos que, tanto de izquierda como de derecha, estuvieron en el poder, tuvieron que experimentar sus limitaciones y descubrir los débiles márgenes de maniobra del Gobierno–, y, por otra parte, los partidos denominados extremos –que, por su parte, no gobernaron nunca. En la triangulación del dispositivo anteriormente descripto[9] –*instancia política*, *instancia adversaria* e *instancia ciudadana*–, los partidos clásicos tuvieron tendencia a hacer desaparecer la instancia adversaria; mientras que los partidos extremos, por el contrario, la ponen de manifiesto. Esto se traduce en el discurso mediante una radicalización de las declaraciones de estos últimos, que hace que, al mismo tiempo que reivindican (más que proponer) ciertos valores, denuncien al adversario como si fuese el único obstáculo para su ascenso al poder.

Son estos partidos (de extrema izquierda, de extrema derecha) los que, cada uno a su manera, manejan un discurso de denuncia, haciendo de sus adversarios la raíz de los males de la sociedad y amalgamando en una misma categoría esencializada a todos los competidores de cualquier partido que sea. Así ocurre con la extrema derecha lepenista, que denuncia al «Poder establecido»[10]; es decir, al conjunto de la clase política que ha gobernado, lo que le permite meter en la misma bolsa a la derecha europeísta y corrompida por los negocios y a la izquierda social-comunista que defiende la igualdad y la inmigración. Así ocurre también con la extrema izquierda francesa, que denuncia en general a todos aquellos, gobernantes tanto de derecha como de izquierda, que

[9] Véase la 2a parte, capítulo 1.

[10] Se trata de «*l'Establishment*», voluntariamente adaptado al francés por Le Pen.

abandonan a «las trabajadoras y los trabajadores» en la senda de la precariedad.

No tener un enemigo, para los miembros de un grupo social, es privarse de una parte de lo que les permite construirse una identidad: la raíz del mal no tiene rostro, los valores simbólicos que deben constituir el lazo identitario del grupo caen en delicuescencia. Los miembros del grupo ya no encuentran, entonces, un vínculo social ni referencias identitarias ni ninguna razón de actuar. Tener un adversario es invertir todas estas proposiciones. Si los discursos denominados populistas siempre tuvieron éxito en los períodos de crisis o de desintegración del vínculo social es porque, entre otras cosas, esencializan al adversario englobándolo en una figura espectral que hace que el enemigo y el mal supremo se fusionen: el capitalismo para los países socialistas y el comunismo para el Occidente capitalista, antes de la caída del Muro de Berlín; y ahora: el ultraliberalismo y el mundialismo económico para la extrema izquierda, la inmigración (y los inmigrantes) para la extrema derecha[11]. Podría ser, como hemos recalcado al describir las categorías de ethos, que el discurso que ignora la existencia del adversario fuese beneficioso para aquel que lo mantiene. Así, François Mitterrand, en las elecciones presidenciales de 1998 –frente a un Jacques Chirac que se mostraba decidido, interpelaba al ciudadano y denunciaba al socialismo y a su líder–, aparecía de perfil en los carteles, miraba hacia el futuro y no mencionaba nunca a su opositor, como si dijese: «¿Adversario, yo? No tengo». Pero esto sólo puede ser una estrategia circunstancial; y hace falta, además, que sea equilibrada por un fuerte imaginario identitario: «La generación Mitterrand».

Contra la radicalización de las declaraciones políticas de los partidos extremistas, vemos que los partidos clásicos atenúan las oposiciones, evitan nombrar al adversario y buscan un consenso en torno a valores medios supuestamente compartidos por todos, con un discurso que apuesta a un imaginario de racionalidad que supone que la instancia ciudadana ya no estaría movida por pasiones y habría finalmente inscripto la discusión política en un espacio de razón. Error táctico, por cierto, en vista de la escalada de las reacciones populistas; pero también,

[11]   Esta globalización es la que le permite a Le Pen afirmar mentiras y enunciar estadísticas falsas. Ya que lo que cuenta, en este caso, es la denuncia del enemigo y del mal (*Le Monde*, 9 de mayo de 2002).

visión ingenua de una sociedad cuyos sistemas de creencia se habrían deshecho de toda emoción. Es cierto que, hasta la década de los noventa, los posicionamientos políticos eran relativamente marcados en torno a dos idealidades: el igualitarismo y el liberalismo. Pero quizá no hayamos advertido que la opinión política era progresivamente sustituida por una opinión pública a la vez más amplia y fragmentada que se reconstruía una consciencia en otros imaginarios menos antagónicos, más consensuales que antaño. Allí podemos ver el fondo de una crisis política de las sociedades modernas.

De la desacralización del discurso político a la búsqueda de una nueva ética

La socialdemocracia[1] engendró un modo de gobierno que –desde el siglo XVIII, con el nacimiento de las soberanías laicas, pasando por el siglo XIX industrial y sus nuevas exigencias, técnicas y económicas– se instaló entre los extremismos de derecha (el nacionalsocialismo y el ultraliberalismo, fuentes de discriminaciones sociales) y de izquierda (el socialismo estatal, fuente de uniformización social). Permitió cierta regulación de los conflictos entre el mundo patronal y el mundo obrero, y una alternancia entre gobiernos de progresos económicos (producción de riquezas) y gobiernos de progreso social (distribución de riquezas). ¿Esta socialdemocracia se encuentra ahora en crisis en la medida en que tuvo dificultades para asegurar la visibilidad de esta regulación y esta alternancia?

Para responder a semejante pregunta, todavía habrá que esperar, ya que el análisis de los fenómenos sociales es complejo. Se trate de una crisis de esa socialdemocracia, de su refundación o del surgimiento de una nueva forma de gobierno, habrá que tener en cuenta el hecho de que en política las ideas no bastan: es preciso que estén dotadas de cierto peso. En «el peso de las ideas», tenemos las ideas –y tenemos el peso. Las ideas son fundamentales, ya que constituyen el sistema de valores que cumple la función de mediación social que le permite a un grupo constituir su identidad comunitaria. El peso depende de la índole de las relaciones de fuerza que existen dentro de un grupo social entre los representantes de esas ideas y el resto de los miembros del grupo. Esas relaciones estuvieron marcadas durante mucho tiempo por diversos *autoritarismos*: autoridad de la Iglesia y las monarquías hasta

---

[1] Este término, aunque proveniente de la tradición política alemana, aquí es empleado en su sentido extensivo de «socialismo reformista».

el siglo XVII, autoridad de los imperios y la administración en el siglo XVIII, autoridad de la burguesía patronal dirigente e industriosa, autoridad de los totalitarismos y los colonialismos en los siglos XIX y XX. Al caer el autoritarismo, al ya no poder administrarse la relación por el mero hecho de la fuerza, no queda más que el peso de la seducción; y éste se obtiene a condición de aceptar las reglas de juego del ethos y el pathos. El ethos para fabricar imágenes de líder creíble y seductor, el pathos para dramatizar la escena política. En este mundo moderno del cartel y el espectáculo, los políticos –si quieren ejercer una influencia cualquiera sobre los ciudadanos– deben aprender las nuevas reglas de la *insinceridad* y el *mentir verdadero* legítimos, aceptar esta paradoja moderna que exige que les otorguemos gran importancia a las apariencias en una época en la cual la ciudadanía es, por otra parte, más ilustrada.

1. La política que oculta lo político

Para retomar nuestra discusión inicial sobre la diferencia entre lo político y la política, en el espacio público actual parecería ser la política la que ha prevalecido sobre lo político. La política, en tanto que lugar de ejercicio del poder y de influencia para hacer compartir las ideas del Gobierno; la política, en tanto que gestión de las relaciones sociales que se preocupa por el impacto de los discursos. Ésta dominaría a lo político, lugar de los valores simbólicos en el cual se elaboran los proyectos de idealidad social; lo político, que se orienta a la fabricación de ideas y que no se preocupa –o muy poco– por su impacto. Parecería haberse producido un desplazamiento de éste a aquélla, al punto de que lo que es del ámbito de los procesos discursivos de influencia oculta e incluso penetra y reconstruye lo que es del ámbito de las ideas. Para hablar de nuevo en términos de retórica, no es el logos el que – para ser más aceptado– se adornaría con el ethos y el pathos, sino el ethos y el pathos los que fabrican logos. El tema de la «inseguridad», que dominó la campaña presidencial de 2002, es un buen ejemplo de ello. Este tema pasó a ser dominante, y ocultar así a todos los demás, mediante la puesta en escena dramatizante que los medios hicieron de él, sumada a las declaraciones de los candidatos de derecha y de extrema derecha. Cobró la fuerza de un poder ciego que amenaza el bienestar de las personas, el bienestar de todos y cada uno de nosotros en nuestra singularidad y en nuestra intimidad, reactivando el imaginario del «derecho a preservar la propia persona». No pudo, entonces, ser abordado de forma razonable como una realidad social de la que tendría que haberse hecho cargo el conjunto de la colectividad ciudadana[2].

Este desplazamiento se asemeja al que experimentó el discurso publicitario desde su origen. Éste, en la época de lo que se llamaba «anuncio», estaba centrado en la presentación del producto de consumo; presentación más o menos estilizada[3], pero sin discurso acerca de las cualidades del producto: sólo se trataba de hacer que éste existiera ante la mirada del público y sugerir en general, de este modo, sus ventajas. En un segundo momento, el discurso publicitario pasó a extenderse en gran medida sobre las cualidades del producto, ya que la competencia del mercado exigía que cada marca se distinguiera de las otras: una publicidad de marcas que trataba de singularizar cada una de ellas con estrategias de puesta en escena cada vez más sutiles[4]. En una tercera fase, la publicidad actual no habla más que de sí misma, se deja ver como si fuese el verdadero producto que hay que poseer, y el éxito de su acto de seducción supuestamente conlleva la compra del producto comercial: la toma de posesión de uno conllevaría la toma de posesión del otro; y el público, de ese consumidor potencial de un bien comercial que era otrora, es llamado a actuar como consumidor efectivo de la propia publicidad. El discurso político parece seguir este camino: ya no se da a entender el contenido de las ideas sino su puesta en escena. El eslogan «la Francia de abajo», que fue lanzado por J.-P. Raffarin y supo de cierto éxito, participa en todo caso de este fenómeno: lo consumimos por sí mismo, con los diferentes sentidos que puede entrañar según los tipos de público, sin preguntarnos por lo que está ideológicamente en juego. Asimismo, según los asesores[5] comunicacionales de Bertrand Delanoë,

---

[2] Cabe recordar que los periódicos y los reportajes televisivos trataron este tema de forma recurrente y dramatizante, en puestas en escena en las que esencialmente aparecían: o víctimas que eran entrevistadas y respondían en tanto que individuos, o personas a las que no les había pasado nada, que se hallaban en un contexto de vida sin problemas y que sin embargo decían que temían por sus bienes y por ellas mismas. Así no puede haber una toma de consciencia ciudadana.

[3] Como en los carteles de la década de los cincuenta.

[4] Juegos con las palabras, juegos con la lógica, juegos con la conjunción de los contrarios, juegos paródicos, hasta la creación de universos insólitos.

[5] Exposición de Jean-Louis Missika, asesor comunicacional de Bertrand Delanoë, en

es una imagen de competencia local la que habría facilitado su elección para el Ayuntamiento de París. Frente al candidato Philippe Séguin, que tenía una talla política nacional, la estrategia consistió en proporcionarle a B. Delanoë una imagen de candidato honesto y conocedor a la perfección de los expedientes de la ciudad de París: negativa a un debate televisado por una cadena nacional[6]; debate que mostró a Séguin obligado a zambullirse en sus papeles para responder a las preguntas de los periodistas y de su adversario, mientras que éste respondía sin consultar sus notas, etc.

2. Predominio del afecto

Es posible que, en los sistemas democráticos, la opinión funcione más sobre las imágenes y el afecto que sobre la razón y los valores. Ello no impide que podamos observar que los clivajes políticos se realizaban, hasta fecha reciente, de acuerdo con posicionamientos de orden ideológico; es decir, según sistemas de valor. Se era de izquierda o de derecha, de un partido obrerista, izquierdista o ultranacionalista, con ideas (una ideología) muy firmes –al menos así se mostraban. Es cierto que nuestra época –la de fines del siglo XX y comienzos del siglo XXI– presenta características que pueden explicar esta desaparición de los antagonismos: una educación general, cívica y política que le permitió al ciudadano tomar consciencia del horror en el cual las guerras sumen a los pueblos; y de que, lejos de satisfacer los deseos de expansión dominante o de venganza, éstas generan más sufrimientos que beneficios; una educación que le permitió al ciudadano leer la historia de los pueblos ya no como una simple sucesión de batallas, de victorias y de derrotas, sino como el resultado de una sucesión de acuerdos entre sueños utópicos y progreso técnico, de modo que aprendió a no oponer más de forma radical los discursos que remiten a un imaginario de tradición y los que remiten a un imaginario de modernidad; una educación,

el Centro de Historia de Europa del siglo XX: «Temps, médias et société», Fundación Nacional de Ciencias Políticas.

[6] El equipo de Delanoë efectuó la propuesta de realizar un debate por France 3, cadena regional, rechazada por la cadena y la parte adversa, que propusieron France 2. Propuesta rechazada por el equipo Delanoë. Finalmente, el debate se celebró en Canal+, cadena que no se transmite a nivel nacional.

por último, que contribuyó a instaurar un espacio de discusión en el cual los individuos aprendieron a intercambiar opiniones sin lanzarse necesariamente insultos o anatemas en la cara. Esto en un contexto sociopolítico europeo y mundial que puso fin, progresivamente, a los conflictos armados y luego a la Guerra Fría; y que hizo que se desplomaran, al mismo tiempo, las grandes causas de compromiso militante y los grandes sistemas de pensamiento ideológicos que categorizaban y oponían de manera drástica a comunidades de opinión bajo forma de «-ismo» (comunismo, socialismo, trotskismo, capitalismo, liberalismo).

De ello resulta una pérdida de radicalización en los enfrentamientos entre grupos de opinión –cada uno de los cuales, antaño, representaba para el otro el enemigo con el que había que acabar. Si a esto le agregamos, como hemos visto, que la izquierda tradicional –al menos en Francia– terminó por incorporar a su sistema de pensamiento la economía de mercado tanto tiempo injuriada, y que por su parte la derecha tradicional incorporó una dosis de necesario control del Estado para evitar las fracturas sociales que podrían acarrear movimientos de protesta, se entiende que el discurso político moderno se presente de forma menos radicalizada que antes, tratando de llegar a aquellos –cada vez más numerosos– que se suman a una opinión regular de término medio. Por consiguiente, los clivajes tradicionales desaparecieron y las elecciones se hacen más de forma puntual, pragmática (se le presta atención al interés propio inmediato) y, al mismo tiempo, afectiva (se es sensible al carisma de tal político o se busca castigarlo). No podemos afirmar, por ejemplo, que el voto a favor de Jean-Marie Le Pen, en Francia, revela una escalada del fascismo, o que pone de manifiesto una creciente adhesión a los valores del Frente Nacional; como así tampoco podemos afirmar del voto masivo a Jacques Chirac, en las últimas elecciones presidenciales, que pone de manifiesto un arrebato republicano. Se trata de votos más bien pulsionales y efímeros, de votos en reacción contra una situación que uno mismo padece, de votos sin compromisos políticos ni militantes, sin espesor histórico. De ahí, una vez más, el predominio de ethos y de pathos en el discurso político. Pero entonces, ¿ya no habría logos? ¿Dónde irá a cobijarse? Lo hallamos en algunos espacios del debate intelectual (columnas de los periódicos, debates de algunos programas de radio y televisión); allí donde pensadores, investigadores y otros especialistas proponen análisis u opiniones comprometidas, pero a menudo sin la presencia de los políticos. Es ahí donde oímos decir con prudencia que podría emerger una nueva situación a través de un doble fenómeno de «recomposición del sentimiento identitario» y «desacralización de lo político».

3. Hacia una recomposición identitaria

Veríamos aparecer los indicios de una recomposición identitaria que se produciría con dificultad entre dos discursos opuestos.

Por un lado, un discurso que defiende valores soberanistas pero a escala global, y que para alcanzar ese reconocimiento identitario promueve el reagrupamiento de las entidades sociales de toda índole y la extensión a éstas de un mismo modelo que las sobredeterminaría en nombre del «vivir juntos». Así sucede con el reagrupamiento de las naciones europeas en un vasto conjunto comunitario para hacerle frente al poderío estadounidense; con los intentos de los partidos políticos para reunir, en una gran entidad, a los pequeños partidos y las diferentes corrientes de la misma orientación para controlar mejor las disidencias; con las grandes empresas que se fusionan en grupos financieros a nivel internacional para dominar mejor los mercados. Un argumento, el de la competencia, viene a reforzar este discurso sobre el reagrupamiento: para evitar que un único grupo domine el mundo, hay que ser fuerte y, por lo tanto, alcanzar una dimensión que permita hacerle frente a la presión del otro. Así se creó la unión monetaria europea contra la fuerza del dólar –digamos. Esto es un tanto paradójico, o al menos conlleva efectos perversos, ya que alcanzar semejante dimensión es algo que sólo puede hacerse eliminando las diferencias y siguiendo una pulsión de extensión hegemónica. Así razona Estados Unidos, que quiere imponer su modelo de democracia al mundo árabe y, de ser posible, a otros continentes; así sucede con las decisiones de la Comisión de Bruselas, que crea leyes que deben imponerse a las naciones europeas; así con el FMI, que les impone idénticos criterios de ayuda a los países en vías de desarrollo sin tener en cuenta las especificidades de cada uno de ellos; así, con los grandes grupos financieros (Vivendi Universal), que tratan de ocupar el terreno mundial del mercado.

Por otro lado, circula un discurso que defiende valores particularizantes y promueve separaciones, disidencias y movimientos indepen-

dentistas en nombre de un «obrar juntos». Estos particularismos a veces se construyen a costa del sacrificio y la sangre. Así sucede con los
territorios geográficos que reclaman una soberanía territorial contra las
soberanías nacionales, como en España o los Balcanes; así sucede con
los partidos políticos que se subdividen en pequeños partidos, corrientes y subcorrientes a la vez que se vinculan a un partido dominante
(izquierda o derecha plural). La consecuencia perversa de ello –en el
caso de los partidos clásicos– es el éxito de los partidos extremos, tanto
de derecha como de izquierda, que reivindican, unos, una solidaridad
nacional cerrada –e incluso ostracista–, y otros, una solidaridad social
para con la gente que vive en la precariedad. Pero aquí también surge
una contradicción: ¿cómo podrían resistir los pequeños grupos frente a
las tentativas hegemónicas de las grandes instituciones internacionales?
¿No habría que jugar la carta de los agrupamientos nacionales que, debido a su historia, su tradición y su cultura, tendrían más posibilidades
de resistir? ¿El «obrar juntos» no debería incluirse en el «vivir juntos»?

Estos dos tipos de discurso no son nuevos. En la Edad Media, el
Estado feudal de Europa estaba dominado por una «fuerza conservadora» sostenida por un discurso que defendía los pequeños territorios,
feudos y soberanías. En el Renacimiento se inició un movimiento a la
vez de apertura y expansión que marcó progresivamente el fin del feu-
dalismo hasta definirse unas naciones –sostenido, dicho movimiento,
por un discurso universalizante en el siglo XVIII y nacionalizante en el
siglo XIX. Luego llegaron las grandes guerras que pusieron en tela de
juicio las soberanías nacionales y provocaron movimientos de defensa
de sus fronteras. Y ahora asistimos a la vez a un movimiento de mundialización de los bienes de consumo –incluidos los culturales– (fuerza
expansiva) y, tal vez por reacción, a repliegues comunitarios reivindicados de forma más o menos violenta (fuerza conservadora). Este doble
movimiento acarrea un dilema: cuanto más se defiende a los pequeños
grupos, menos fuerzas se tiene para luchar contra los grandes; cuanto
más se defiende a los grandes grupos, menos cabe esperar vivir a escala
humana.

Pero lo que tal vez sea lo más nuevo es la coexistencia de estos dos
tipos de discurso que desembocan en una identidad compleja. Ya no se
trata de definirse en una identidad única de pertenencia a un solo grupo,
sino en una identidad que es a la vez plural –debido a la multiplicidad

de redes de relación en las cuales nos hallamos–, *esencializada* –porque se construye más en relación con un grupo de referencia idealizado que en relación con el propio grupo de pertenencia– y fragmentada –porque se acepta, al mismo tiempo, que los grupos sean heterogéneos[7]. Una identidad atravesada por corrientes opuestas: rechazo de la mundialización y defensa de los pequeños grupos pero, al mismo tiempo, búsqueda de fusión anónima en grandes concentraciones. Una identidad del «todo es posible» que rechaza el autoritarismo, reivindica su autonomía y cae en la compasión humanitaria más por espíritu de fraternidad humana que de solidaridad colectiva –y, por lo tanto, una identidad falta de paternalismo, lo que explica las reacciones populistas.

4. De la desacralización

La idealidad de los fines siempre se caracterizó por una tensión entre discursos que promueven el *realismo*, para defender intereses, y el *idealismo*, para hacer que se sueñe; la *tradición*, para mantener las raíces identitarias, y el *modernismo*, para entrar en el imaginario del progreso; el *universalismo*, para hacer que se compartan valores morales, y el *particularismo*, para alimentar el deseo de arraigo etnogeográfico del grupo; el *mundialismo*, para hacer que se produzcan más riquezas, y el *antimundialismo*, para tener la ilusión de dominar la vida colectiva. La definición de estas idealidades siempre resulta de la confluencia entre lo que son, en cada época, la percepción que la sociedad se hace de la naturaleza humana y la concepción que ella tiene de lo que debe ser la organización social. La naturaleza humana fue percibida como hecha de pasiones (Platón y Aristóteles), marcada por la fatalidad del pecado original (San Agustín) o por el deseo de poder (Maquiavelo), sometida a las leyes de la selección natural (Darwin) o al deseo bajo la influencia del Edipo (Freud). La organización ideal de las sociedades también fue concebida de distinta forma según las épocas: como si tuviese que resultar del debate público (demos), estar bajo la autoridad de los príncipes y las Iglesias (monarquías), luego de los pueblos (democracias), y luego de la razón académica (positivismo); como si tuviese que surgir de una lucha de clases que desemboque en la dictadura del proletaria-

---

[7] La película de Klapisch, *L'Auberge espagnole*, es una buena ilustración de ello.

do (comunismos); o como si tuviese que conjuntar fuerzas políticas opuestas para evitar los nacionalismos, totalitarismos y dictaduras (republicanismos y socialdemocracias)[8]. Sea cual fuere la definición de esas idealidades, éstas siempre han tenido algo que ver con lo *sagrado*. Al menos el discurso producido acerca de ellas las sacralizaba en cada ocasión: pureza del vínculo social, sin cálculo de interés personal ni de corrupción; poder de un Estado soberano, garante del bienestar del pueblo, que lucha contra la miseria, la marginalidad, la exclusión y la desigualdad, preocupándose sólo por el interés general; un Estado también garante de la identidad colectiva según sus componentes lingüístico, cultural, histórico y político (la Constitución), y asegurador de la integración social.

Ahora se estaría produciendo un fenómeno de *desacralización*. Desacralización allí donde habría un debilitamiento de las instancias estatales; o, más exactamente, una percepción de dicho debilitamiento por parte de una instancia ciudadana cada vez más crítica: un Estado que parece sacrificar el interés general en beneficio de las élites; élites que se instituyen como tales por cooptación, funcionando en circuitos cada vez más cerrados, cada vez más apartados de la demanda social, y que son arrastradas a casos de corrupción; un Estado impotente ante las instancias supranacionales y las reglas de un mercado mundial que pasa por encima de las reglas nacionales; un Estado que ya no puede garantizar la perennidad de la tradición, de lo que constituye la memoria histórica de un pueblo, de su filiación identitaria que debería permitirle recuperar los valores del pasado y transmitirlos a los descendientes; un Estado que ya no hace posible el enunciado: «Trabajo por el futuro de mis hijos».

Esta desacralización de las instituciones e instancias estatales tal vez provenga de una desacralización de las relaciones que el individuo mantiene con respecto al poder y sus formas de transmisión. Al menos cabe pensar que, hasta poco antes de finalizar el siglo XX, el individuo disponía de ciertos puntos de referencia para distinguir diversas fuentes de saber: la escuela, las universidades y la investigación científica que

---

[8] Aquí se trata de una simplificación de lo que, según los países y contextos históricos, se vivió e imaginó de manera específica. En la tradición francesa, por ejemplo, hay dos republicanismos: uno de izquierda igualitaria y uno de derecha liberal; aunque, hay que decirlo, tienden a aproximarse.

producen maestros del saber, profesores, especialistas, eruditos y expertos, por un lado; la prensa, la radio y una actividad editorial que saben diferenciar entre escritos eruditos y escritos de divulgación, que producen informadores y animadores del debate social, por el otro. Desde la expansión omnipotente de la televisión que hizo aparecer lo privado en lo público, sugiriendo que lo primero es lo que explica lo segundo, y que le suscita a todo el mundo la fantasía de la aparición en público; desde el fantástico desarrollo de la Web –cuyo último producto parece ser el *weblog*– que le da a cada uno la ilusión de poder hacer conocer su pensamiento, su opinión y sus apreciaciones íntimas al resto del mundo, ya no existe, por consiguiente, la posibilidad de distinguir, jerarquizar ni seleccionar las informaciones y el saber, condición *sine qua non* para construir el pensamiento. Periodistas que juzgan y denuncian, divulgadores a los cuales se les otorga tanta importancia como a los expertos, una actividad editorial que favorece el ensayo periodístico: todo eso crea un mundo de comunicación «en el cual no se necesita ni ayuda ni autorización para escribir alto y claro» (Clay Shizky)[9], y, por lo tanto, no se necesita más ayuda para evaluar el contenido de esos escritos. Al destruir los puntos de referencia del saber en una sociedad, se destruye y desacraliza el saber mismo.

5. Más allá del discurso populista: una nueva ética

Recomposición identitaria y desacralización no indican necesariamente una degradación. El discurso populista, que se menciona como prueba de dicha degradación, existió siempre. Por otra parte, no es únicamente propio de los partidos de extrema derecha. Hay también un populismo de izquierda, como vemos en ciertos países de África o de América Latina[10]. Tanto a la derecha como a la izquierda, siempre jugó con ciertos imaginarios sociales tomando los más emocionales para transformarlos en verdad racional: a la derecha, hablando de la corrupción de la clase política, del peligro que representa el extranjero-inmigrante, reclamando orden contra el desorden, autoridad contra el laxismo moral, etc.; a la izquierda, hablando del igualitarismo, de-

---

[9] *Le Monde diplomatique*, agosto de 2003.
[10] Castro, Chávez, Perón, en el caso de América Latina.

nunciando la explotación de los trabajadores, la arrogancia de los ricos, etc. Las élites siempre utilizan imaginarios cuya fuerza de pregnancia varía según los países, las épocas y las situaciones sociales. Pero por más que digamos que en todas las épocas hay rumores, discursos populistas y demagógicos, parecería ser que la sociedad mediatizada en la que estamos ha transformado las relaciones entre la instancia política y la instancia ciudadana, transformación que se caracteriza por una confusión entre la opinión política y la opinión pública. Los efectos de interferencia que hemos señalado hacen que la atención del ciudadano esté dirigida, más que nunca, a los síntomas y no a las causas de los problemas sociales. Ya sea que se trate de la pornografía en televisión, de la prostitución, de las comunidades itinerantes, de la seguridad vial, de los inmigrantes o de la corrupción, los medios abordan estas cuestiones por su aspecto más visible y su efecto amenazante (los niños frente a la pornografía, los clientes de la prostitución, los robos de las comunidades itinerantes, la velocidad y el alcohol al volante, etc.) y raramente por su causa. El peligro consiste en que las élites juegan este juego del síntoma, se vuelven dependientes de esta opinión construida por los medios y ya no perciben lo que sería una demanda política. Es un peligro para la soberanía de las democracias, que exige que exista una relación controlada entre la oferta de las élites y la demanda ciudadana.

6. Una nueva relación entre las instancias política y ciudadana

Más que de una degradación, en nuestro siglo parecería plantearse la cuestión de una nueva *ética* política, es decir, la cuestión de la relación entre lo político como fundamento de las idealidades y la política como práctica de ajuste a dichas idealidades. Evidentemente, es prematuro decir lo que ha de ser, y no es sólo el análisis del discurso el que pueda decirlo. Pero vemos, mediante el diagnóstico que éste permite realizar, que esta articulación entre las idealidades y las prácticas políticas tendrá que fundar una nueva relación de legitimidad entre la instancia política y una instancia ciudadana que se ha vuelto múltiple. Una nueva relación que se caracteriza por: un ethos de ejemplariedad de la instancia política con respecto a la moral y la competencia; vínculos de confianza, no entre los actores del juego político cuyas relaciones son de estrategias y artimañas, e incluso de traición, sino entre la instancia política y la instancia ciudadana a través de los órganos informativos, de modo que las declaraciones, las promesas, los compromisos y los consejos sean mantenidos; la instauración de una escucha recíproca y un diálogo entre los actores políticos y sus mandantes, aunque manteniendo la distancia necesaria que debe permitirle a la instancia política ejercer su responsabilidad de mandataria para administrar los asuntos del país. Pero también, cada una a su manera, la instancia política y la instancia mediática tendrían que tener el coraje y proporcionarse los medios para hacerle entender a la instancia ciudadana que ella se engaña cuando cree saberlo todo. Habría que hacerle entender que la política es una profesión que, a veces, exige preservar un secreto, que obliga a la retención de información y que puede llegar al punto de maquillar la verdad: «En política, no hay nada más difícil que guardar un secreto [...] Ahora bien, el secreto es la ventaja clave en política. Es por eso que siempre me sentí cómodo con la verdad»[11]. Ahí es donde reside la dificultad del diálogo entre la instancia política y la instancia ciudadana: situarse entre el demagógico «Yo les digo todo, no les oculto nada» y el necesario «Yo no les digo nada pero ahí está lo que puedo decirles», evidentemente con una musicalización adecuada. También habría que recordarle a la instancia ciudadana que el ejercicio del poder implica relaciones de fuerza, ya sea que se trate de modificar el pensamiento y la acción de unos, sancionar el comportamiento desviado de otros o hacer que la gran mayoría adhiera a los valores dominantes del momento; y ello, utilizando diversas formas de coerción[12]. Y recordar, por último, que la democracia exige de parte de las instancias de reivindicación un espíritu de conciliación: el déficit democrático moderno proviene de una ausencia de aquello que permite la regulación social.

---

[11]   Confidencia de François Mitterrand a Franz-Olivier Giesbert, palabras citadas por William Carrel en su película documental *Un mensonge d'État*, difundida por France 3 en 2001.

[12]   Lo que fue muy bien demostrado por Michel Foucault en sus escritos.

7. Las condiciones de una democracia popular no populista

Es que, para gobernar, en lugar de una figura tutelar debe estar la instancia política; y desde ese mismo lugar, ésta debe ser capaz de producir un discurso que defina un proyecto de sociedad susceptible de hacer que se sueñe. Sin embargo, para ello hacen falta unas condiciones de aplicación que hagan que las democracias puedan ser llamadas populares (en el sentido de una democracia para el pueblo) y no populistas. Pero para eso, también hace falta que las instancias mediática y ciudadana lleven a cabo en sí mismas unas transformaciones que les impidan caer en la trampa de las opiniones radicalizadas y esencializadas como lo son las de «todos corruptos», «todos iguales» y otras como «el mismo perro con diferente collar»[13]. Ciertamente, no hay que caer en excesiva ingenuidad. Las relaciones entre la instancia política y la instancia ciudadana son complejas; impulsada, cada una de ellas, por movimientos más egocéntricos que altruistas. La instancia ciudadana siempre será impulsada por creencias que la lleven a idealizar las leyes, a sacralizar costumbres, a fusionarse con la personalidad de un líder carismático[14]. Siempre, ayudada en ello por la instancia mediática, la instancia ciudadana reclamará transparencia en el ejercicio del poder; y siempre la instancia política hará uso de la opacidad necesaria para ese ejercicio. Sin embargo, el hecho comunitario obliga a cada una de ellas a contemporizar con la otra. La instancia ciudadana, descontenta, puede elegir someterse por lealtad en nombre de una responsabilidad colectiva[15], retirarse del campo político y refugiarse en la abstención por impotencia o incomprensión, o protestar, reclamar e interpelar a la instancia política en nombre de una consciencia que la obliga a implicarse en la vida colectiva[16].

[13]   Entre estas opiniones esencializantes, vemos surgir la (nueva) de «la experticia»: la instancia ciudadana pone en tela de juicio la legitimidad de los políticos, reclamando que el poder les sea confiados a expertos de la sociedad civil antes que a los profesionales de la política. A este reclamo pareció responder Jacques Chirac al elegir a Francis Mer para Finanzas, a Luc Ferry para Educación y a Français Mattei para Salud.

[14]   Ahí encontramos las tres fuentes de dominación legítima que distingue Max Weber (1971).

[15]   Lo que los psicosociólogos llaman «altruismo normativo» (Moscovici, 1994).

[16]   Lo que los psicosociólogos llaman «altruismo participativo» (Moscovici, 1994).

La instancia política y la instancia ciudadana están vinculadas por una solidaridad de consciencia política que las hace responsabes, cada una a su manera, del régimen político que contribuyeron a instalar. Cae así el tabú que impide ver y decir que todo pueblo tiene parte de responsabilidad en la política llevada a cabo por sus gobernantes, incluso cuando es oprimido por una dictadura. Sin ir muy lejos, esto fue cierto en lo que respecta a la Alemania de Hitler, la Unión Soviética de Stalin, la España de Franco y la América Latina de los dictadores y otros líderes populistas. Pero esto también fue cierto, para no ser menos, en Francia con las jornadas sangrientas de la Revolución, los excesos del imperio napoleónico, la no-intervención de 1936 en la Guerra de España, la Francia de Vichy, las masacres y torturas de la guerra de Argelia. Se sometan o se rebelen, los pueblos participan siempre, por discurso y opinión pública interpuesta, de la situación política de sus países, como hoy es cierto de los Estados Unidos de Bush. Ya sea que actúen/reaccionen por comodidad, miedo, supervivencia o voluntad de cambio, no pueden deshacerse de esa parte de responsabilidad que les corresponde. A veces, es cierto, pagan un precio muy alto, mucho más que los dirigentes, pero ésa es su gloria.

8. Del deber decir y del derecho de control

En el dispositivo de la comunicación política, la instancia política no ocupa una posición fácil, atrapada como está entre dos objetivos contradictorios. Debe, por ejemplo, aspirar a reunir tras ella a la gran mayoría, pero una gran mayoría tiene tendencia a perder las marcas de su identidad; debe tratar de cimentar el sentimiento identitario, mientras que el espacio social se fragmenta cada vez más. Es que resulta difícil concebir la existencia de un grupo social, sea cual fuere su dimensión, sin la existencia de una mediación fuerte que constituya su lazo identitario. Ahora bien, esta mediación necesita ser representada y esa representación debe ser tanto más destacada en la medida en que el vínculo social es débil. Para ser destacada, es preciso que el discurso que la sostiene designe al mismo tiempo lo que se le opone. Entonces, ¿cómo hacer en esas sociedades modernas de los países desarrollados que tienden a eliminar los antagonismos en nombre de la democracia? ¿Deben seguir el modelo estadounidense de un Bush que construye a partir de la nada un enemigo que amenazaría la integridad territorial e identitaria del pueblo −señal paradójica de un comienzo de decadencia[17]− o hay que imaginar nuevos antagonismos dentro de los consensos? Si creemos que una democracia se basa en opiniones opuestas, ésa es la cuestión que se plantea en nuestra época.

Otros objetivos contradictorios entre los cuales la instancia política debe jugar al equilibrista: tener en cuenta los reclamos de la instancia ciudadana, tratar de responder a ellos, o hacer caso omiso, e incluso imponerle a ésta sus ideas. Ésa es otra cuestión que se plantea en nuestra época: ¿cómo suscitar un deseo de compartir basado en intercambios de confianza recíproca?[18] Ya que sin un imaginario de confianza, no hay vínculo social posible. A menos que se admita que las sociedades modernas desarrolladas sólo pueden ser gobernadas por oligarquías que transforman a los pueblos «en una plebe imperial, abastecida de bienes industriales por todo el planeta»[19]. Tal vez deba inventarse un discurso político que diga que no existe una verdad oculta, que sólo existe la verdad que nos proporcionamos. Tal vez haya que acabar con esa ideología de la máscara que oculta, bien alimentada por los medios. Como hemos dicho, las máscaras nunca caen. El discurso es un juego de máscaras del cual todos participamos, élites y pueblos, y que nos une mediante un contrato de solidaridad recíproca. Así se construye la consciencia política que debería impedirnos caer en la tentación del elitismo, que tiende a convertirse pronto en una oligarquía cuyo resultado fatal suele ser el totalitarismo, o en la del populismo, cuya fatalidad es paradójicamente el desmoronamiento social. Más vale asumirlo.

Tal vez sea eso el «mentir verdadero»: el discurso del sueño de los hombres, de su búsqueda de infinito, al cual le dan sucesivas máscaras. Habría que inventar entonces un discurso que dijese que la democracia −hasta ahora, el menos malo de los sistemas− estará siempre dividida entre una utopía igualitaria que se abre al otro y una soberanía comuni-

[17] Esta explicación también es sostenida por E. Todd (2003).

[18] Lo que los psicosociólogos llaman «altruismo fiduciario» (Moscovici, 1994), y lo que el filósofo Paul Ricœur llama «crédito» (1990, p. 33).

[19] Esta afirmación de E. Todd (2003, p. 227), a manera de hipótesis a propósito del pueblo estadounidense, y que podría hacerse extensiva a los países desarrollados, se corresponde con esa confiscación del discurso político por parte de las élites que hemos observado.

taria que de una forma u otra se cierra sobre sí. A fin de cuentas, incluso si pensamos que los pueblos se sienten satisfechos con una dominación consentida desde el momento en que ésta es legítima, habría que inventar un discurso y estructuras políticas que suscitasen el surgimiento de una ética de la participación con: por un lado, un deber de decir; por el otro, un derecho de saber; por un lado, un deber de actuar; por el otro, un derecho de control, e incluso de vigilancia. Tal vez sea ésa la nueva utopía democrática.

Bibliografía

ABÉLÈS M., «Rituels et communication politique moderne», *Hermès* n°
4, CNRS, París, 1991. [Hay versión en castellano: «Rituales y comunicación política moderna», en: Ferry, J.-M., Wolton, D. *et al.*, *El
nuevo espacio público*, Gedisa, Barcelona, 1992].

AFOUTOU J.-M. y RENAULT, J.-J-, «La récitation», en: Groupe Saint-
Cloud, *Présidentielle*, Nathan-Ina, París, 1995.

ALTHUSSER, «Idéologie et appareils d'État», *La Pensée* n° 151, Éditions
sociales, París, 1970. [Hay versión en castellano: «Ideología y aparatos ideológicos de Estado. (Notas para una investigación)», en:
Althusser, L., *La filosofía como arma de la revolución*, 18a edición,
Siglo XXI, México, 1989, pp. 102-151].

AMOSSY R., «Pathos, sentiment moral et raison: l'exemple de Maurice
Barrès», en: Plantin, C. *et al.*, *Les Émotions dans les interactions communicatives*, Presses universitaires de Lyon, 2000.

AMOSSY R., *L'Argumentation dans le discours. Discours politique, littérature
d'idées, Fiction*, Nathan-Université, París, 2000.

ARENDT H., *Condition de l'homme moderne*, Calmann-Lévy, París,
1961. [Hay versión en castellano: *La condición humana* (trad. R. Gil
Novales), Paidós, Buenos Aires, 2005].

ARENDT H., *Du mensonge à la violence*, traducción francesa, Gallimard,
París, 1972. [Hay versión en castellano: *Crisis de la República* (trad.
G. Solano), Taurus, Madrid, 1999].

ARENDT H., *Qu'est-ce que la politique?*, traducción francesa de *Was ist
Politik?*, Piper Verlag, Múnich, 1993, Le Seuil, París, 1995. [Hay ver-

sión en castellano: *¿Qué es la política?* (trad. R. Sala Carbo), Paidós, Barcelona, 1997].

ARISTÓTELES, *Éthique de Nicomaque*, Flammarion, París, 1965. [Hay versión en castellano: *Ética nicomaquea. Ética eudemia* (trad. J. Pallí Bonet), Gredos, Madrid, 1993].

ARISTÓTELES, *Rhétorique*, traducción francesa, Tel-Gallimard, París, 1991. [Hay versión en castellano: *Retórica* (trad. Q. Racionero), Gredos, Madrid, 1999].

AUGÉ M., *Pour une anthropologie des mondes contemporains*, Flammarion, París, 1994. [Hay versión en castellano: *Hacia una antropología de los mundos contemporáneos* (Traducción: Luis Bixio), Gedisa, Barcelona, 1998].

AUTHIER-REVUZ J. y ROMEU L., «La place de l'autre dans un discours de falsification de l'histoire», *Mots* n° 8, Fondation des sciences politiques, París, 1984.

BADIOU A., *Abregé de métapolitique*, Le Seuil, París, 1998. [Hay versión en castellano: *Compendio de metapolítica* (trad. J. M. Spinelli), Prometeo, Buenos Aires, 2009].

BARCIA R., *La Véritable Histoire de Lutte ouvrière*, Denoël, París, 2003.

BARTHES R., *Mythologies*, Le Seuil, collection Points, París, 1957. [Hay versión en castellano: *Mitologías* (trad. H. Schmucler), Siglo XXI, Buenos Aires, 2005].

BARTHES R., «L'ancienne Rhétorique», *Communications* n° 16, Seuil, París, 1970. [Hay versión en castellano: *Investigaciones retóricas I. La antigua retórica* (trad. B. Dorriots), Ediciones Buenos Aires, Barcelona, 1982].

BARTHES R., *Roland Barthes par R. B.*, Le Seuil, París, 1979. [Hay versión en castellano: *Roland Barthes por Roland Barthes* (trad. J. Sucre), Kairós, Barcelona, 1978].

BAUDRILLARD J., *De la séduction*, Galilée, París, 1979. [Hay versión en castellano: *De la seducción* (trad. E. Benarroch), Cátedra, Madrid, 1989].

BAUDRU C. y CHABROL C., «Pour en savoir plus», *Mscope* n° 8, *La publicité: masques et miroirs*, CRDP, Versailles, septiembre de 1994.

BAYART J.-F., *L'Illusion identitaire*, Fayard, París, 1996.

BEAUVOIS J.-L. y JOULE R.-V., *Petit traité de manipulation à l'usage des honnêtes gens*, Presses universitaires de Grenoble, Grenoble, 1987. [Hay versión en castellano: *Pequeño tratado de manipulación para gente de bien* (trad. M. Martínez Solimán), Pirámide, Madrid, 2008].

BONNAFOUS S., «L'arme de la dérision chez J.-M. Le Pen», en: *Dérision, contestation*, *Hermês*, n° 29, CNRS Éditions, París, 2001. [Hay versión en castellano: «El arma de la burla en J.-M. Le Pen», en: Montero A. S. (comp.), *El discurso polémico: disputas, querellas y controversias*, Prometeo, Buenos Aires, 2015].

BONNAFOUS S. y TOURNIER M., «Analyse du discours, lexicométrie, communication et politique», *Langages* n° 117, Larousse, París, 1995.

BONNAFOUS S. y TOURNIER M., «Discours et gestes télévisés: quelles méthodes?», *Mots* n° 67, diciembre, ENS Éditions, Lyon, 2001.

BOURDIEU P., *Ce que parler veut dire*, Fayard, París, 1982. [Hay versión en castellano: «Lo que significa hablar» (trad. E. M. Criado), en: *Cuestiones de sociología*, Istmo, Madrid, 2000].

BOURDIEU P., *La domination masculine*. Le Seuil, París, 1998. [Hay versión en castellano: *La dominación masculina* (trad. J. Jordá), Anagrama, Barcelona, 1999].

CALBRIS Geneviève, *L'Expression gestuelle de la pensée d'un homme politique*, CNRS Éditions, París, 2003.

CARBÓ T., «Regarding reading: on a methodological approach», *Discourse and Society*, volume 12 (1), (59-89), SAGE Publications, Londres, 2001.

CASTORIADIS C., *L'Institution imaginaire de la société*, Le Seuil, París, 1975. [Hay edición en castellano: *La institución imaginaria de la sociedad*, Tusquets, Buenos Aires, 2007 (N. del T.)].

CATHALAT B., *Styles de vie*, Éditions d'Organisation, París, 1986.

CHABROL C., «Qu'est-ce qu'un bilan de campagne publicitaire», *Mscope* n° 8, *La publicité: masques et miroirs*, CRDP, Versailles, septiembre de 1994.

CHABROL C., «Le tiers du discours dans l'espace idéologique», en: *La Voix cachée du tiers. Des non-dits du discours*, L'Harmattan, París, 2004.

CHABROL C., «Pour une psychologie des communications politiques», coloquio Universidad de Caen, 22-23 de noviembre de 2002 y Rouen, 16 de enero de 2002.

CHARAUDEAU P., *Grammaire du sens et de l'expression*, Hachette, París, 1992.

CHARAUDEAU P., «Le discours publicitaire, genre discursif», *Mscope* n° 8, CRDP de Versailles, septiembre de 1994.

CHARAUDEAU P., «Le dialogue dans un modèle de discours», en: *Cahiers de linguistique française* n° 17, Université de Genève, Suisse, 1995.

CHARAUDEAU P., *Le Discours d'Information médiatique*, Nathan-Ina, París, 1997. [Hay versión en castellano: *El discurso de información mediática*, Gedisa, Buenos Aires, 2003].

CHARAUDEAU P. y GHIGLIONE R., *La Parole confisquée. Un genre télévisuel: le talk show*, Dunod, París, 1997.

CHARAUDEAU P., «L'argumentation n'est peut-être pas ce que l'on croit», *Le Français aujourd'hui* n° 123, Association des enseignants de français, París, septiembre de 1998.

CHARAUDEAU P., «Une problématisation discursive de l'émotion. À propos des effets de pathémisation à la télévision», en: Plantin C. *et al.*, *Les Émotions dans les interactions communicatives*, Presses universitaires de Lyon, Lyon, 2000.

CHARAUDEAU P. (dir.), *La Télévision et la Guerre*, Ina-De Boeck, Louvain-la-Neuve, 2001.

CHARAUDEAU P. y MAINGUENEAU D., *Dictionnaire d'analyse du discours*, Le Seuil, París, 2002. Hay versión en castellano: Charaudeau P., Maingueneau D., *Diccionario de análisis del discurso* (trad. Irene Agoff), Amorrortu, Buenos Aires, 2005].

CHARAUDEAU P., «Tiers, où es-tu? À propos du tiers du discours», en: *La Vox cachée du tiers. Des non-dits du discours*, L'Harmattan, París, 2004. [Hay versión en castellano: Patrick Charaudeau, «Tercero ¿Dónde estás? A propósito del tercero en el discurso», en: Rosa Graciela Montes y Patrick Charaudeau, *El "tercero": fondo y figura de las personas del discurso*, Benemérita Universidad Autónoma de Puebla, Puebla, 2009, p. 35 y ss.].

CHARAUDEAU P., *Les Médias de l'Information. L'Impossible transparence du discours*, De Boeck-Ina, Louvain, 2004.

CICERÓN, *De l'orateur*, traducción francesa, Les Belles Lettres, París, 1966. [Hay versión en castellano: *Sobre el orador* (trad. J. J. Iso), Gredos, Madrid, 2002].

COPI I y BURGESS-JACKSON K., *Informal Logic*, Prentice Hall, Nueva Jersey, 1986.

COURTINE J.-J., *Analyse du discours politique*, *Langages* n° 62, Larousse, París, 1981. [Hay versión en castellano: Courtine, J.-J., «Análisis del discurso político (el discurso político dirigido a los cristianos)», traducción de María del Carmen Saint-Pierre, disponible en: http://www.magarinos.com.ar/courtine.htm].

CRETTIEZ X. Y SOMMIER I. (dir.), *La France rebelle*, Éditions Michalon, París, 2002.

DABDAB TRABULSI J.-A., *Ensaio sobre a mobilização politica na Grécia Antiga*, Editora UFMG, Belo Horizonte, 2001.

DAYAN D., «Médias et diasporas», *Les Cahiers de médiologie* n° 3, *Anciennes nations, nouveaux réseaux*, Gallimard, París, 1999.

DAYAN D., «Télévision: le presque public», en: *Communiquer à l'ère des réseaux, Réseaux* n° 100, volume 18, Hermès Science, París, 2000. [Hay versión en castellano: «Televisión, el casi-público» (trad. N. Ferrante y G. Cingolani). Mimeo, disponible en: https://es.scribd.com/document/359006524/Dayan-Daniel-Television-El-Casi-Publico].

DEBRAY R., *L'État séducteur*, Gallimard, París, 1993. [Hay versión en castellano: *El Estado seductor* (trad. H. Pons), Manantial, Buenos Aires, 1995].

DERRIDA J., *Voyous*, Galilée, París, 2003. [Hay versión en castellano: *Canallas. Dos ensayos sobre la razón* (trad. C. de Peretti), Trotta, Madrid, 2005].

DERRIDA J. y STIEGLER B., *Échographies de la télévision. Entretiens filmés*, Galilée-Ina, París, 1996. [Hay versión en castellano: *Ecografías de la televisión. Entrevistas filmadas* (trad. M. H. Pons), EUDEBA, Buenos Aires, 1998].

Dictionnaire encyclopédique du judaïsme, bajo la dir. de G. Wigoder, Éditions du Cerf/Robert Laffont, París, 1997.

DOMENACH J.-M., *La Propagande politique*, PUF, París, 1950. [Hay versión en castellano: *La propaganda política* (trad. H. De Lenos), EUDEBA, Buenos Aires, 1968].

DUBOIS J., «Présentation», *Langages* n° 52, Didier-Larousse, París, 1978.

DUBY G., *L'Histoire continue*, Odile Jacob, París, 1991. [Hay versión en castellano: *La historia continúa*, Debate, Madrid, 1993].

DUBY G. y MANDROU R., *Histoire de la civilisation française*, Armand Colin, París, 1984. [Hay versión en castellano: *Historia de la civilización francesa* (trad. F. González Aramburo), FCE, México, 1966].

DUCROT O., *Le Dire et le Dit*, Éditions de Minuit, París, 1984. [Hay versión en castellano: *El decir y lo dicho* (trad. S. Vassallo), Hachette, Buenos Aires, 1984].

DURKHEIM E., *Les Formes élémentaires de la vie religieuse*, Alcan, París, 1925. [Hay versión en castellano: *Las formas elementales de la vida religiosa* (trad. R. Ramos), Akal, Madrid, 1982].

EEMEREN F. H. y GROOTENDORST R., *Argumentación, comunicación y falacias. Una perspectiva pragma-dialéctica*, (traducción española de *Argumentation, Communication and Fallacies*, 1992), Santiago, Ediciones Universidad Católica de Chile, 2002.

EGGS, E., «Logos, ethos, pathos, l'actualité de la rhétorique des passions chez Aristote», en: Plantin C. *et al.*, *Les Émotions dans les interactions communicatives*, Presses Universitaires de Lyon, Lyon, 2000.

ELSTER J., «Rationalité, émotions et normes sociales», en: *Le Couleur des pensées*, Éditions de l'EHESS, París, 1995.

EMILSSON E. y ZASLAVSKY D., «Stratégies communicationnelles et construction d'identité: les effets du zapatisme dans l'espace public mexicain», *Hermès* n° 28, CNRS Communication, París, 2000.

ESQUENAZI J.-P., «Brève histoire politicienne de la télévision», *Dossiers de l'audiovisuel* n° 102, Ina, París, 2002.

FERRY J.-M., «Les transformations de la Publicité politique», *Hermès* n° 4, CNRS, París, 1991. [Hay versión en castellano: «Las transformaciones de la publicidad política», en: Ferry, J.-M., Wolton, D. *et al.*, *El nuevo espacio público*, Gedisa, Barcelona, 1992].

FLICHY P., *Une histoire de la communication moderne: espace public et vie privée*, La Découverte, París, 1991. [Hay versión en castellano: *Una historia de la comunicación moderna*, Gili, México, 1998].

FLICHY P., «La place de l'imaginaire dans l'action technique. Le cas de l'Internet», *Réseaux*, volume 19 n° 109, Hermès Science, París, 2001.

FOUCAULT M., *Les Mots et les Choses*, Gallimard, París, 1966. [Hay versión en castellano: *Las palabras y las cosas* (trad. E. C. Frost.), Siglo XXI, Buenos Aires, 2002].

FOUCAULT M., *L'Archéologie du savoir*, Gallimard, París, 1969. [Hay versión en castellano: *La arqueología del saber* (trad. A. Garzón del Camino), Siglo XXI, Buenos Aires, 2002].

FOUCAULT M., *L'Ordre du Discours,* Gallimard, París, 1971. [Hay versión en castellano: *El orden del discurso* (trad. A. González Troyano), Tusquets, Buenos Aires, 1992].

FOUCAULT M., *La Volonté de savoir*, Gallimard, París, 1976. [Hay versión en castellano: *Historia de la sexualidad, 1. La voluntad de saber* (trad. U. Guiñazú), Siglo XXI, Madrid, 1991].

FUKUYAMA F., *La Fin de l'Histoire et le dernier homme*, Flammarion, París, 1992 (traducción francesa de *The End of History and the Last Man*, 1992). [Hay versión en castellano: *El fin de la historia y el último hombre* (trad. P. Elías), Planeta, Barcelona, 1992].

GHIGLIONE R. y CHARAUDEAU P., *Paroles en images, images de parole. Trois talk shows européens*, Didier Érudition, París, 1999.

GOFFMAN E., *La Mise en scène de la vie quotidienne*, t. I, traducción francesa, Éditions de Minuit, París, 1973. [Hay versión en castellano: *La presentación de la persona en la vida cotidiana* (trad. H. B. Torres Perrén y F. Setaro), Amorrortu, Buenos Aires, 1997].

GRACIÁN B., *Arte de ingenio. Tratado de la agudeza*, Ediciones Cátedra, Madrid, 1998.

GRIZE J.-B., «Argumentation et logique naturelle», *Hermès* n° 15, *Argumentation et rhétorique (I)*, CNRS Communication, París, 1995.

GROUPE SAINT-CLOUD, *Présidentielle. Regards sur les discours télévisés*, Nathan-Ina, París, 1995.

GUIMELLI C., *La pensée sociale*, colección Que sais-je?, PUF, París, 1999. [Hay versión en castellano: *El pensamiento social*, Coyoacán, México, 2004].

HABERMAS J., *Théorie de l'agir communicationnel*, trad. fr., Fayard, París, 1987. [Hay versión en castellano: *Teoría de la acción comunicativa* (2 Vol.) (Trad. M. Jiménez Redondo), Taurus, Madrid, 1992].

HABERMAS J., «L'espace public, 30 ans après», *Quaderni* n° 18, otoño de 1992.

HAMBURGER K., *Logique des genres littéraires*, traducción francesa, Seuil, París, 1986.

HARTLEY J., «Invisible Fictions, Paedocracy, Pleasure», en: *Textual Practice*, volumen 1, n° 2, 1987.

HARTLEY J., «The Real World of Audiences», en: *Critical Studies in Mass Communications*, septiembre de 1988.

HERVIEU-LÉGER D., *La Religion pour mémoire*, Éditions du Cerf, París, 1993. [Hay versión en castellano: *La religión, hilo de memoria* (trad. M. Solana), Herder, Barcelona, 2005].

JOUSSAIN A., *Les Sentiments et l'Intelligence*, Flammarion, París, 1930.

KANT, E., *Anthropologie du point de vue pragmatique*, Flammarion, París, 1993. [Hay versión en castellano: *Antropología en sentido pragmático* (trad. J. Gaos), Alianza, Madrid, 1991].

KERBRAT-ORECCHIONI C., «Quelle place pour les émotions dans la linguistique du XXe siècle? Remarques et aperçus», en: Plantin C. *et al.*, *Les Émotions dans les interactions*, Presses universitaires de Lyon, Lyon, 2000.

LAMIZET B., *Politique et identité*, Presses universitaires de Lyon, Lyon, 2002.

LE BART C., *Le Discours politique*, PUF, Que sais-je? N° 3397, París, 1998.

LEFORT C., *The Political Forms of Modern Society: Bureaucracy, Democracy, Totalitarism*, Polity Press, Cambridge, 1986.

LEFORT C., *La Complication. Retour sur le communisme*, Fayard, París, 1999. [Hay versión en castellano: *La complicación. Retorno sobre el comunismo*, Prometeo, Buenos Aires, 2013].

LOCHARD G., «Parcours d'un concept dans les études télévisuelles», *Hermès* n° 25, CNRS Communication, París, 1999.

LORDA C.-U., «Les articles dits d'information: la relation de déclarations politiques», *Semen* n° 13, Presses universitaires franc-comtoises, Besançon, 2001.

MACÉ É., «Éléments d'une sociologie contemporaine de la culture de masse. À partir d'une relecture de *L'Esprit du Temps* d'Edgar Morin», *Hermès* n° 31, CNRS Communication, París, 2001.

MAQUIAVELO, *Le Prince*, traducción francesa, Flammarion, París, 1980. [Hay versión en castellano: *El príncipe* (trad. A. Tursi), Biblos, Buenos Aires, 2003].

MAFFESOLI M., *La política y su doble*, UNAM, México, 1992.

MAINE DE BIRAN, *Mémoire sur la décomposition de la pensée*, Vrin, París, 1988.

MAINGUENEAU D., *Le Contexte de l'œuvre littéraire. Énonciation, écrivain, société*, Dunod, París, 1993.

MAINGUENEAU D., «Scénographie épistolaire et debat public», en: J. Siess (dir.), *La Lettre, entre réel et fiction*, Sedes, París, 1998.

MAINGUENEAU D., «Lecture, incorporation et monde éthique», revista *Études de linguistique apliquée* n° 119, Didier Érudition, París, 2000.

MAINGUENEAU D., «Problèmes d'ethos», *Pratiques* n° 113/114 junio, Metz, 2002. [Hay versión en castellano: «Problemas de ethos» (trad. M. E. Contursi), disponible en: https://es.scribd.com/doc/15238597/Ethos-Maingueneau].

MAINGUENEAU D., y COSSUTTA F., «L'analyse des discours constituants», *Langages* n° 117, Larousse, París, 1995. [Hay versión en castellano: «El análisis de los discursos constituyentes» (trad. M. E. Contursi), disponible en: https://www.academia.edu/4637556/Discursos_constituyentes)].

MANNO G., «L'appel à l'aide humanitaire: un genre directif émotionnel», en: Plantin C. *et al.*, *Les Émotions dans les interactions communicatives*, Presses universitaires de Lyon, Lyon, 2000.

MARTEL G., «Débat politique télévisé. Une stratégie argumentative en trois dimensions: textuelle, interactionnelle et émotionnelle», en: Plantin C. *et al.*, *Les Émotions dans les interactions communicatives*, Presses universitaires de Lyon, Lyon, 2000.

MATHERON A., «Passions et instituutions chez Spinoza», en: Lazzeri C. y Reynié D. (dir.), *La Raison d'État: politique et rationalité*, PUF, París, 1992.

MATHIEU-CASTELLANI G., *La Rhétorique des passions*, PUF, colección Écriture, París, 2000.

MEAD G. H., *L'Esprit, le soi et la société*, traducción francesa (1ra edición 1934, *Mind, Self and Society from the Stand Point of a Social Behaviorist*, Chicago, University Press of Chicago), PUF, París, 1963. [Hay versión en castellano: *Espíritu, persona y sociedad* (trad. F. Mazia), Paidós, Barcelona, 1962].

MEHL D., *La Télévision de l'intimité*, Le Seuil, París, 1996.

MICHÉA J.-C., «Impasse Adam Smith», en: *Brève remarque sur l'impossibilité de dépasser le capitalisme sur sa gauche*, Climats, París, 2002.

MIÈGE B., «L'espace public: au-delà de la sphère publique», *Hermès* n° 17-18, París, CNRS Éditions, 1995. [Hay versión en castellano: «El espacio público: más allá de la esfera pública», en: J. Mouchon, A. Gosselin y G. Gauthier (coord.), *Comunicación y política*, Gedisa, Barcelona, 1998].

MORIN E., *L'Esprit du temps 1, Névrose*, Grasset, (1ra edición 1962), París, 1975. [Hay versión en español: *El espíritu del tiempo (ensayo de la cultura de masas)* (trad. R. Uria y C. M. Bru), Taurus, Madrid, 1996].

MORIN E., *L'Esprit du temps 2, Nécrose*, Grasset, París, 1975.

MOSCOVICI S., *La Psychanalyse, son image et son public*, PUF, París, 1976. [Hay versión en castellano: *El psicoanálisis, su imagen y su público* (trad. N. M. Finetti), Huemul, Buenos Aires, 1979].

MOSCOVICI S., (dir.), *Psychologie sociale des relations à autrui*, Nathan, París, 1994.

NUSSBAUM M., «Les émotions comme jugement de valeur», en: *La Couleur des pensées*, Éditions de l'EHESS, París, 1995.

PAPERMAN P., «L'absence d'émotion comme offense», en: *La Couleur des pensées*, Éditions de l'EHESS, París, 1995.

PASCAL B., *De l'esprit géometrique et de l'art de persuader*, en: *Œuvres complètes IX*, Pléiade-Gallimard, París, 1954. [Hay versión en castellano: *Reflexiones sobre la geometría en general. Del espíritu geométrico y el arte de persuadir* (trad. C. R. de Dampierre), en: *Obras*, Alfaguara, Madrid, 1983].

PASCAL B., *Pensées*, Flammarion, París, 1964. [Hay versión en castellano: *Pensamientos* (trad. C. R. de Dampierre), Gredos, Madrid, 2012].

PASQUIER D., *La Culture des sentiments*, Édition de la Maison des sciences de l'homme, París, 1999.

PÉCHEUX M., *L'Analyse automatique du discours*, Dunod, París, 1969. [Hay versión en castellano: *Hacia el análisis automático del discurso* (M. Alvar Ezquerra), Gredos, Madrid, 1978].

PÉCHEUX M., *Les Vérités de la Palice*, Maspero, París, 1975. [Hay versión en castellano: *Las verdades evidentes: lingüística, semántica, filosofía* (trad. M. Glozman, P. Karczmarczyk, G. Marando y M. Martínez), Ediciones del Centro Cultural de la Cooperación, Buenos Aires, 2016].

PÉCHEUX M., «L'étrange miroir de l'analyse de discours», en: *L'Analyse du discours politique* de J.-J. Courtine, *Langages* n° 62, Larousse, París, 1981. [Hay versión en castellano: «El extraño espejo del análisis de discurso» (trad. M. del C. Saint-Pierre), disponible en: http://www. magarinos.com.ar/courtine.html).

PÉCHEUX M., «On a gagné» dans «le discours: structure ou événement?» (julio de 1983), en: *L'Inquiétude du discours*, Éditions des Cendres, París, 1990.

PÉCHEUX M., «Remontons de Foucault à Spinoza» (1977), en: *L'Inquiétude du discours*, Éditions des Cendres, 1990.

PERELMAN C. y OLBRECHTS O., *Traité de l'argumentation. La Nouvelle Rhétorique*, Éditions de l'Université de Bruxelles, Bruselas, 1970. [Hay edición en castellano: *Tratado de la argumentación. La nueva retórica* (trad. J. Sevlla Muñoz), Gredos, Madrid, 1989].

PETIT J.-L., «Événement et sens», en: *L'Événement en perspective*, Éditions de l'Ehess, París, 1991.

PICON A., «Imaginaires de l'efficacité, pensée technique et rationalisation», *Réseaux*, volumen 19 n° 109, Hermès Science, París, 2001.

PIRAT B., «En haut et au centre: la prééminence présidentielle», en: Les Métaphores spatiales en politique, *Mots* n° 68, marzo de 2002, Lyon, ENS Éditions, 2002.

PLANTIN C., *Essais sur l'argumentation*, Kimé, París, 1990.

PLANTIN C., *L'Argumentation*, Le Seuil, París, 1996. [Hay versión en castellano: *La argumentación* (trad. A. Tusón Valls), Ariel, Barcelona, 2015].

PLATÓN, *La République*, Garner-Flammarion, París, 1966. [Hay edición en castellano: *República*, en: *Diálogos IV* (trad. C. Eggers Lan), Gredos, Madrid, 1988].

PROST A., *Douze leçons sur l'histoire*, Seuil, colección Histoire, París, 1996. [Hay edición en castellano: *Doce lecciones sobre la historia* (trad. A. Pons y J. Serna Alonso), Cátedra, Madrid, 2001].

RAWLS J., *A Theory of Justice*, 1971, traducción francesa *Théorie de la justice*, Le Seuil, París, 1987-1997. [Hay versión en castellano: *Teoría de la justicia* (trad. M. D. González), FCE, México, 1995].

RÉMOND R., *Les Droites en France*, Aubier-Montaigne, París, 1982.

RÉMOND R., *Une mémoire française*, Desclée de Brouwer, París, 2002.

RICŒUR P., *Soi-même comme un autre*, Le Seuil, París, 1990. [Hay versión en castellano: *El sí mismo como otro* (trad. A. Neira Calvo), Siglo XXI, Madrid, 1996].

RICŒUR P., *L'Idéologie et l'Utopie*, Le Seuil, París, 1997. [Hay versión en castellano: *Ideología y utopía* (comp. G. H. Taylor, trad. A. L. Bixio), Gedisa, Barcelona, 2006].

ROSANVALLON P., *La Démocratie inachevée*, Gallimard-Folio, París, 2000. [Hay versión en castellano: *La democracia inconclusa: historia de la soberanía del pueblo en Francia* (trad. N. Suescún), Universidad Externado de Colombia, Taurus, Bogotá, 2006].

ROUSSEAU, J.-J., *Œuvres complètes* (Tomos III y IV), Bibliothèque de la Pléiade, París, 1964.

ROUSSEAU, J.-J., *L'Émile ou De l'éducation*, Flammarion, París, 1966. [Hay versión en castellano: *Emilio o De la educación* (trad. M. Armiño), Alianza, Madrid, 2011].

SANTVILLE D., «Les rituels de la communication politique», *Dossiers de l'audiovisuel*, n° 102, Ina, París, 2002.

SCHANK, R. C. y ABELSON R. P., *Scripts, Plans, Goals and Understanding: An Inquiry into Human Knowledge Structures*, Hillsdale (Nueva Jersey), Lawrence Erlabaum, 1977. [Hay versión en castellano: *Guiones, planes, metas y entendimiento* (trad. E. Gilboy y J. Zanón) Paidós, Barcelona, 1987]

SOUCHARD M., *et al.*, *Le Pen. Les mots. Analyse d'un discours d'extrême droite*, Le Monde éditions, París, 1997.

SOULAGES, J. C., *Les Mises en scène visuelles de l'information. Étude comparée France, Espagne, États-Unis*, Nathan-Ina, París, 1999.

THOMPSON J.-B., *Studies in the Theory of Ideologie*, Polity Press, Cambridge, 1984.

TOCQUEVILLE A. (de), *De la démocratie en Amérique*, Flammarion, París, 1981. [Hay versión en castellano: *La democracia en América* (trad. L. Cuéllar), FCE, México, 1963].

TODD E., *Après l'empire*, Gallimard, París, 2003. [Hay edición en castellano: *Después del imperio* (trad. J. L. Sánchez Silva), Foca, Madrid, 2003].

TOULMIN S. E., *Les Usages de l'argumentation,* PUF, París, 1994. [Hay versión en castellano: *Los usos de la argumentación* (trad. M. Morrás y V. Pineda), Península, Barcelona, 2003].

TOURAINE A., *Comment sortir du libéralisme?*, Le Livre de Poche, París, 1999. [Hay versión en castellano: *¿Cómo salir del liberalismo?*(trad. J. Palacio), Paidós, Barcelona, 1999].

TROGNON A., y LARUE J., *Pragmatique du discours politique*, Armand Colin, París, 1994.

VAN DIJK T. A., «Discurso, Poder y Cognición Social», *Cuadernos* n° 2, Universidad del Valle, Cali, 1994.

VAN DIJK T. A., *Ideology. A Multidisciplinary Approach*, SAGE Publication Ltd, Londres, 1998 [Hay versión en castellano: *Ideología. Una aproximación multidisciplinaria*, Gedisa, Barcelona, 1999].

VAN EEMEREN F. y GROOTENDORST R., *La Nouvelle Dialectique*, traducción francesa, Kimé, París, 1996.

VIDAL-NAQUET P., *Face à la raison d'État*, La Découverte (reed.), París, 2002.

VILLEPIN D. (de), *Les Cent-Jours ou l'esprit de sacrifice*, Perrin, París, 2001. [Hay versión en castellano: *Los cien días o el espíritu de sacrificio* (trad. D. de la Lama Saul), Inédita, Barcelona, 2004].

VION R., *La Politique s'affiche*, Didier Érudition, París, 1988.

VOLTAIRE, *Traité de métaphysique*, en: *Mélanges*, Bibliothèque de la Pléiade, Gallimard, París, 1961.

WEBER M., *Le Savant et le Politique*, La Découverte, París, 2003. [Hay versión en castellano: *El sabio y la política* (preparado y prologado por J. C. Torre), UNC/Encuentro Grupo Editor, Córdoba, 2008].

WEBER M., *L'Éthique protestante et l'esprit du capitalisme*, Plon, París, 1964. [Hay versión en castellano: *La ética protestante y el espíritu del capitalismo* (trad. L. Legaz Lacambra), Reus, Madrid, 2009].

WEBER M., *Économie et société*, Plon, París, 1971. [Hay versión en castellano: *Economía y sociedad* (nota preliminar y trad. de J. Medina Echavarría; trad. J. Roura Parella, E. Ímaz, E. García Maynez, J. Ferrater Mora, F. Gil Villegas), FCE, México, 2014].

WOLTON D., «Communication politique: Construction d'un modèle», *Hermès* n° 4, CNRS Éditions, París, 1989.

WOLTON D., «Communication politique: les médias, maillon faible de la communication politique», *Hermès* n° 4, CNRS Éditions, París, 1989.

WOLTON D., «Les contradictions de la communication politique», *Hermès* n° 17-18, CNRS Éditions, París, 1995. [Hay versión en castellano: «La comunicación política. Construcción de un modelo», en: Ferry, J.-M., Wolton, D. *et al.*, *El nuevo espacio público*, Gedisa, Barcelona, 1992].

WUNENBURGER J.-J., *Une utopie de la raison*, La Table ronde, París, 2002.

ZASLAVSKY-LARTIGUE D., *La presse aux prises avec le discours des acteurs politiques. Une analyse des titres de discours rapporté dans la presse mexicaine au cours de l'événement Chiapas (1994-1995)*, Tesis de doctorado: Université de Paris 13, 2003.

Impreso por TREINTADIEZ S.A. en 2021
Pringles 521 (C1183 AEI)
Ciudad Autónoma de Buenos Aires
Teléfonos: 4864-3297 / 4862-6794
editorial@treintadiez.com